智能量化投资

肖 刚 著

电子工业出版社
Publishing House of Electronics Industry
北京·BEIJING

内 容 简 介

本书讲解量化投资的思想、模型和方法，帮助读者将投资的思想与量化投资的工具进行有效结合，从而形成开发量化投资策略的能力。本书分两篇：第一篇讲解投资的核心理念与基本面分析思路，涵盖上市公司和宏观经济的分析思路，以及风险管理；第二篇讲解量化投资中的模型、SAS 在量化投资中的应用，以及量化投资中的各类因子。本书包含大量基于中国股票市场的案例与策略，帮助读者切实掌握量化投资在中国市场的应用。

本书可以作为高等院校金融专业、工商管理专业等学生的投资学教材，也可作为实际从事投资工作人士的参考资料。

未经许可，不得以任何方式复制或抄袭本书之部分或全部内容。
版权所有，侵权必究。

图书在版编目（CIP）数据

智能量化投资/肖刚著. —北京：电子工业出版社，2023.1
ISBN 978-7-121-43899-8

Ⅰ.①智… Ⅱ.①肖… Ⅲ.①投资－量化分析－高等学校－教材 Ⅳ.①F830.59

中国版本图书馆 CIP 数据核字（2022）第 118251 号

责任编辑：石会敏　　特约编辑：申　玲　　文字编辑：苏颖杰
印　　　刷：北京天宇星印刷厂
装　　　订：北京天宇星印刷厂
出版发行：电子工业出版社
　　　　　北京市海淀区万寿路 173 信箱　邮编：100036
开　　　本：787×1 092　1/16　印张：12　字数：302.4 千字
版　　　次：2023 年 1 月第 1 版
印　　　次：2023 年 1 月第 1 次印刷
定　　　价：49.00 元

凡所购买电子工业出版社图书有缺损问题，请向购买书店调换。若书店售缺，请与本社发行部联系，联系及邮购电话：（010）88254888，88258888。
质量投诉请发邮件至 zlts@phei.com.cn，盗版侵权举报请发邮件至 dbqq@phei.com.cn。
本书咨询联系方式：shhm@phei.com.cn。

本书献给我的妻子——方志女士，
感谢她无与伦比的智慧和温柔，以及无私的付出

前　言

本书是在本人所著《量化投资分析与策略：基于中国股票市场》一书的基础上，进行内容扩充完成的。这是一本适合大学高年级本科生或一年级研究生的股票量化投资教材。我希望通过这本书，让更多大学老师有信心教好量化投资这门课，让更多学生掌握量化投资的思路、模型和分析方法，让更多人建立对股票投资和股票市场的正确认识。

我是 2012 年从美国南卡罗莱纳大学获得金融学博士之后，回国任教的。那时我还不满 26 岁，在中国人民大学汉青研究院开始给研究生教授投资学课程。那时我的学生和我的年龄差不了太多，学院对教学要求比较高，学生对课程的期待也比较高。毕竟是研究生的投资课程，学生们希望上了这门课，就能去做投资。为了不辜负学院领导和学生们的期望，也为了身为大学老师能在讲台上站立得稳，我开始了一段比较艰辛的备课过程。由于我在博士阶段学习了量化投资方面的知识，了解相关的研究方法，我摸索着将美国股票市场上量化投资的思路、模型和方法，与中国的股票市场相结合。那个时候，一堂课两个多小时，我要准备一整周的时间。通常是周二下午上课，周三一早开始准备下一周的课，一直准备到下周二的早上，然后下午去上课，如此周而复始，一周又一周。之所以要花费那么长时间，是因为每一次课，都像一个小的课题一样，用中国的数据，去检验我们在量化领域常用的因子和检验的方法。

这当然是一个不容易的过程，但也是一段惊喜之旅。我从前也总是认为中国的股票市场就像赌博一样。不过当我真正用数据去分析，用模型去检验之后，我才发现，原来国内的股票市场充满了可盈利的机会。这很大程度上是源于我国股票市场独特的市场结构：当欧美、（中国）香港、日本等发达股票市场已经由机构主导时，中国的 A 股市场超过 85%的交易量依然来自个人投资者，这导致有许多可盈利的机会并未被充分挖掘和利用。事实上，我们只要比一般的散户，掌握多一点的信息处理和分析的能力，长期来看，我们就能在中国股票市场上获得丰厚的回报。

在我教学的过程中，我也发现一个问题——有些学生并不具有金融背景，缺乏一些专业知识。因此，我在上课时，就会尽量给学生补一些基础性与实务性兼备的内容。一个学期下来，往往是那些功底并不是最好，但非常认真去学的同学学得最好。这也让我萌发了将自己的讲课内容向大众开放的想法。其实我的课，虽是给研究生开设，但即使并不是金融科班出身的人，也能听懂。

具体而言，本书有三大目标。

第一，帮助读者建立理性投资的理念。这也是我通过这本书最想传递的核心内容。面对股票市场的波动，价格的跳跃，收益的起伏，投资者的心也容易焦躁不安。股价下跌，容易恐慌；上涨，又引发贪婪。股票市场上充斥着各种消息、热点，让投资者应接不暇，导致投资偏离理性。而且这些市场的热点凭借过往不错的涨幅、媒体大肆的渲染，对投资者非常有诱惑力。因为大家想：这只股票这几天涨这么好，我要跟着买进去，说不定也能挣钱！但毫无疑问，投资是需要理性的。在本书的第一章中，我向读者展示了，缺乏理性的投资，肆意地去追逐市场热点，会不可避免地导致大幅亏损，而这正是国内许许多多股民经历亏损的主要原因。实际上，国内的股票市场有大量可获利的机会，投资者大可不必去依靠所谓的荐股或追逐热点。投资者即使用非常简单的投资策略，只要持之以恒，就能获得很不错的收益率。

第二，帮助读者掌握理性投资的方法。在本书中，我会将量化投资简单易行、行之有效，适合大众操作的思路和方法介绍给读者。在很多人眼里，量化投资可能显得比较神秘。谈及量化投资，就会觉得这只能是那些具有深厚统计、编程功底的人才能掌握的投资技术。其实不然。量化投资，从广义上来讲，包含了所有投资。因为，投资一定是包含了数据的推演，所以一定是量化的。换句话说，只要是在做投资，就是在做量化投资。不同投资者的差异，就在于自身所搭建的投资模型和分析方法有所不同。

本书所介绍的量化分析方法，分为基础篇与进阶篇。基础篇比较适合投资股票的大众阅读，帮助大家掌握基本的股票量化分析思路与方法。在基础篇，整个分析框架分为宏观分析、公司分析和风险控制三部分，分别对应股票投资实务中的市场择时、标的选择与风险管理，从而构成一个投资分析的完整体系。其中第二章和第三章是介绍宏观经济分析的框架与方法。我会向大家展示宏观经济与股票市场出乎意料的联动性，介绍宏观经济分析最核心的指标，讲解美林时钟在中国股票市场的应用。有些读者可能会觉得宏观经济分析是一件很难的事情，是那些经济学家、宏观经济分析师才能做的事。其实宏观经济分析并不难，借助本书所介绍的分析框架和方法，大众读者也能依据宏观，把握市场！

在第四章和第五章，本书着重介绍上市公司的分析。懂得如何选股，对于在股票市场上做投资而言，无疑是至关重要的。上市公司的分析分为两部分：定性分析和定量分析。我们在第四章会介绍如何分析上市公司的业务、行业地位、经营战略与公司管理层，帮助读者对公司的定性分析有一个整体的把握。第五章介绍如何从财务报表和估值这两个方面来定量分析上市公司，并给出了一个基于公司基本面指标、10 年 90 倍的投资策略。

第六章和第七章是有关风险控制的内容。在我看来，这部分所介绍的理念是我们做股票投资过程中最为重要的。我们在做投资时，收益关乎表现，但风险关乎存亡！第六章介绍风险的衡量指标，第七章，我们会讨论几个经典的风控案例：曾经辉煌一时的金融机构，因为风控的缺失招致短时间内的崩塌。此外，在这一章我们还将介绍常用的风险控制的方法，帮助读者在实际股票投资中能够掌握一定的风险控制技术。

第三，本书的进阶篇，旨在帮助有志于从事量化投资事业的读者，进一步深入了解量化投资的编程、模型，以及策略开发的流程和常用的量化因子。第八章讲解基金业绩的归因模型。第九章到第十一章是介绍 SAS 的编程，SAS 在量化投资中的应用以及 SAS 宏。在北美，对于从事金融数据实证领域研究的金融学博士生而言，SAS 是必须掌握的。由于 SAS 实在是太重要了，以至于金融系博士生会自发地形成一个互相学习 SAS 的氛围，高年级带低年级博士生，一届又一届地传承下去。我在回国之后，专门针对 SAS 在量化投资中的应用，从基础到实务到高阶，准备了三次课的内容，分别呈现在第九章、第十章和第十一章这三章。

第十二章和第十三章是模型的介绍。第十二章着重介绍单因子的检验，涵盖 Fama-MacBeth 回归模型和投资组合分析。第十三章介绍的是多因素模型在选股中的应用。

第十四章到第十五章是介绍因子。量化投资中最主要有两类因子：财务报表因子和金融市场因子。第十五章介绍的是来自财务报表的因子,即我们基于资产负债表、损益表和现金流量表构建的各类财务因子。第十五章介绍的是基于金融市场数据构建的因子,比如过往收益率、流动性和波动性指标。第十六章和第十七章分别讲解另外两类近些年来兴起的因子:公司治理类因子和 ESG 类因子。

第十八章和第十九章分别讲解多因子选股以外的量化投资策略——事件驱动和聪明的贝塔。

本书的三大目标,从建立理性投资的理念,到掌握理性投资的分析方法,以及进一步帮助读者掌握量化的模型和方法,是一个循序渐进、缺一不可的体系。从语法上来分析,量化投资,量化仅仅是定语,起修饰的作用,关键的中心词还是投资。所以量化投资,首先需要对投资有深入的理解,掌握基本面投资的分析方法。在此基础之上,再运用统计、计量的方法将投资模型程序化。在缺乏对投资的正确认识和深入理解的情况下,直接进入对量化投资模型的学习,无疑是在沙子上建造房屋,终究会因为缺乏方向而事倍功半。

本书是我在中国人民大学教授量化投资十年的结晶,也是我在全国推广量化投资教学所做出的最重要的努力。我希望通过这本教材,能让量化投资登上更多大学的讲堂,让老师和学生们受益。

为方便读者学习,本书配套的资源包括 SAS 代码、因子库。读者通过这些配套资料可以尝试因子的有效性检测和策略的回溯检验,大大节省了代码学习和因子构建的时间,提高学习效率。我也会将多年来精心编写的教学 PPT 分享出来,为老师授课提供协助。

本书的成型,得益于我一路走来,那些教过我、带过我的老师们对我孜孜不倦的教导。此书内容的积累,也离不开我在中国人民大学的领导和前辈的关怀、同事的帮助和学生的支持。我对于电子工业出版社对此书的大力支持也表示衷心的感谢。

愿本书帮助读者开启理性投资的道路,打开量化投资的大门,帮助读者从投资收获祝福,与时间成为朋友!

目　录

投资思想篇

第1章　量化投资在中国股票市场的应用 ··· 3
　1.1　在中国股票市场进行投资的独到优势 ··· 3
　1.2　中国股票市场的有效性为量化投资的适用奠定了基础 ···························· 4
　　　1.2.1　上市公司股票价格是否体现价值 ·· 4
　　　1.2.2　上市公司的股票价格是否反映信息 ··· 8
　1.3　量化投资在中国股票市场上大有可为 ··· 9
　　　1.3.1　基于基本面信息的投资策略 ·· 9
　　　1.3.2　基于技术指标的量化投资策略 ··· 10
　　　1.3.3　基本面指标与技术指标的结合 ··· 11
　1.4　从量化投资看坚持理性投资的重要性 ··· 12
　　　总结 ··· 13

第2章　如何分析宏观经济 ·· 14
　2.1　为什么要做宏观经济分析 ·· 14
　2.2　宏观经济分析的框架 ·· 15
　2.3　经济基本面分析 ·· 15
　　　2.3.1　经济总量 ·· 15
　　　2.3.2　消费 ·· 18
　　　2.3.3　投资 ·· 22
　　　2.3.4　净出口 ··· 24
　2.4　政府政策与政治影响 ·· 25
　　　2.4.1　经济政策 ·· 25
　　　2.4.2　政治与社会稳定 ··· 26
　2.5　金融市场的分析 ·· 26
　　　2.5.1　市场改革 ·· 27

		2.5.2 流动性	27
		2.5.3 投资者情绪	28
	总结		28

第3章 美林时钟在中国股票市场的应用 ··· 29

- 3.1 经济周期的划分 ··· 29
- 3.2 经济周期与资产配置 ··· 30
- 3.3 美林时钟在中国股票市场的实证检验 ··· 31
  - 3.3.1 数据处理过程 ··· 31
  - 3.3.2 GDP 增长缺口与 CPI 的匹配 ··· 31
  - 3.3.3 数据检验结果 ··· 32
- 总结 ··· 37

第4章 上市公司的定性分析 ··· 38

- 4.1 为什么要做定性分析 ··· 38
- 4.2 定性分析的框架 ··· 38
- 4.3 业务模式 ··· 39
- 4.4 行业地位 ··· 40
- 4.5 发展战略 ··· 41
- 4.6 公司治理 ··· 42
- 总结 ··· 43

第5章 上市公司的定量分析 ··· 44

- 5.1 财务表现 ··· 44
  - 5.1.1 资产负债表 ··· 44
  - 5.1.2 利润表 ··· 46
  - 5.1.3 现金流量表 ··· 48
- 5.2 市场估值 ··· 49
  - 5.2.1 市盈率 ··· 49
  - 5.2.2 市净率 ··· 50
  - 5.2.3 其他 ··· 50
- 5.3 一个基于基本面指标的选股策略 ··· 50
- 总结 ··· 53

第6章 风险的衡量······54
6.1 总风险······54
6.2 系统性风险和非系统性风险······54
6.3 上行风险和下行风险······55
6.4 在险价值：VaR······55
6.5 最大回撤······58
总结······60

第7章 风险控制的理念与方法······61
7.1 风险控制的理念······61
7.2 风险的分类······66
7.3 风险的处理方式······67
7.3.1 风险规避······67
7.3.2 风险减少······67
7.3.3 风险分担······67
7.3.4 风险转移······68
7.3.5 风险对冲······68
7.3.6 风险预测······68
总结······68

量化建模篇

第8章 基金业绩归因······71
8.1 基金业绩归因："运气"与"能力"······71
8.1.1 "绝对收益"VS"超额收益"······71
8.1.2 基于多因子模型刻画"超额收益"······72
8.1.3 中国的多因子模型······73
8.2 基金业绩归因："选股"、"择时"与"可持续性"······74
8.2.1 基金的"选股能力"与"择时能力"······74
8.2.2 基金业绩的"可持续性"······75
总结······76

第9章 SAS的使用与编程基础······78

9.1 SAS 简介 ·· 78
9.1.1 什么是 SAS ··· 78
9.1.2 SAS 的优势 ··· 78
9.1.3 SAS 的应用领域 ··· 79
9.2 SAS 的基本操作 ·· 79
9.2.1 SAS 的工作界面 ··· 79
9.2.2 输入数据 ··· 80
9.2.3 数据输出 ··· 81
9.2.4 文本和数字格式的转化 ··· 82
9.2.5 日期函数 ··· 83
9.2.6 sort 语句 ·· 84
9.2.7 滞后函数 lag ··· 85
9.2.8 means 语句 ··· 86
9.2.9 merge 语句 ··· 87
9.2.10 append 语句 ··· 88
9.2.11 rank 语句 ··· 89
总结 ·· 90

第 10 章 SAS 在量化投资中的应用 ··· 91
10.1 7 个应用案例 ·· 91
10.2 行业动量效应 ·· 95
总结 ·· 101

第 11 章 SAS 宏在量化投资中的使用 ··· 102
11.1 SAS 宏的构成 ·· 102
11.2 SAS 宏变量的定义 ·· 103
11.3 在 SAS 宏中反复读取宏变量并运行宏 ······································ 104
11.4 SAS 宏举例 ·· 105
总结 ·· 107

第 12 章 回溯检验 ·· 108
12.1 Fama-MacBeth 回归 ·· 108
12.1.1 数据结构 ··· 108

		12.1.2 步骤与模型	109

- 12.1.3 因变量：收益率 ⋯⋯ 110
- 12.1.4 自变量 ⋯⋯ 110
- 12.1.5 回归窗口长度的设置 ⋯⋯ 112

12.2 组合分析 ⋯⋯ 112

- 12.2.1 剔除不可选的股票 ⋯⋯ 112
- 12.2.2 收益率的计算 ⋯⋯ 113
- 12.2.3 组合分析关注的指标 ⋯⋯ 113
- 12.2.4 交易成本 ⋯⋯ 114
- 12.2.5 回溯检验的时长 ⋯⋯ 114
- 12.2.6 选股的方式 ⋯⋯ 114

总结 ⋯⋯ 115

第13章 利用量化指标搭建选股模型 ⋯⋯ 116

13.1 打分法 ⋯⋯ 116

- 13.1.1 打分法举例 ⋯⋯ 117
- 13.1.2 打分法的优缺点 ⋯⋯ 117

13.2 排序法 ⋯⋯ 118

- 13.2.1 排序法举例 ⋯⋯ 118
- 13.2.2 排序法的优缺点 ⋯⋯ 118

13.3 回归法 ⋯⋯ 119

- 13.3.1 回归法举例 ⋯⋯ 120
- 13.3.2 回归法的优缺点 ⋯⋯ 120

总结 ⋯⋯ 121

第14章 基于财务报表的量化投资因子 ⋯⋯ 122

- 14.1 资产类 ⋯⋯ 122
- 14.2 盈利类 ⋯⋯ 122
- 14.3 现金流类 ⋯⋯ 123
- 14.4 增长类 ⋯⋯ 124
- 14.5 实证检验结果 ⋯⋯ 125

总结 ⋯⋯ 127

第15章 基于金融市场的量化投资因子 129
15.1 估值 129
15.2 过去收益率 130
15.3 流动性 130
15.4 风险 130
15.5 实证检验的结果 131
总结 132

第16章 公司治理因子 134
16.1 内部机制 134
16.2 外部机制 135
16.3 对公司治理因子的实证检验 136
总结 138

第17章 ESG因子 139
17.1 ESG因子的概念 139
17.2 ESG指标的构建 140
17.3 实证检验 144
总结 147

第18章 事件驱动策略：以大股东交易与高送转为例 148
18.1 大股东交易 148
18.1.1 背景 148
18.1.2 理论预测 149
18.1.3 大股东交易市场统计 149
18.1.4 实证研究方法 152
18.1.5 研究结果 153
18.2 高送转 161
18.2.1 背景 161
18.2.2 理论解释 162
18.2.3 预测方法 162
18.2.4 高送转对股票收益率的影响 165
18.2.5 高送转案例：中联重科 167

  总结 ·· 168
第 19 章 Smart Beta 策略 ··· 169
  19.1 策略简介 ··· 169
    19.1.1 Smart Beta 策略的起源 ··· 169
    19.1.2 Smart Beta 策略的发展与应用 ··· 170
  19.2 Smart Beta 策略在 A 股市场的表现 ··· 171
    19.2.1 中国市场的 Smart Beta 策略设计 ·· 171
    19.2.2 Smart Beta 策略在 A 股市场的表现分析 ·· 171
  19.3 Smart Beta 策略在中国应用前景的展望 ··· 172
  总结 ·· 173

投资思想篇

第1章 量化投资在中国股票市场的应用

量化投资是一种基于经济、金融理论，借助严谨的实证研究方法，进行投资标的和投资时机选择的投资方法。量化投资在美国已经有40年的发展历史，并涌现出桥水（Bridge-water）、AQR等以量化投资为主、管理资产超千亿美金的对冲基金。

量化投资是否适用于中国的股票市场？在谈到在中国股票市场做投资的时候，很多人就会摇头。大家常说，中国的股票市场不规范，靠内幕消息，股票价格由庄家操控。我们在高校的大学生可能会用专业一些的词，比如，我们的市场不是有效的。也常有人认为，我国的上市公司根本不具有投资价值，它们上市就是为了圈钱，根本不考虑给投资者回报。我们身边，也有亲戚、朋友，在股票市场上一而再、再而三地亏钱，甚至有些股票买了之后就一直跌，一两年的时间里能下跌百分之六七十之多。

此外，中国股票市场目前仍然有较强的做空限制，且股指期货目前交易受限。而且，对量化投资最核心的批评恐怕是：量化投资所基于的投资理论在中国是不适用的，我们的股票市场和美国的不一样。

但实际上，中国股票市场具有发挥量化投资功效的独到优势；中国股票市场的有效性为量化投资的适用奠定了良好的基础；量化投资在中国股票市场上大有可为。

1.1 在中国股票市场进行投资的独到优势

虽然中国股票市场有各种待完善的地方，但中国市场在应用量化投资方面有两大独到的优势。

第一，数据优势。中国上市公司的财务数据披露完整，数据库更新迅速。通过常用的金融数据库，我们能够很容易地获取上市公司的财务数据。并且，数据库提供的数据也包含上市公司高管、股权结构、董事会、股东交易等三大财务报表以外的数据，这些都为量化投资提供了丰富的数据基础。此外，中国金融数据库更新数据非常及时。比如，三季报的截止时间是10月31日，我们在11月1日就可以从数据库中提取三季报的数据，保证了数据分析的时效性。

丰富的数据是量化投资发挥功效的前提。缺乏数据的量化投资是缺乏生命力的，也正所谓"巧妇难为无米之炊"。相对债券、期货市场，股票市场的数据丰富很多。比如，上市公司的财务报表就有三大张：资产负债表、利润表和现金流量表。每张表都有数十个项目，而且表与表之间也存在钩稽关系。丰富的数据，为量化投资在股票市场发挥巨大功效奠定了良好的基础。

第二，市场优势。量化投资的核心，在于利用模型从市场中提取并处理与未来收益率相关的信息，找到并未被其他投资者注意到的投资机会。做投资，其实是一个和市场上其他投资者博弈的过程。更快捷、有效的信息提取和处理是在股票市场上长期获利的基础。这就好比打牌——你能否赢，很大程度上取决于你的对手有多弱。在美国、中国香港等发达的资本市场，主要的投资者是机构。比如，根据美国中央银行的数据，美国股票市场超过80%的交易量来自机构投资者。所以在美国股票市场，放眼望去，都是专业的机构投资者，具有极强的信息收集和处理能力，但凡有一丁点超额收益的机会，机构投资者就会立刻发觉并利用。然而在中国股票市场上，根据上海证券交易所（以下简称上交所）的数据，87%的交易来自散户。所以我们只要比一般散户处理信息更有效率，获利的可能性就更大。因此，相比美国、中国香港等以机构投资者为主的市场，量化投资在中国市场上处理信息的优势更为明显，获利的概率也更大。

实际上，以散户为主的特点，使得当期的中国股票市场成了人类历史上，迄今为止最适合做投资的市场。美国在20世纪70年代完成了由以散户为主的市场向以机构为主的市场的转变。在此之前，虽然美国市场是以散户为主，但那个时候计算机技术的应用还处在萌芽之中，搜集信息难度之大，非今日信息时代的人们所能想象。中国目前有超过3600家A股上市公司，市值50万亿元。在现在这样一个信息时代，中国经济、政治稳定，股票市场规模体量如此之大，居然还是一个以散户为主的市场，可见它包含了非常多的可获利的机会，等待我们去发觉和利用。可以这么说，中国的股票市场就像一个宝库，即使是简单的量化投资技术，都能帮助我们在这个宝库中获得长期、丰厚的回报。

1.2 中国股票市场的有效性为量化投资的适用奠定了基础

量化投资的核心，在于提取与未来股票收益率相关的信息。这就需要市场满足两点：第一，市场是有效的，即与收益率、定价相关的信息终究会反映在价格当中。如果市场完全无效，价格不受信息的驱动，那么即使将一只股票方方面面的信息都掌握透彻，也无法对未来的收益率进行预测。第二，与股票定价相关的信息并不能够立刻、完全反映在价格当中，而是需要一定的时间。如果价格立刻反映信息，不给量化投资留任何分析、建仓的时间，那么量化投资也是没有用武之地的。也就是说，量化投资的适用，需要市场是有效的，但又不是那么有效，这样利用量化投资方法提取信息，才能对未来做出预测。

那么，中国股票市场的有效性如何？是否像许多人所说的那样，市场是无效的，价格并不反映价值呢？我们通过以下几组案例来分析。

1.2.1 上市公司股票价格是否体现价值

我们先来看第一个案例：我们希望找到满足这些条件的公司：（1）上市超过10年；（2）从2003—2014年，12年时间里，它们的平均年度股票回报率，包括股利、回购等，超过20%；（3）在这12年里，有9年的年度收益率超过15%。市场上是否有满足这三个条件的公司呢？大家可以看到，要满足这三个条件是不容易的。我国股票市场，2003—2005年是熊市，2005—2007年是牛市，2008年金融危机，2009年因为4万亿人民币的刺激而上涨，但从2010—2014年，又跌跌不休。要在这个区间里，找到平均年化收益率超过20%、平均年化收益率超过15%的年份超过9的公司，难度可想而知。表1-1给出了满足这三个条件的公司，共10只股票，它们的平均年化收益率如表中所示。

表 1-1 10 只股票组合列表

股票代码	股票名称	平均年化收益率（2003—2014 年）
000050.SZ	深天马 A	38%
000538.SZ	云南白药	31%
000550.SZ	江铃汽车	35%
002008.SZ	大族激光	55%
002038.SZ	双鹭药业	71%
600211.SH	西藏药业	22%
600420.SH	现代制药	35%
600501.SH	航天晨光	24%
600636.SH	三爱富	22%
600647.SH	同达创业	24%

接下来我们看看这 10 只股票的基本面情况，看看它们是否值得投资。表 1-2 列出了这个股票组合从 2005 年到 2013 年每年的平均现金流与资产的比例、股东权益回报率、盈利增长率，以及市盈率。

表 1-2 10 只股票组合的基本面情况

年份	现金流/资产	股东权益回报率	盈利增长率	市盈率
2005	8.33%	12.85%	16.48%	28
2006	7.42%	14.42%	22.32%	69
2007	7.56%	17.06%	14.78%	32
2008	3.73%	10.46%	−13.95%	37
2009	6.80%	12.90%	30.81%	46
2010	10.67%	18.37%	46.53%	44
2011	10.86%	23.86%	7.99%	20
2012	8.80%	17.86%	7.62%	33
2013	7.74%	16.17%	2.11%	30
平均	7.99%	15.99%	14.97%	38

从表 1-2 可以看出，这 10 只股票平均而言，每年都产生了正的，而且是大量的现金流，其平均现金流对资产的比例接近了 8%。这些公司的平均权益回报率（Return on Equity, ROE）达到了 16%，平均主营业务盈利增长率除了在 2008 年金融危机期间为负以外，其余年份全部为正。它们的市盈率平均为 38。这些数据表明，这 10 家上市公司在过去 9 年里极少发生亏损。它们通过经营产生了大量的现金流入，给股东带来了相当可观的经济收益。而与此同时，它们由市盈率反映的市场估值并不高。如果投资者从 2005 年 1 月开始持有这个组

合，一直到2014年7月，10年时间，累计收益率超过10倍，如图1-1所示。

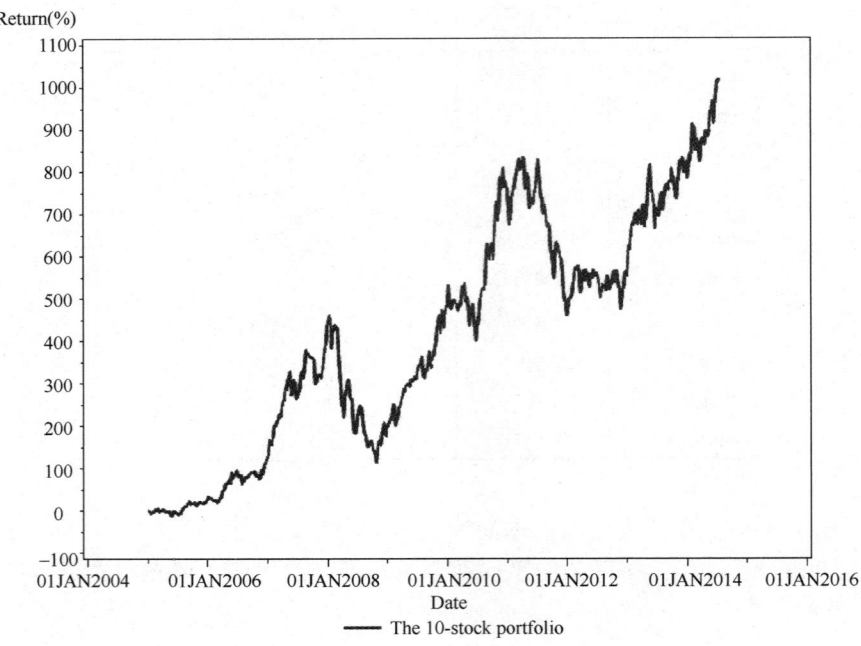

图1-1　10只股票组合的累计收益率（2005.1—2014.7）

从这10只股票的例子，我们可以看出，事实上，在中国的股票市场上是有值得投资的股票的，而且它们的价值反映在股票市场上，能够给投资者带来非常可观的回报。

第二个案例：我们来看满足另一组条件的公司。（1）2005—2013年，公司每年的主营业务利润都为正，（2）从2005年到现在，累计收益率超过20倍。这9只股票的组合列表如表1-3所示。

表1-3　9只股票组合列表

Code	Name	Cum. Return（2005.1～2014.7）
000651.SZ	格力电器	21.1
000712.SZ	锦龙股份	20.2
000826.SZ	桑德环境	22.1
002038.SZ	双鹭药业	22.6
600111.SH	包钢稀土	36.0
600315.SH	上海家化	25.5
600517.SH	置信电气	20.4
600587.SH	新华医疗	22.7
600804.SH	鹏博士	29.9

这9只股票，收益率最高的是包钢稀土，达到36倍，最低的是锦龙股份，也有20.2倍。那么，这9只股票的业绩如何？我们一起来看表1-4。这张表反映的是2005年至2013年公

司的营业收入、主营业务利润、现金流和资产的增长幅度。

表1-4 9只股票组合的公司基本面增长幅度（2005—2013年）

股票代码	股票名称	营业收入增长	主营业务利润增长	现金流增长	资产增长
000651.SZ	格力电器	5.6	18.4	20.5	9.5
000712.SZ	锦龙股份	−0.3	6.6	24.2	5.0
000826.SZ	桑德环境	19.7	21.2	21.1	12.3
002038.SZ	双鹭药业	8.8	16.0	16.0	5.7
600111.SH	包钢稀土	8.6	69.5	111.3	8.1
600315.SH	上海家化	1.3	15.8	15.3	1.5
600517.SH	置信电气	9.4	12.5	18.8	9.0
600587.SH	新华医疗	9.1	15.0	17.7	6.0
600804.SH	鹏博士	8.4	297.2	233.8	19.6
Average		7.8	52.5	53.2	8.5

从表1-4可以看出，这9家上市公司，从2005—2013年，平均而言，营业收入增长了7.8倍，主营业务利润增长了52.5倍，现金流增长了53.2倍，资产增长了8.5倍。这些都是非常优秀的业绩。在过去长达9年的时间里，这些优秀的上市公司在收入、利润、现金流和资产上都取得了非常高的增长。它们的业绩成长也反映在了股票价格当中。如果从2005年就持有这9只股票所构成的组合，累计收益率如图1-2所示，截止到2014年7月，累计收益会超过30倍。

图1-2 9只股票组合的累计收益率（2005.1—2014.7）

上述两组例子，给我们的是同一个信息，那就是中国市场上有好公司，有值得投资的公司，并且，这些优秀公司的价值在中国的股票市场上的确是得以体现了。

1.2.2　上市公司的股票价格是否反映信息

我们再通过一项研究结果，了解中国股票市场的有效性，探寻上市公司的股票价格是否反映信息。这项研究，是关于上市公司在大股东买卖这家公司的股票之后的价格走势情况的。中国从 2007 年开始，也就是股权分置改革之后，有比较多的大股东交易。大股东通常是指持有一家公司股票比例超过 5%的股东。这些大股东主要是公司的控股公司、高管，也包含机构投资者和个人投资者。这些大股东因为持股比例较高，所以对这家公司内部运营的了解会比小股东更多，他们掌握的信息更完全。如果一家公司，它的大股东不仅继续持有，而且大量买入了这家公司的股票，这通常说明大股东对这家公司非常有信心，认为这家公司的股票未来会上涨，这就传递出提升股价的信号。如果市场是有效的，那么我们应该看到这家公司在大股东买入股票之后的一段时间里，其股票价格会出现显著的提升。反之，如果一家公司的大股东选择抛售这家公司的股票，通常这对公司价值而言是负面的消息，其股票价格在未来一段时间里会出现下跌。根据这个逻辑，我们可以统计每周发生大股东交易的公司其未来股票的价格波动情况。研究发现，正如所预料的，那些大股东买入的公司股票在未来至少 9 个月的时间里都持续上涨，而那些被大股东抛售的公司股票则持续下跌。并且，依据这个规律，我们可以比较两个不同的交易策略，每周分别购买上周公布有大股东净买入和净卖出的股票，并且持有一周。这两个交易策略所得到的累计投资收益如图 1-3 所示。从图 1-3 我们可以看出，如果我们持续购买大股东买入的股票，累计收益率从 2007 年开始就一直非常稳健地向上，到 2013 年年底达到150%左右。而如果我们一直买入大股东卖出的股票，收益率是一直向下的，到 2012 年，用 6 年的时间就会亏完所有本金。

图 1-3　基于大股东交易的投资策略累计收益率

所以大家通过这个例子可以看到，我们的市场价格是反映价值，反映信息的。但从图 1-3 中又可以看出，这些信息并不是立刻就反映在股票价格上，而是在持续的一段时间里都影响着价格的走势。可见，中国股票市场虽然有效，但又不是那么有效，因此，中国股票市场的有效性为量化投资的适用奠定了良好的基础。

1.3 量化投资在中国股票市场上大有可为

1.3.1 基于基本面信息的投资策略

下面就利用一些例子说明量化投资在中国股票市场的应用。首先看基于公司基本面数据的投资策略。在股票定价理论中，有一个经典模型，称为股利贴现模型，在一系列假设下，股票价格可以通过下列公式计算：

$$股票价格 = \frac{股利}{贴现率 - 增长率}$$

这个模型是一个极其简化的股票估值模型。但它为我们进行公司价值分析提供了一个指南。什么样的公司能够支付股利？自然是盈利高，有充足的现金流的公司。而且公司价值与增长成正比，所以利润增长快的公司其价值也会比较高。此外，我们希望公司的市场估值并不是很高，这样我们投资的安全边际就会比较大。因此，我们可以选取四项指标：现金流/资产、权益回报率、主营业务利润增长率和市盈率。我们研究这样一个问题：如果投资者只根据单个指标进行选股，能否获得可观的绝对收益？对于单个指标，选取的条件是：现金流/资产>10%，权益回报率>15%，主营业务利润增长率>20%，市盈率<20。表 1-5 给出了每年满足单个条件和所有条件的股票数量。事实上，每年我们的市场上都有很多公司满足这些条件。

表 1-5 每年满足基本面选股条件的股票数量

年份	现金流/资产>10%	权益回报率>15%	主营业务利润增长率>20%	市盈率<20	所有条件都满足
2005	313	238	410	236	38
2006	364	353	562	45	11
2007	366	562	761	341	56
2008	385	385	386	140	30
2009	533	503	666	227	47
2010	430	618	846	275	49
2011	342	602	834	575	51
2012	480	509	624	607	51
2013	425	558	894	521	60
2014	481	566	931	125	13

假设我们从 2005 年开始，每年 6 月底买入满足条件的股票，并持有 1 年，计算到 2015 年

的累计收益率，并和大盘表现进行比较。图 1-4 给出了过去 10 年时间里的累计收益率曲线。

图 1-4 表明，从 2005 年 1 月到 2015 年 1 月，如果投资者每年都坚持用这四个指标进行选股、交易，累计收益率会达到 8 倍至 10 倍。而同期，我们的大盘只涨了不到两倍。

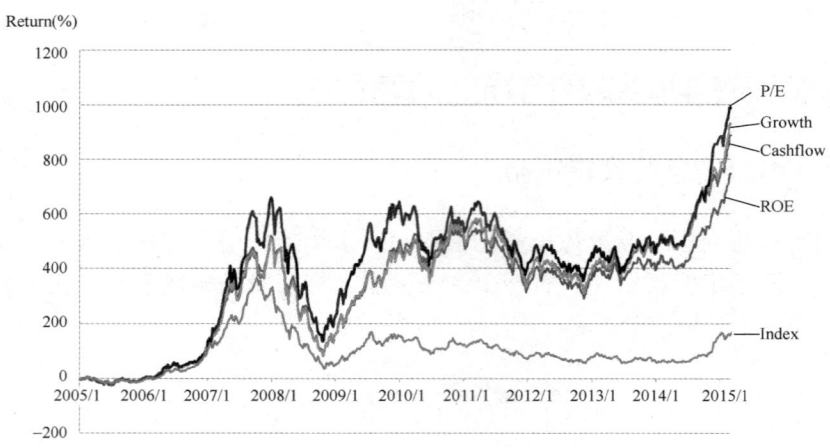

图 1-4　利用基本面指标选股交易的累计收益率曲线（2005—2015 年）

1.3.2　基于技术指标的量化投资策略

我们接下来考察一个基于技术指标的量化投资策略。相对强弱指标（Relative Strength Index, RSI），反映的是价格反转的可能性。

$$RSI = 100 - \frac{100}{1 + RS}$$

相对强度（RS 是股票价格在一段时期内，平均上涨幅度与平均下跌幅度之比）以 5 日 RSI 为例。如果 5 天里价格全部上涨，则 RSI =100。如果 5 天里价格全部下跌，则 RSI =0。如果价格的上涨等于价格的下跌，即这周没涨没跌，那么 RSI =50。价格上涨越多，RSI 值越高；价格下跌越多，RSI 值越低。当股票上涨过多时，会有回调的可能；当股票下跌过多时，可能会反弹。RSI 就是用来衡量股票价格反转的指标。RSI 过高时，比如高于 80，股票下跌的可能性较大。RSI 过低时，比如低于 20，股票上涨的概率较大，所以 RSI 与未来股票收益率成反比。

根据 RSI 的金融学含义，我们可以按 RSI 建立投资策略。图 1-5 将每周市场上所有股票按 RSI 分成 10 组，分别计算每组的未来周度平均收益率，如图 1-5 所示。

从图 1-5 中可以看出，除了刚开始 3 组有上下起伏的状况，从第 4 组开始到第 10 组，收益率单调下降。且 RSI 成功地区分出了未来收益率下跌的组合和上涨的组合。

图 1-6 是按照平均收益率最高的那一组建立的投资组合，计算其累计收益率。从图中可以看出，从 2009 年到 2014 年，该策略获利 180%，而同期上海证券综合指数（以下简称"上证综指"）涨幅不到 20%。

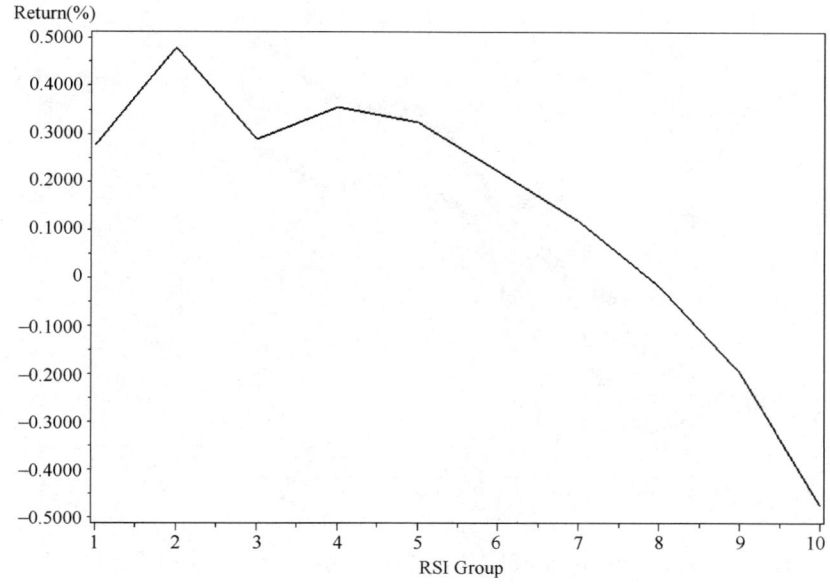

图 1-5　所有股票按 RSI 分 10 组获得的未来周度平均收益率

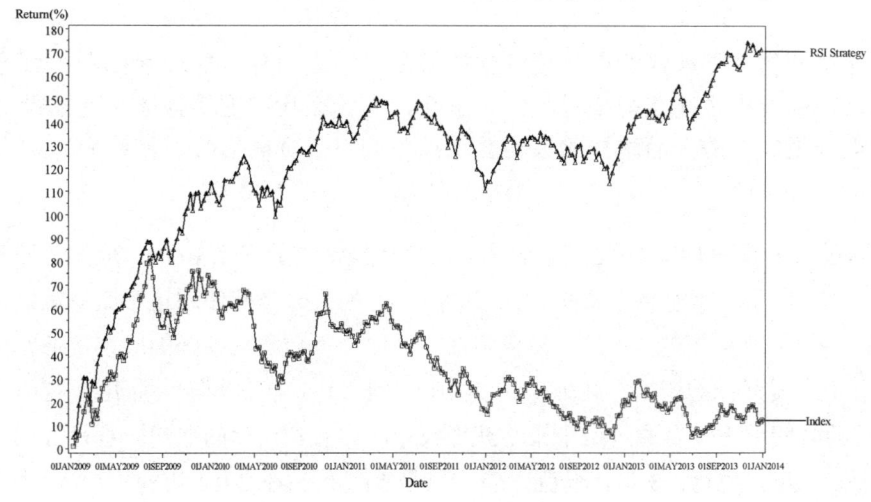

图 1-6　按照 RSI 建立的量化投资组合的累计收益率

1.3.3　基本面指标与技术指标的结合

上述两个策略，分别利用的是基本面指标和技术面指标。那么，我们可否综合利用这两类指标，提升策略的表现？答案是肯定的。

在以 RSI 建立的策略中，我们可以另外加上基本面指标。比如，我们要求公司的 RSI 不仅要低，而且该公司需要有正的利润增长、正的现金流和较低的估值。我们得到的新的策略，如图 1-7 所示。

在图 1-7 中，红线代表的是仅用 RSI 构建的投资策略，累计收益率为 300%。蓝线是将基本面指标与 RSI 结合构建的投资策略，累计收益率为 500%。

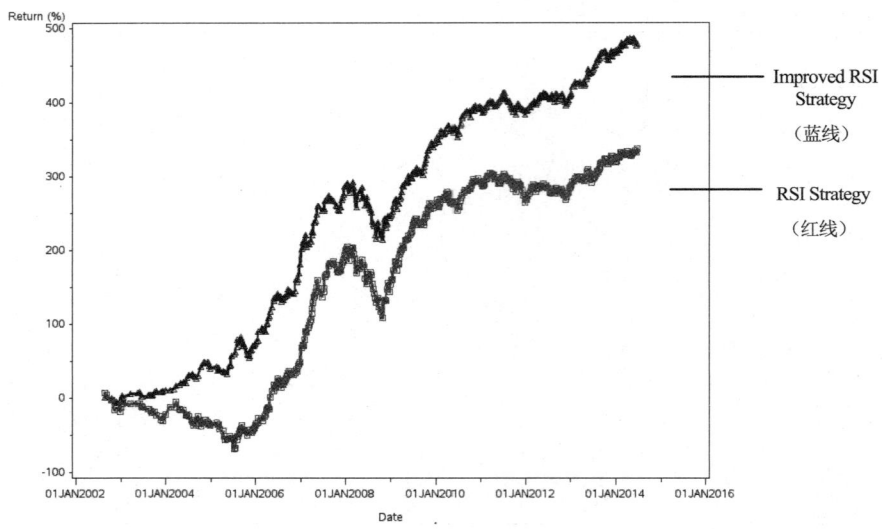

图 1-7 将基本面指标与 RSI 指标结合的量化投资策略获得的累计收益率

1.4 从量化投资看坚持理性投资的重要性

之前所介绍的是基于严谨的量化投资分析做基于基本面分析的理性投资，可见即便是在中国市场上，理性投资也能获得绝对收益。那么，为什么我们需要强调对理性投资的坚持？原因在于，市场是波动的，而这样的波动会动摇我们对投资的信心，使我们错过市场长期的回馈。

我们再回过头去看图 1-4。根据基本面选股，累计投资收益率是 10 倍。但作为投资者，你能做到从 2005 年一以贯之地坚持下去吗？在 2008 年，如果你坚持使用这个交易策略，你的亏损会超过 70%。站在 2008 年的 11 月，你会怎么想？你会不会质疑中国的股票市场？你会不会质疑自己？你会不会质疑你的策略？此外，从 2010 年到 2014 年下半年，将近 5 年时间，你都是亏损的。5 年的时间，你没有通过这个策略获得收益，你看到自己的账户一直是亏损的状态。坚持 1 年，容易，2 年，也行，3 年，勉强，但这可是 5 年！站在 2014 年的 11 月，当你回顾自己这 5 年的时候，你是否还会相信股票市场？你是否还会相信价值投资？

但越是艰难，越能体现坚持的宝贵。在 2008 年 11 月，当中国政府宣布 4 万亿刺激计划的时候，股票市场立刻止跌反弹，并开始了一波波澜壮阔的上涨。用不到 1 年的时间，你就能把 2008 年亏损的都赚回来。时间来到了 2014 年 11 月。在长达 5 年的亏损之后，你只要再多坚持一两周，就等到了中国股票市场上最宏大的一次牛市，从 2014 年 11 月到 2015 年 6 月，你会盈利 4 倍。如果你从 2005 年到 2015 年，坚持用这个策略投资，虽然经历了 2008 年的大跌和 2010 年到 2014 年的熊市，但在 2015 年，你的累计收益率依然有 10 倍。然而，如果投资者在 2008 年或 2014 年就离开了股票市场，这些收益就都成了空中楼阁。所以，理性投资，贵在坚持。

反过来，如果投资者不坚持理性投资，而是盲从，听消息，追逐市场热点，那么收益会是怎样的情况？通常，市场热点都是那些在一段时间内收益率高、吸引众多投资者去买的股票。所以,我们可以模拟这样一个投资策略:投资者每周买入上周收益率和换手率都在前5%的股票,并持有一周,如此反复,从 2010 年开始至 2014 年的累计收益率,如图 1-8 所示。

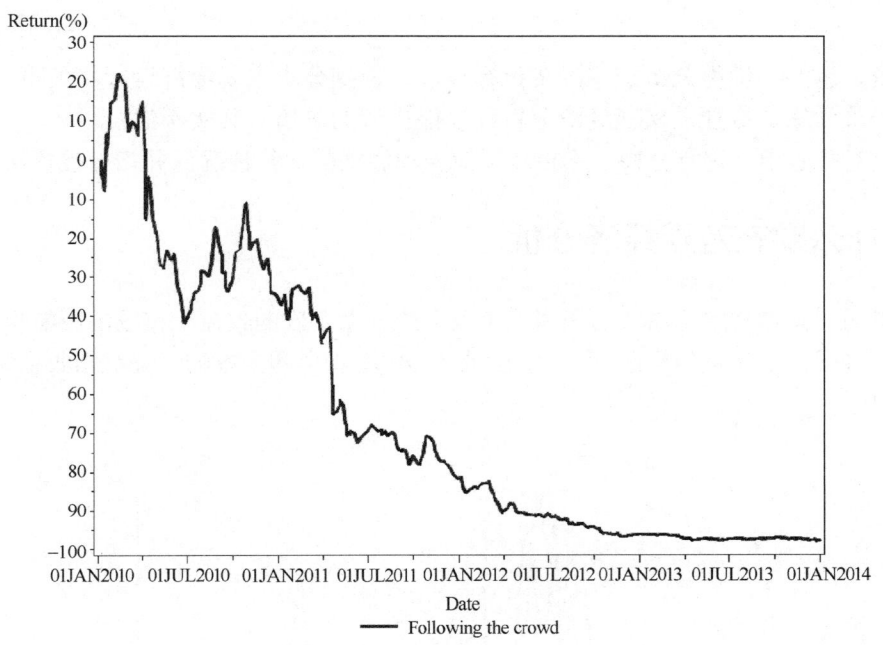

图 1-8　追逐市场热点获得的累计收益率

图 1-8 刻画了追逐市场热点获得的累计收益率。如果投资者从 2010 年开始,只用不到 2 年的时间,就会亏完所有的本金。而且,并不只是从 2010 年开始是这样的情形,无论从 2005 年、2008 年或 2009 年开始计算累计收益率,通通不超过 3 年,投资者一定会亏得一干二净。而这也解释了为什么有那么多人在市场上亏钱,而且亏了很多。所以,请务必坚持理性的投资,坚持严谨的分析,这样才有可能在中国股票市场上获取正的绝对收益。

总结

尽管中国股票市场尚待完善,且做空机制受限,但由于中国股票市场交易以散户为主,且数据丰富、更新及时,市场价格反映价值与信息,市场有效性支持量化投资在中国股票市场发挥显著的功效。文中的几组案例也表明,即使是非常简单的量化投资策略,在我国股票市场上也能获得较高的收益,从而印证了量化投资在中国股票市场的适用性,也强调了理性投资的重要性。

第 2 章 如何分析宏观经济

做投资，就必须懂得分析宏观经济运行情况。谈到分析宏观经济运行，大家可能会觉得这是知名经济学家、专业的宏观经济分析师才能去做的事情。其实不然，用一个简单有效的框架，通过对核心指标进行分析，你也能了解宏观经济的运行情况，并指导投资决策。

2.1 为什么要做宏观经济分析

股票市场，其实与宏观经济的相关性是很大的。而个股的收益受市场的影响也非常大。

我们来看图 2-1。这张图是将每个季度的 GDP 增长率和当季的上证综指收益率放在一起进行比较的。

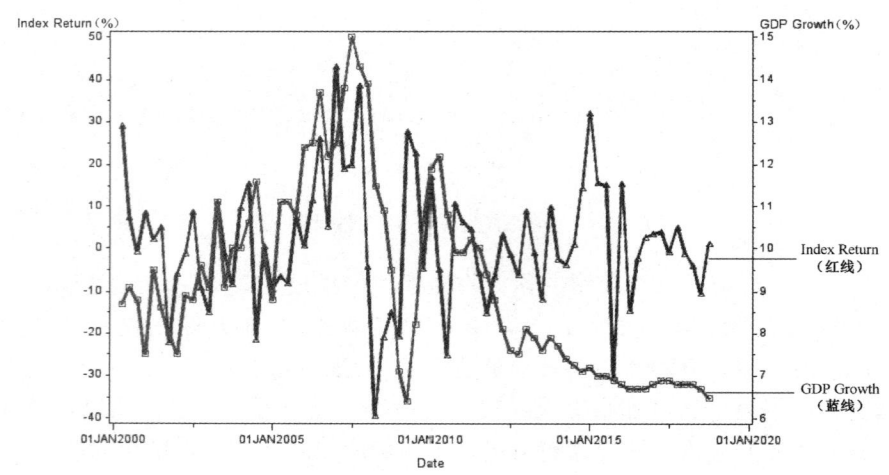

图 2-1　2000—2018 年上证综指收益率与 GDP 增长率对比

从图 2-1 中我们可以看出，GDP 增长率与上证综指收益率具有一定的关联度，而且有些时候基本上是同涨同跌的。

与此同时，我们来看图 2-2。图 2-2 反映的是平均来看个股收益率的波动有多大比例来自于市场的波动。我们看到这个比例最高的接近 60%，中位数的水平大致是 40%。因此，宏观经济影响市场，市场影响个股，这也是为什么我们在做投资的时候，需要非常注重宏观经济分析。

从本质上看，我们做宏观经济分析是为了在投资中进行择时。我们希望通过宏观经济分析，明确当前是否适合进行股票投资，通过择时，来控制我们的投资风险。

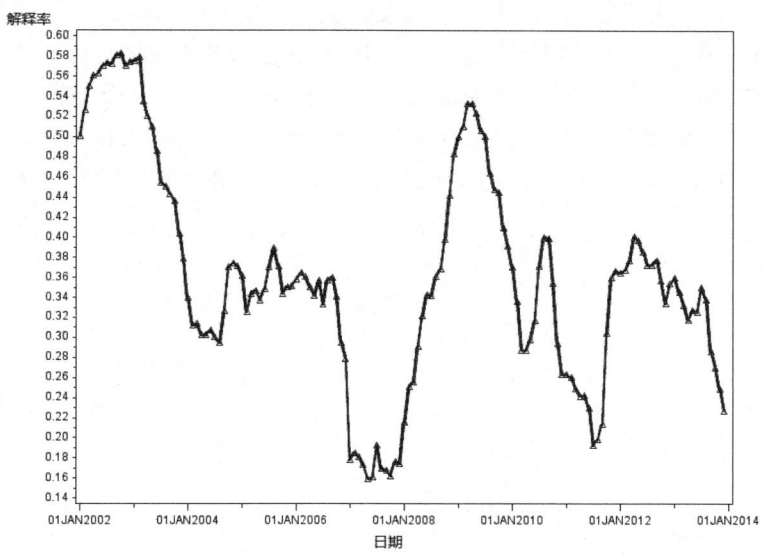

图 2-2　市场波动对个股收益波动的平均解释率

2.2　宏观经济分析的框架

宏观经济分析的框架,从国民经济的核算公式开始:
$$GDP=消费+投资+净出口+政府开支$$
这个公式表明了不同指标的作用。国内生产总值(GDP)作为经济总量指标,反映经济运行的总体情况。消费、投资、净出口是经济的三驾马车,是经济总量的三大构成部分,是经济基本面的分析要素。政府开支是政府对宏观经济施加影响的一个方面。考虑到政府对宏观经济的影响还有政策、政治稳定等,我们需要专门设一个部分,分析政府的影响。此外,由于我们是为了股票投资而进行宏观分析的,所以还需要包含对资本市场总体的分析。概括来说,为投资而进行的宏观经济分析,分为三个部分:第一,经济基本面分析,包括经济总量、消费、投资以及净出口;第二,政府政策与政治影响,包括经济政策和政治与社会稳定;第三,金融市场的分析,包括市场改革、流动性和投资者情绪。接下来我们逐一介绍各部分的内容。

2.3　经济基本面分析

经济基本面分为四部分,即经济总量、消费、投资以及净出口。

2.3.1　经济总量

经济总量,我们关注两大指标:GDP 增长率和采购经理指数(PMI)。

1. GDP

GDP 是衡量一国经济总体发展水平最直接，也是最重要的指标。

图 2-3 给出的是自 2000 年第一季度至 2018 年第三季度的 GDP 增长率。从图中可以看出，我国的 GDP 增长率在 2008 年金融危机前后跌宕起伏。首先是受金融危机影响，GDP 增长率从 2007 年的 15%断崖式地下降至 2008 年的 6.5%，之后在 4 万亿元人民币刺激计划的拉动下，上升到 2010 年的 12%。但在 2010 年之后，我国的 GDP 增长率呈现显著下降的趋势。

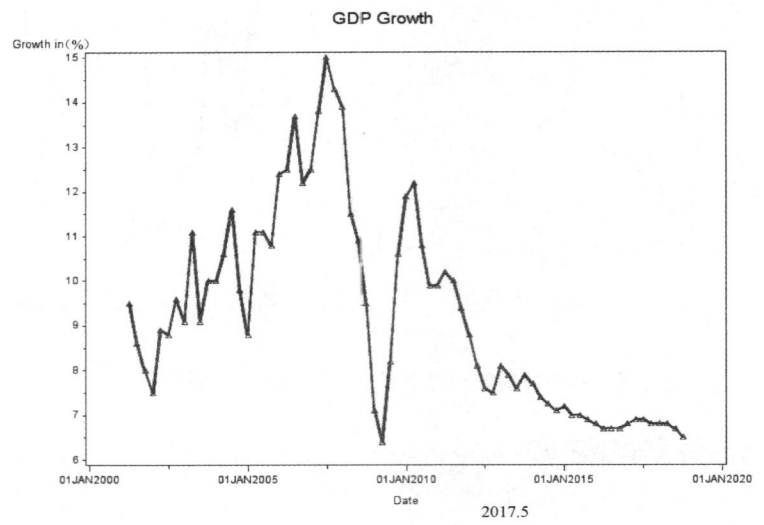

图 2-3　2000—2018 年中国 GDP 增长率

细心的读者会发现，增长率的下降趋势是放缓的。2010—2012 年，GDP 增长率从 12%下降到了 7.5%，平均每年下降 1.5%。这是中国经济过去 10 年中最困难的时期。但从 2013 年到 2015 年年底，3 年时间，GDP 增长率只下降了 1%。而且，更让人欣喜的是，从 2016 年开始，GDP 增长率出现了止跌企稳，甚至小幅上升的趋势。但从 2018 年开始，GDP 增长率就呈现出加速下降的趋势，由一季度的 6.8%降到二季度的 6.7%，在三季度加速下降低至 6.5%，经济形势非常严峻。

我们再来看图 2-1 中展示的上证综指收益率与 GDP 增长率的对比。以 2008 年为分水岭，我们可以看到在 2008 年之前，上证综指收益率与 GDP 增速基本具有相同的波动态势。在 2008 年，受金融危机的影响，股指大幅回落。2009 年，GDP 增长和股票市场收益都大幅提升。2012 年以前，GDP 增长率和股票市场的表现基本是一致的。但从 2012 年开始，GDP 增长一路下行，而股票市场却不断走高，两者在 2015 年第二季度背离度达到最大。

从统计意义上来说，我们也可以关注 GDP 增长率与上证综指收益率之间的相关系数，由此检测两者之间是否存在显著的正相关性。计算可得，两个指标同期数据的相关系数为 0.17，具有一定的正相关性。但由于核算和数据公布的滞后性，我们在当季，只能使用上一季度的 GDP 数据。通过计算滞后一期（即前一期）的 GDP 增长率与当期上证综指收益率之间的相关系数，可得这一数值为 0.09，只有同期相关系数的一半。因此，为了在投资中运用更为准确的数据，金融机构聘请了大量的宏观经济分析师、经济学家去预测 GDP 增长率。

2. 采购经理指数（PMI）

尽管 GDP 是衡量宏观经济运行最直接的指标，但 GDP 数据每季度只更新一次。作为补充，PMI 也是一个重要的衡量宏观经济整体运行情况的指标。相对于 GDP，PMI 具有频率更高、快速简便、及时综合、预测性强等优点，是一个较为可靠的先行指标。

PMI 的中文含义为采购经理指数。它通过对样本企业采购经理发放月度调查问卷采集数据，分别询问他们关于订单、生产、雇员、配送和存货五个方面的商业活动的现实情况。被调查者只需要对每一个问题做出定性的回答，即通过与上月进行比较，选择较上月提升、不变或者恶化三者之一的答案即可。然后，指数的编制者根据问卷结果计算单项 PMI 指标，具体计算公式为：

$$PMI = 1 \times P_1 + 0.5 \times P_2 - 0 \times P_3$$

式中，P_1 代表认为有所提升的答案所占的百分比；P_2 代表认为保持不变的答案所占的百分比；P_3 代表认为出现下降的答案所占的百分比。

单项 PMI 指标能够直观地显示企业某一项生产活动的现状，指标越高，表明企业对经济运行状况越乐观。而综合 PMI 指标是对单项 PMI 指标的加权平均，用于衡量企业供应和采购各个方面的总体发展趋势。综合 PMI 指标也有制造业和服务业之分，而制造业综合 PMI 指标编制更早，是刻画经济景气指数的重要指标。

从上述公式我们也可以看到为什么说 50 为 PMI 的荣枯线。如果所有企业的采购经理都认为经济有所好转，则 PMI=100；如果所有人都认为经济下滑，则 PMI=0；如果各占一半，则 PMI=50。因此，如果 PMI 大于 50，则预示着更多人认为当下经济正在向好发展；反之，如果 PMI 小于 50，则预示着经济发展前景不容乐观。

目前，我国每月的制造业 PMI 指数都有两个版本，分别是由国家统计局发布的官方 PMI 和由财新发布的财新 PMI（原汇丰 PMI）。两者的区别主要在于统计范围，官方 PMI 覆盖了大中小型企业，而在财新 PMI 的统计范围中，中小企业占比更高。从历史数据来看，两者大体同步，偶有背离。

与 GDP 的分析方法类似，我们可以通过折线图来比较官方制造业 PMI 指数与上证综指收益率之间的联动关系，如图 2-4 所示，我们仍能够从图中发现明显的同期正相关性。统计上，两者相关系数为 0.150。除了同期的正相关性，为了衡量 PMI 指数的预测能力，通过计算滞后一期 PMI 指数与上证综指收益率之间的相关系数（0.071），我们可以看到单独的 PMI 指数的预测力仍旧不佳。

此外，我们用同样的方法计算财新 PMI 与上证综指收益率的相关性。结果显示，同期的相关性只有 0.044，而滞后一期的相关性甚至变成了 -0.064。这说明财新 PMI 与上证综指收益率的相关性，不如官方的 PMI 与上证综指收益率的相关性强。

除此之外，我们还可以根据企业规模的大小，把 PMI 指数再细分成大中小型企业。图 2-5 即展现了不同规模企业的 PMI 指数。从图中可以明显地看到在整个样本期间，不同规模企业的 PMI 指数差异较明显，从大型企业到小型企业，PMI 指数水平逐渐下降，波动率则逐渐上升。小型企业与大型企业在市场地位、管理效率、议价能力和规模效应等方面都存在显著差异，经济波动对其影响更大，在样本期内基本处于荣枯线之下。这也印证了小企业在实际经营中，融资难、生存不易等现实问题。但小企业的经营困难也与其企业发展阶段有关。企业初创之时存在对内团队磨合、产品开发，对外开拓市场的艰难过程，绝大多数小企业处于存亡的边缘，其发展阶段很大程度上影响了它们对经营状况的评估。

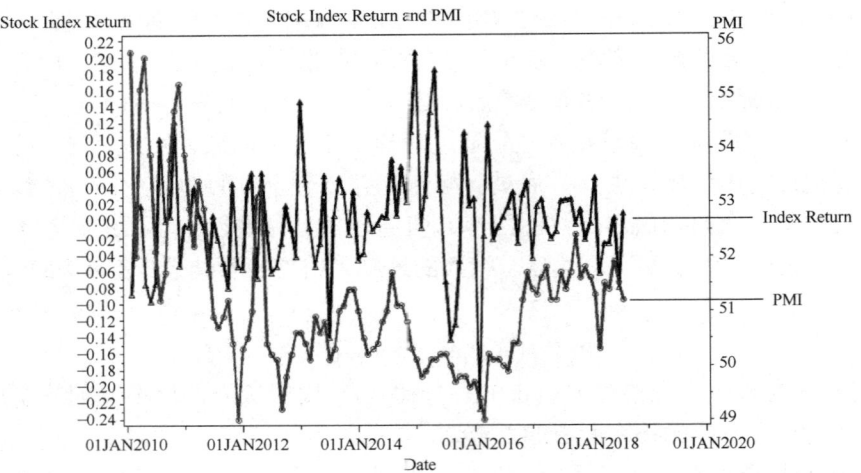

图 2-4　上证综指收益率与制造业 PMI 指数之间的联动关系

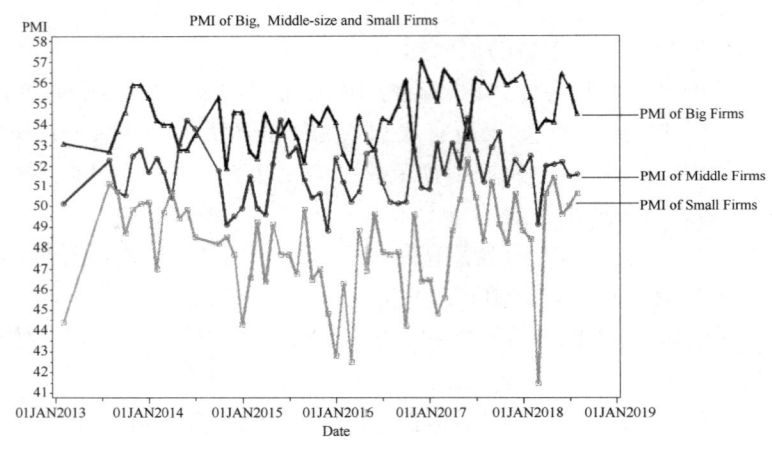

图 2-5　大中小型企业 PMI 指数

2.3.2　消费

接下来我们将逐一分析拉动经济增长的三驾马车。针对消费，可以从两方面考察，一方面是物价水平，另一方面则是社会消费总量的变化。

1. 物价水平

物价水平可以用商品价格指数表示，具体可分为消费者价格指数（Consumer Price Index，CPI）和生产者价格指数（Producer Price Index，PPI）。两者均由国家统计局于每月月初发布，是衡量经济通货膨胀（以下简称"通胀"）水平的有力指标，全面反映了全国消费品和生产品的总体价格变化，对于政府货币政策和进行资产定价都具有指导意义。

CPI 是反映居民购买的消费性商品及服务的价格水平随时间变动的相对数值。根据 2016 年 1 月国家统计局对 CPI 统计口径进行的新一轮调整，目前 CPI 的构成成分共有八大类，分别是食品烟酒、衣着、生活用品、医疗保健、交通通信、娱乐教育、居住和其他用品。

通过图 2-6 我们看到自 2000 年以来我国 CPI 同比增长率的变动情况，除了在 2002 年和 2009 年出现了通货紧缩，其他时期的物价基本维持上涨态势，且通胀率全部处于10%以下，这表明我国在这段时间内并未出现恶性通胀，但是我们仍需注意到2007—2008 年我国曾经出现物价持续上涨的情况，CPI 同比增长率于 2008 年 2 月达到了样本区间内的最高点 8.7%。但在 2008 年受金融危机影响之后，CPI 同比增长率随着宏观经济水平的下行，大幅走低，甚至进入了通货紧缩的状态。在 4 万亿元刺激之后，通胀从 2009 年下半年大幅拉升，在 2011 年下半年再次达到 6.5%这样一个较高水平。自 2012 年下半年，我国的通胀水平总体保持平稳，在 1%～3%的区间波动。

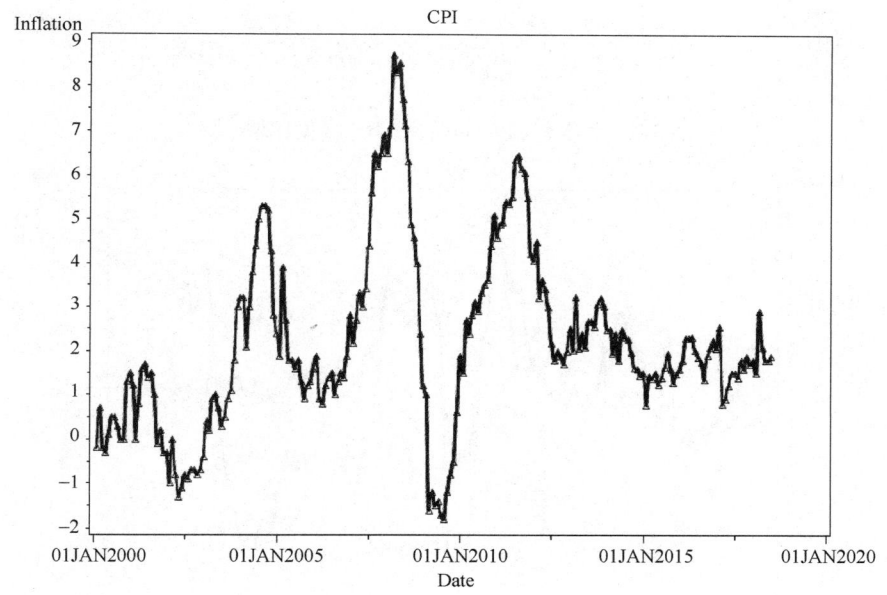

图 2-6　2000—2018 年 CPI 同比增长率变化

我国国家统计局会同时公布食品类 CPI 与非食品类 CPI。由于食品类消费品价格对供需反应迅速，易受气候、自然灾害等因素影响，从图 2-7 我们也可以看到它的波动远比非食品 CPI 的波动剧烈，后者非常稳定，基本在 0 的水平上下徘徊，所以综合 CPI 数据的波动基本来自食品类消费品价格。

除了 CPI，PPI 也是重要的价格指数，所不同的是，PPI 统计范围是生产者购买商品和劳务的价格变化，表明企业面临的购买成本的升降。

我们通过图 2-8 可以明显地观察到 CPI 同比增长率与 PPI 同比增长率之间的正相关性，二者很少出现背离的情况，同时由于 PPI 中能源占比较大，波动更剧烈。PPI 同比增长率自 2012 年开始连续出现负值，从 2012 年一直跌到 2016 年。与此相对应的是，在这期间，我国的煤炭企业、钢铁企业大面积亏损。进入 2016 年，PPI 同比增长率开始止跌回升，并进一步由负转正。这一定程度上说明我国政府在推行去产能政策之后，工业产品的价格出现了显著回升。

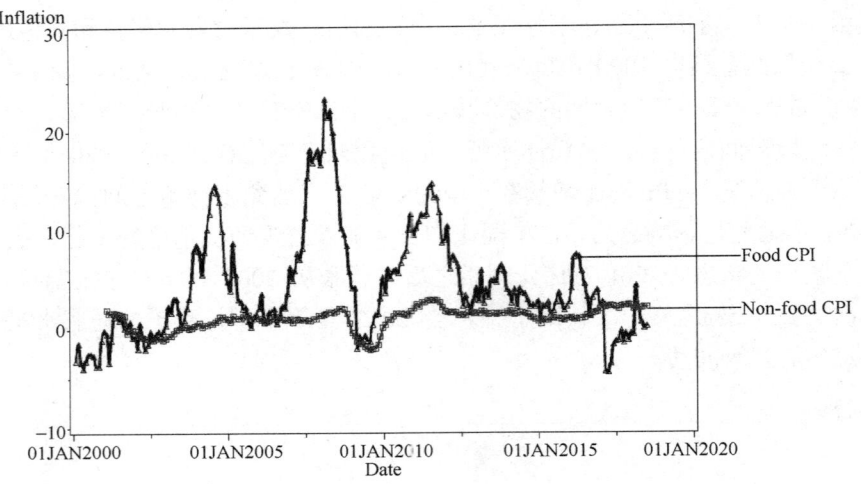

图 2-7 食品类 CPI 与非食品类 CPI 同比增长率

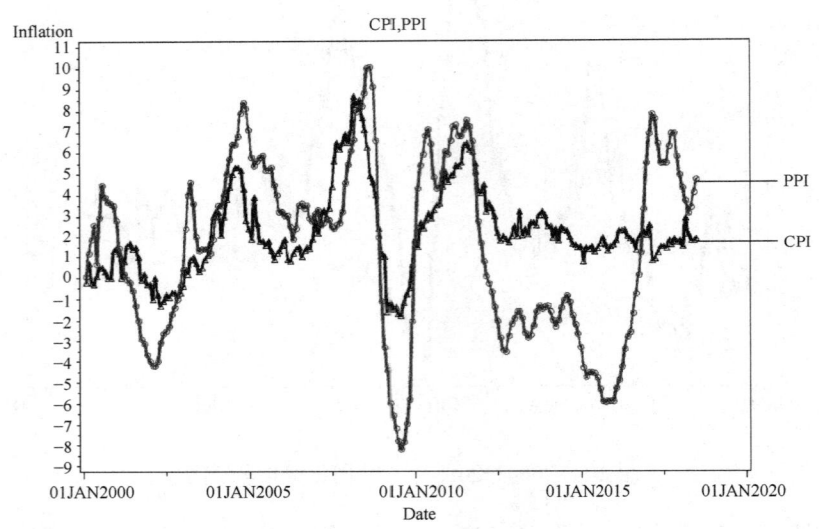

图 2-8 2000—2018 年 CPI 与 PPI 的走势

接下来我们将 PMI 和 CPI 放到一起来评估宏观经济运行。我们从图 2-9 中可以看出，2005—2007 年是中国宏观经济非常繁荣的一个时期。在这段时间，PMI 的均值达到 55，同时通货膨胀率只有 2%左右。这说明宏观经济处于一段非常高质量的增长时期。

但从图 2-10 中我们可以看出，中国宏观经济自 2010 年至 2016 年，PMI 和 CPI 同比增长率都处于整体下降的趋势，这段时期也是我国宏观经济非常困难的一段时间。但从 2016 年开始，PMI 和 CPI 同比增长率都明显反弹，说明经济体内部活动日渐活跃，经济不断向好。但可以看到从 2018 年上半年开始，PMI 已经不断走低，进入了下降通道。

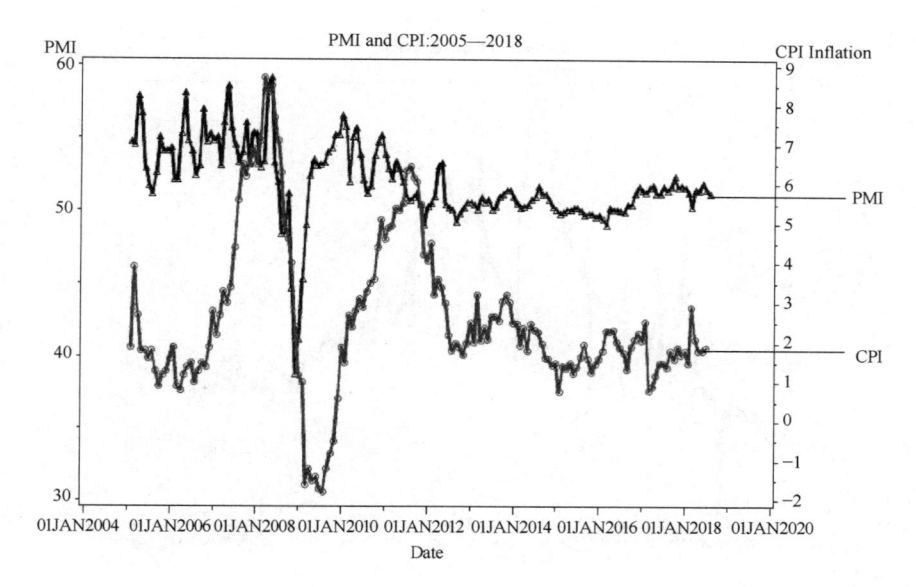

图 2-9　2005—2018 年 CPI 与 PMI 的走势

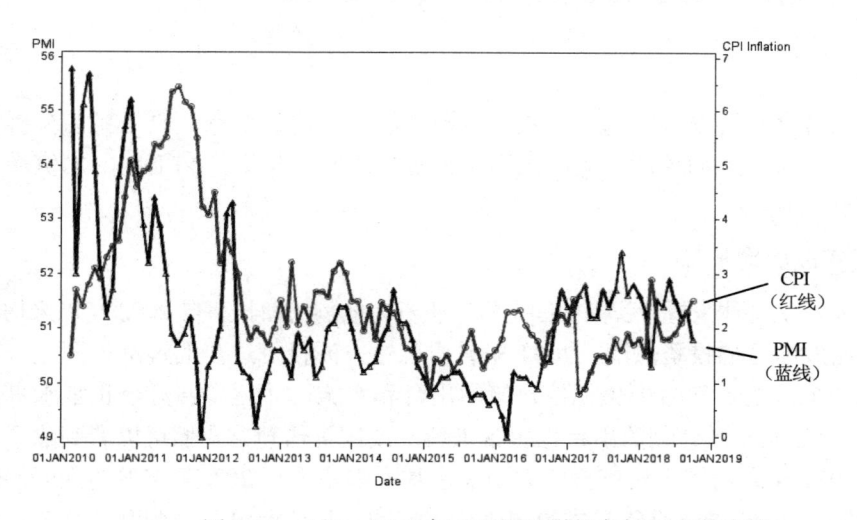

图 2-10　2010—2018 年 CPI 同比增长率与 PMI 的走势

2. 社会消费总量的变化

除了价格水平维度，消费变化也可从国内消费总量水平上体现。图 2-11 显示的是社会消费品零售总额的同比增速。

从图 2-11 可以看出，2008 年是消费增长的转折点，从之前的逐步上升，转为下降。尽管在过去 10 年，我国电商企业崛起，为消费者提供了便捷的服务，但我们的消费增长率不仅没有上升，反而从 20% 降到了目前的 10% 左右。这样的消费增长率的下降，有可能是由于房地产价格的大幅上升，对消费造成了挤出，导致消费的增长持续下滑。

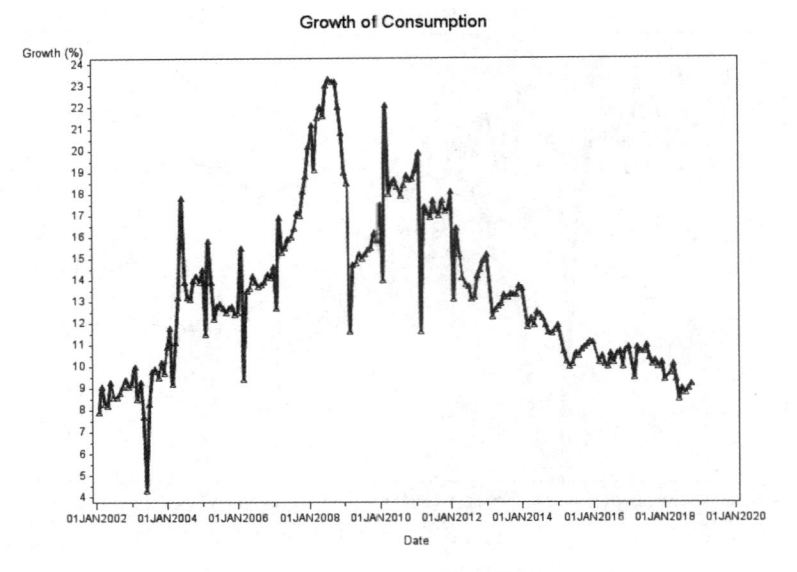

图 2-11　2002—2018 年社会消费品零售总额同比增速（%）

2.3.3　投资

投资是另一驾拉动经济发展的马车，是政府刺激经济关注的重点，也是我们分析宏观经济的重点。分析投资时，我们关注三点：①固定投资完成额增长率；②工业附加值增长率；③货币供应的增长率。

1. 固定投资完成额增长率

如图 2-12 所示，从总体来看，我国的固定资产投资完成额的增长率自 2002 年以来均在 10%以上，并出现过两波明显的投资热潮。2004 年曾出现过一波投资过热的浪潮，固定资产投资完成额增速高达 50%。之后随着中央调控政策的出台和实施，才逐步回落至正常水平。除此之外，2008 年 4 万亿元刺激计划的出台也曾带来新一波投资热潮。我们可以看到除了投资过度膨胀的时期，2012 年之前固定资产投资的增长率基本都稳定在 20%至 30%的区间。值得注意的是 2012 年以来，固定资产投资完成额增速从 20%的高位逐渐滑落，刺激计划余温消退，经济逐步走入下行通道，目前降至 6%左右，与这段时期的 GDP 等指标相吻合。

2. 工业附加值增长率

工业附加值，作为企业在生产过程中，对投入带来的价值增加，可以理解为经营成果或利润。工业附加值的增长，在过去几年逐年下降，目前已经降至较低的水平。当企业利润增速较低的时候，企业投资的意愿会进一步受抑制，这预示着未来我国投资的增速有可能会进一步放缓。图 2-13 显示了 2000—2018 年工业附加值同比增速。

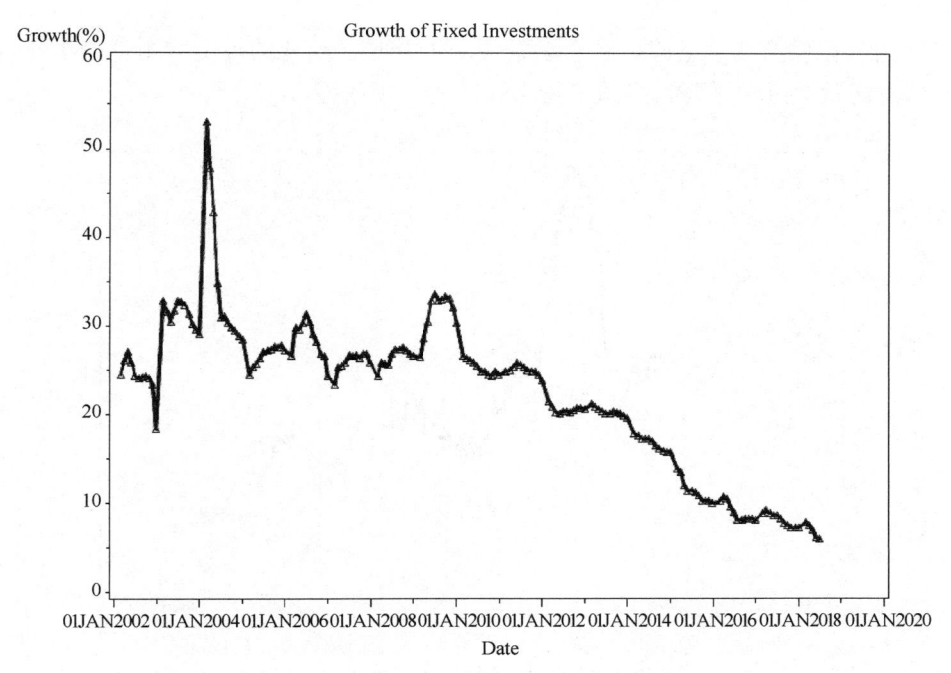

图 2-12　2002—2018 年固定资产投资完成额累计同比增速（%）

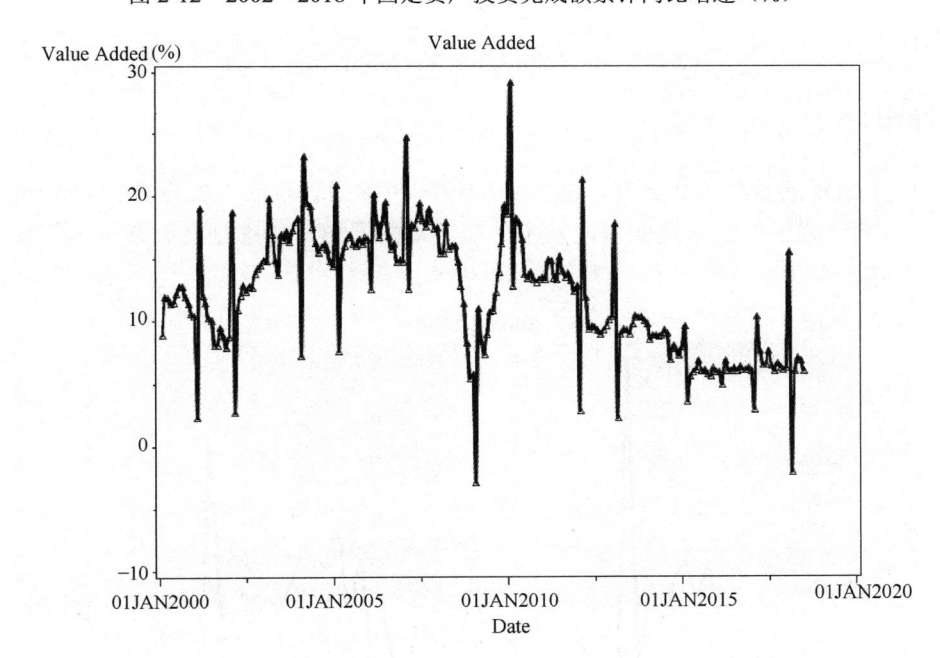

图 2-13　2000—2018 年工业附加值同比增速（%）

3．货币供应的增长率

从投资资金来源的角度分析，多数投资都依靠借款融资，因此相关的资金供给指标，如金融机构新增人民币贷款和货币供应量，能够有效反映社会投资需求的变化。图 2-14 显示的就是我国广义货币供应量（M2）的同比增速，在 2009 年有一个明显的波峰，这源自 4 万亿元刺激计划带来的货币供给显著上升。之后，我国的货币政策趋于稳健，货币供给的增速不断下降。当货币供给增速下降，社会融资成本上升时，企业的投资成本就会进一步增加，企业的投资意愿就会继续下降，导致投资增速的进一步放缓。

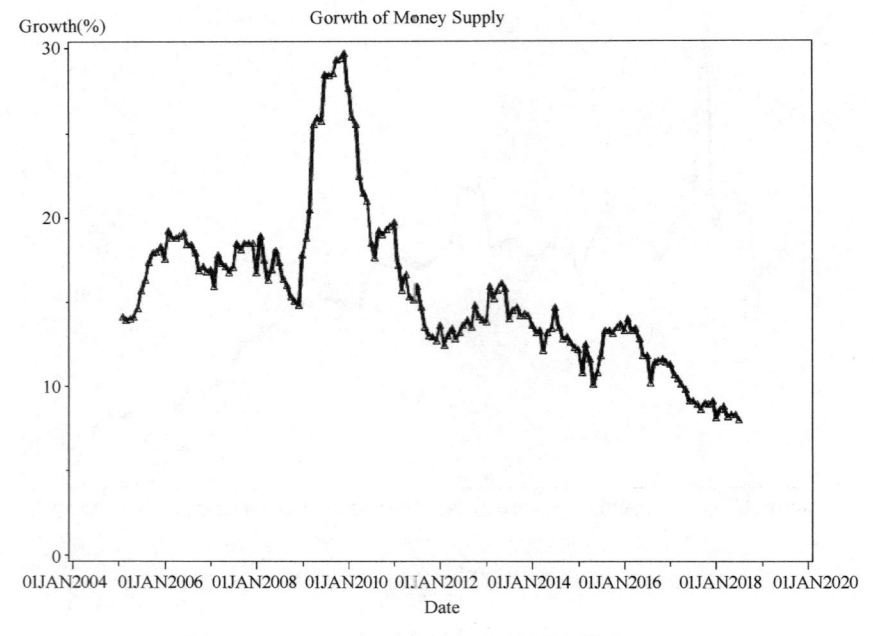

图 2-14　2004—2018 年 M2 每月同比增速（%）

2.3.4　净出口

净出口是 GDP 的重要组成部分，成为拉动经济的第三驾马车。从图 2-15 我们可以看到，自 2017 年以来，我国的出口金额增速基本处在下滑的通道，特别是在近期中美贸易战的背景下，出口不容乐观。

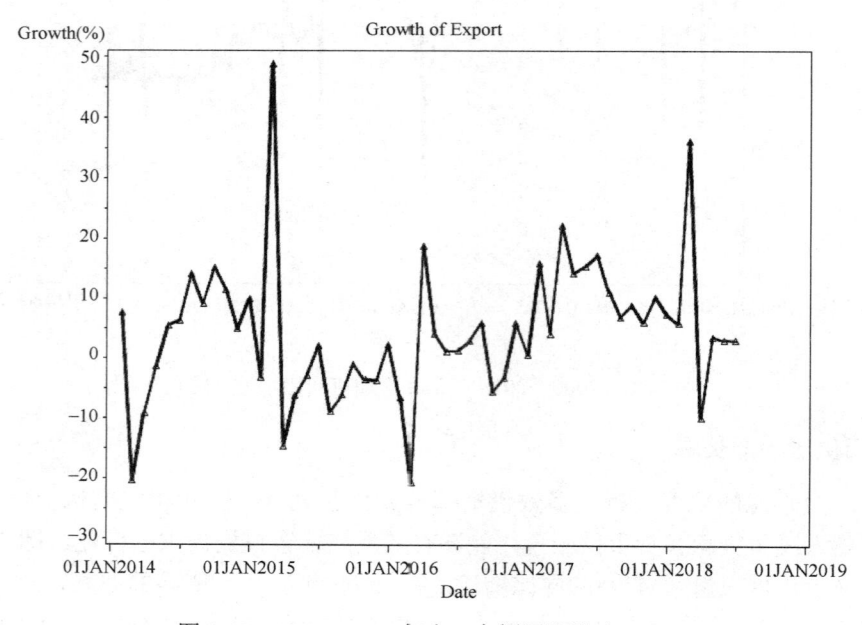

图 2-15　2014—2018 年出口金额同比增速（%）

另外，从图2-16我们发现，与出口相对应的进口金额的增速从2017年开始也逐步下降，目前维持在10%左右。

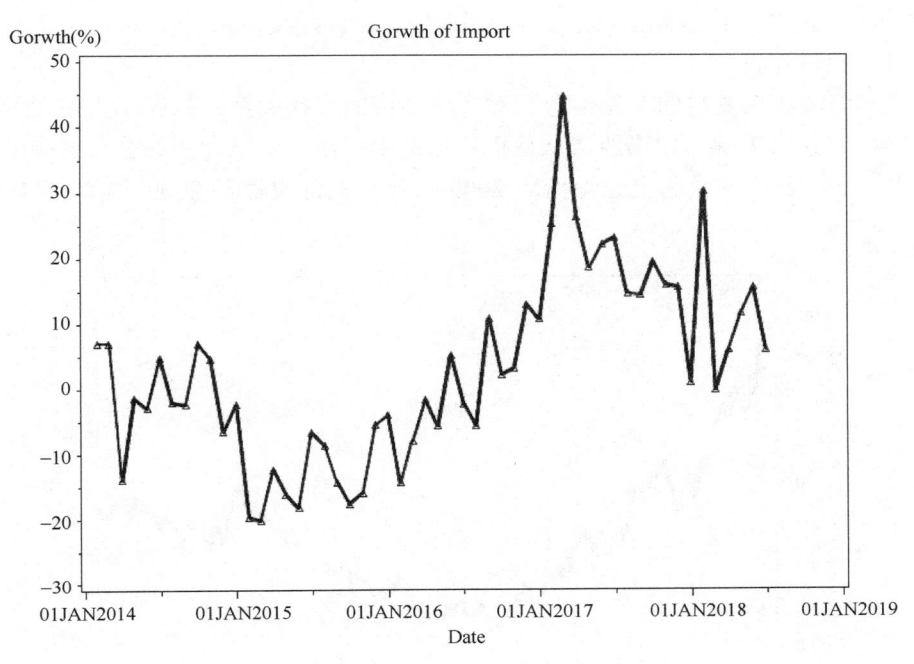

图 2-16　2014—2018 年进口金额同比增速（%）

2.4　政府政策与政治影响

在介绍完经济基本面的分析之后，接下来我们看政府对宏观经济的影响。作为国民经济中的重要部门，政府在经济运行中起到了调控和监管的作用。政府可以通过经济政策，如财政或货币政策达成稳定物价、充分就业、经济增长、国际收支平衡和金融稳定等目标。由于不同资产与利率、资金流动性、经济增长等的相关性各不相同，因此政府重大政策对不同资产价格的作用也各不相同。同时，一国的政治环境是否和平直接影响了投资者的情绪和预期，从而影响资产价格的涨跌，动荡的社会虽然不利于发展金融市场，但是也能为投资者带来投资机会。所以，我们通过分析政府的政策和政治环境的变化，同样能够把握资产价格的走势。

2.4.1　经济政策

政府的经济政策是指政府通过直接或间接的手段对经济进行调控。政府的经济政策可分为货币政策与财政政策。其中，货币政策是指中央银行通过货币政策工具调节货币供应量和利率，从而影响资金流动性和宏观经济运行；财政政策是指政府通过财政支出和税收政策等手段来调节总需求。

接下来，我们将以我国政府2008年年底出台的 4 万亿元刺激计划为例，看看政府政策是如何影响股价变动的。

2008 年，全球金融危机的爆发对我国实体经济造成了严重冲击，直接导致我国2008 年 GDP

增速陡降,并于第四季度跌至 6.5%。同时,上证综指从 2008 年 1 月 14 日的 5522 点,在短短 10 个多月的时间内跌了 70%,于 2008 年 10 月 28 日跌至 1664 点。为了应对金融危机和救市,2008 年 11 月 9 日国务院出台了更加有力的扩大国内需求的措施,推出 4 万亿元投资,主要用于基础设施建设。

4 万亿元刺激计划发出的宽松信号和对实体经济的直接刺激,扭转了人们对经济的悲观预期,在当时迅速有效地将中国经济从危机的泥潭中拉出。刺激计划的公布直接带动了 2009 年股市的新一轮持续上涨,将上证综指从 2009 年年初的低位拉至 2009 年 8 月 4 日的 3478 点,如图 2-17 所示。

图 2-17　2008 年年底 4 万亿元刺激计划前后上证综指的变化

2.4.2　政治与社会稳定

只有稳定的政治和社会环境才能够保证企业得到公平和充足的发展机会,提升投资者的信心,它是企业效益蒸蒸日上、金融市场蓬勃发展的摇篮。相反,社会环境和政治的动荡会加剧投资的不确定性,抑制投资,导致经济发展停滞不前。

然而,由于投资者的恐慌心理和悲观预期,社会动荡所带来的资产价格大幅下跌却能够创造不少投资机会。坚持价值分析、目光长远的投资者往往能够从资产的不合理低价中发现机会,等到资产股价重回合理水平时收获丰厚的回报。

2.5　金融市场的分析

金融市场本身作为宏观经济的重要组成部分,其与资产价格的关系最为紧密。横向对比各国金融市场的发展现状,我们可以发现在市场机制运行合理、信息传递高效、投资者权益受到保障的金融市场,其市场更加有效,资产价格反应更加迅速到位。我国目前还处于不断摸索进行金融市场改革、完善市场运行机制的阶段,改革带来机遇与挑战。而完善的金融市场本身可以通过市场流动性、投资者情绪等影响资产价格。放眼国际,各国利率水平也能够影响全球资产配置结构。

2.5.1 市场改革

金融市场自身的发展之路，必定是一条逐渐开放、资源配置效率不断提高、投资者利益不断得到保障的改革之路。纵观中国股市，最近 10 年间发生的最重大的改革莫过于 2005 年启动的股权分置改革，这也是自中国证券市场成立以来影响最为深远的一次改革。

股权分置是指我国在经济转型和资本市场发展中，由于所有制等历史因素，造成了上市公司同时存在流通股（主要为社会公众股）和非流通股（主要为国有股和法人股）的局面。流通股与非流通股之间交易和转让渠道相异，定价机制扭曲，且存在"同股不同权、同股不同利"等弊端，股东之间利益不平衡，严重影响了上市公司的治理效率，制约了中国股市的健康发展。

而我国实施股权分置改革的目的在于逐步放开非流通股的流通比例，并通过"对价"方式补偿因非流通股入市可能会给流通股股东带来的利益损失，平衡各方利益，实现两种股权的对接。股权分置改革采取逐步试点、分散决策的稳定性方案，按部就班，稳步推进。

为了尽量减少对市场的冲击，股权分置改革严格限制了非流通股股份解禁的份额和速度。自每家上市公司改革方案实施之日起，持有上市公司股份总数的 5%以上的原非流通股股东，在 12 个月之内不得上市交易和转让。上述规定期满之后，可以通过证券交易所交易出售原非流通股股份，出售股份所占总股数比例在 12 个月之内不得超过 5%，在 24 个月之内不得超过 10%。

从改革效果来看，股权分置改革不仅没有对股市造成严重的负面冲击，还消除了改革前的种种顾虑，释放了积极信号，带动了新一轮牛市，绝大多数股票和股指本身在这次改革中出现了明显的上涨。从图 2-18 我们可以看到股权分置改革前后上证综指的变化。

图 2-18　股权分置改革前后上证综指的走势

2.5.2 流动性

金融市场资金的流动性能够直接影响资产的价格：当市场流动性充裕时，资金成本低，更多资金流入股市，推动股价进一步抬升；当市场流动性紧缺时，资金撤离，带动股价下跌。

而中国人民银行（以下简称"央行"）通常会根据金融市场的流动性和股价，通过货币政策工具时刻对流动性进行调整，以防止流动性危机和系统性风险的爆发，促进市场稳定。

当市场流动性明显不足、股市大幅下挫时，央行一般会通过降准降息、公开市场操作等工具注入流动性，缓解资金面的紧张。央行的流动性调节可以从 M2 增速、每周公开市场操作货币净投放量等指标衡量。

2.5.3 投资者情绪

投资者情绪是指投资者对于未来资产价格走势的乐观或者悲观的预期，是投资者根据市场信息做出的主观判断，从而影响其投资行为。当个体投资者的情绪汇总成为市场整体现象时，能够显著影响资产的价格。当投资者情绪普遍高涨时，会放大市场的利好消息，弱化利空消息，短期内有利于推升股票价格，但是会造成价格泡沫。

衡量投资者情绪的指标有市场成交金额、换手率和新增开户数。市场交易量越大，成交越活跃，投资者情绪越高涨。

总结

宏观经济分析是投资分析当中必不可缺的重要一步。在对宏观经济运行进行分析时，首先，我们看经济总量指标，关注 GDP 增长率和 PMI。其次，我们会分别分析经济的三驾马车：消费、投资和净出口。在对宏观经济基本面有一个完整认识之后，我们需要对政府政策进行分析，因为政府的政策、政治的稳定，对资产的价格都会有重要影响。此外，金融市场的分析也非常重要，它重点关注的是市场改革、流动性和投资者情绪三个方面。

第 3 章 美林时钟在中国股票市场的应用

通过前两章了解了宏观经济中重要的总体变量及其分析方法之后，本章将介绍经典的"美林投资时钟（简称美林时钟）"理论。美林时钟，由美国美林投资银行在 2004 年发布，展示如何运用宏观经济周期的更替决定风险资产的配置和股票行业的选择。美林时钟的贡献有以下两点：

① 建立了经济周期与资产配置的内在逻辑，有助于指导资产的配置与股票市场的择时；

② 提供了划分经济周期的行之有效的方法。这点尤其重要。因为经济周期的划分往往需要参考众多指标，滞后性非常明显，但按照美林时钟提供的方法，运用 GDP 增长率和 CPI 两个指标，就能对经济周期进行有效的划分。

3.1 经济周期的划分

经济周期是经济学里一个由来已久、得到公认的概念。美林时钟提出结合 GDP 增长和 CPI 两个宏观变量，将经济周期划分为四个阶段，分别是衰退阶段、复苏阶段、过热阶段和滞胀阶段。

1. 衰退阶段

在衰退阶段，整个宏观经济萎靡不振，经济体内部活跃度非常低，需求小于供给，经济总量在萎缩，价格水平在下降。在衰退阶段，央行会维持低利率水平，增加货币供给，政府会加大支持力度，鼓励投资，来帮助经济恢复活力。在美林时钟的框架下，衰退阶段的特征是 GDP 增长率下行，CPI 下行。

2. 复苏阶段

经过衰退阶段后，在政府宽松的货币政策和积极的财政政策帮助下，经济体逐步止跌企稳，需求不断上升，经济体内部活跃度明显提升。但由于物价的反应滞后于经济的增长，所以物价依然处于下降的阶段。在美林时钟的框架下，复苏阶段的特征是 GDP 增长率上行，CPI 下行。

3. 过热阶段

随着 GDP 增长率的进一步上行，经济体内部需求旺盛，需求高涨，市场出现供不应求的情况，价格也明显上升，经济容易出现过热、透支。在美林时钟的框架下，过热阶段的特征是 GDP 增长率上行，CPI 上行。

4. 滞胀阶段

在过热阶段维持一段时间后，GDP 已经失去了继续上涨的动力和潜力。CPI 的持续上升使得企业的运营成本不断上升，利润停滞不前。此时，央行为了抑制通胀，会加息、降低货币供给，以使经济体活跃度逐渐降低。在美林时钟的框架下，滞胀阶段的特征是 GDP 增长率下行，CPI 上行。

3.2 经济周期与资产配置

对应经济周期的四个阶段，我们可以根据不同阶段的特征，选择最合适的大类资产进行配置。我们提出这个问题：在经济周期的不同阶段有四种资产可供选择，即债券、股票、大宗商品和现金，那么，每个阶段的最优选择是什么？

第一，在衰退阶段，经济增长与通胀双双下行，政府为了刺激经济，会采取扩张性的财政政策和宽松的货币政策。利率的下降将导致利率债价格显著上升，因此利率债或信用评级较高的公司债是衰退阶段的最佳选择。

第二，在复苏阶段，经济触底反弹。此时，一方面，企业效益明显改善，由亏损转向盈利，悲观预期被扭转，前景普遍看好；另一方面，经历了衰退期，企业估值处于底部。处于底部时，市场的反弹也是最快的，因此，股票是复苏阶段的最佳选择。

第三，在过热阶段，经济加快发展，物价上升。供给无法满足需求，工业产品价格上升，上游行业提供的原材料价格上升尤其明显，如大宗商品。因此，大宗商品是过热阶段的最佳选择。

第四，在滞胀阶段，经济衰退，物价上升。此时企业可能出现亏损，前景堪忧，股价下跌。物价的持续上升意味着央行实行紧缩的货币政策的可能性增大，利率上行和通胀都不利于债券。经济增长的下降带来对大宗商品需求的减少。因此，现金是滞胀阶段的最佳选择。

表 3-1 将美林时钟提出的经济周期的特征与资产配置进行了总结。

表 3-1 经济周期的特征与资产配置

经济阶段	GDP 增长率	CPI	资产配置（债券、股票、大宗商品、现金）
衰退阶段	下降	下降	债券
复苏阶段	上升	下降	股票
过热阶段	上升	上升	大宗商品
滞胀阶段	下降	上升	现金

上述讨论是在四种资产都可选择的情况下进行的。如果仅仅提供两种资产，如股票和现金，那么该如何进行选择？实际上，这就是股票市场择时的问题：在值得投资的时候买股票，在风险较高的时候持有现金。上述讨论已经表明，复苏阶段值得投资的是股票。那么除了复苏阶段，还有适合投资股票的阶段吗？衰退阶段，企业利润下滑；滞胀阶段，企业利润停滞不前，且投资受高利率政策抑制。而在过热阶段，我们知道大宗商品是值得投资的，那么类似的，供给大宗商品的企业和上游原材料的企业，如矿业公司、钢铁公司的股票价格会

随着利润的增加而显著上升。而且，在繁荣阶段，企业利润的持续上升，以及投资者情绪的高涨，也会推动股票市场的走势。因此，复苏阶段和过热阶段都适合股票投资。

由此分析，复苏阶段、过热阶段适合投资股票，衰退阶段和滞胀阶段不适合投资股票。那么区分适合与不适合投资股票的最核心因素是什么呢？细心的读者会注意到，核心在于 GDP 增长率。在复苏阶段、过热阶段，GDP 增长率都是上升的。但在衰退阶段和滞胀阶段，GDP 增长率都是下降的。因此，只要判断出 GDP 增长率是上升还是下降，我们就能依据宏观经济的走势，做出股票择时的决定，而这也是美林时钟对股票投资最核心的指导。

3.3 美林时钟在中国股票市场的实证检验

美林公司证实了"投资时钟"在美国金融市场的效果非常显著，那么这一理论是否能够在中国市场上得到有效应用呢？接下来，我们将用中国的数据进行检验。

3.3.1 数据处理过程

首先，我们需要用经济增长和通胀两个指标对经济周期进行刻画。

通胀指标可以使用 CPI 或者 PPI。而经济增长指标，美林时钟实际采用的不是 GDP 增长率本身，而是 GDP 增长缺口。GDP 增长缺口是 GDP 增长率的实际水平与趋势之差。

为何用 GDP 增长缺口而不用 GDP 增长率本身？GDP 增长缺口等于 GDP 增长率与 GDP 增长率的趋势之差，而 GDP 增长率的趋势，代表了人们对 GDP 增长率的预期。因此，当我们用 GDP 增长率减去 GDP 增长率的趋势，得到的 GDP 增长缺口，反映的是 GDP 增长率超预期的部分。如果 GDP 增长缺口为正，说明 GDP 超预期增长，对资本市场是利好；如果 GDP 增长缺口为负，说明 GDP 增长率低于预期水平，是利空消息。

GDP 增长缺口的计算步骤如下。

① 获得单季度 GDP 实际同比增长率数据。这里需要注意两点：一是单季度增长率，它是当季三个月的 GDP，与去年同期三个月的 GDP 相比得到的增长水平。比如，2018 年第二季度单季度的 GDP 增长率，是指 2018 年 4~6 月的国内生产总值与 2017 年 4~6 月的国内生产总值相比得到的增长率。二是我们采用的是实际 GDP 增长率，即经过通胀调整之后的增长率，而不是名义增长率。

② 使用 HP 滤波法估计 GDP 增长率的趋势，即 GDP 的潜在增长率。HP 滤波法是常用的一种用于获得趋势的统计方法。读者可以通过以下链接，获得利用 Excel 运行 HP 滤波法的加载项：https://ideas.repec.org/c/dge/qmrbcd/165.html。

③ 将 GDP 增长率减去由 HP 滤波估计得到的 GDP 增长率的趋势，得到 GDP 缺口。

3.3.2 GDP 增长缺口与 CPI 的匹配

GDP 增长缺口是季度更新，CPI 是月度更新，为了让两者得以匹配，通常采用的方法是计算季度 CPI，也就是利用当季的三个月的月度 CPI 取平均值。这样就能将 GDP 增长缺口与 CPI 按季度进行匹配了。

3.3.3 数据检验结果

通过上述方法，我们能够使用中国的数据得到GDP增长缺口，并将其与CPI进行匹配。图 3-1 显示了GDP增长率和GDP增长率趋势之间的关系。从图 3-1 中，我们可以很清楚地看出，以 2008 年为分水岭，之前GDP增长率呈上升的趋势，之后则呈下降的趋势。

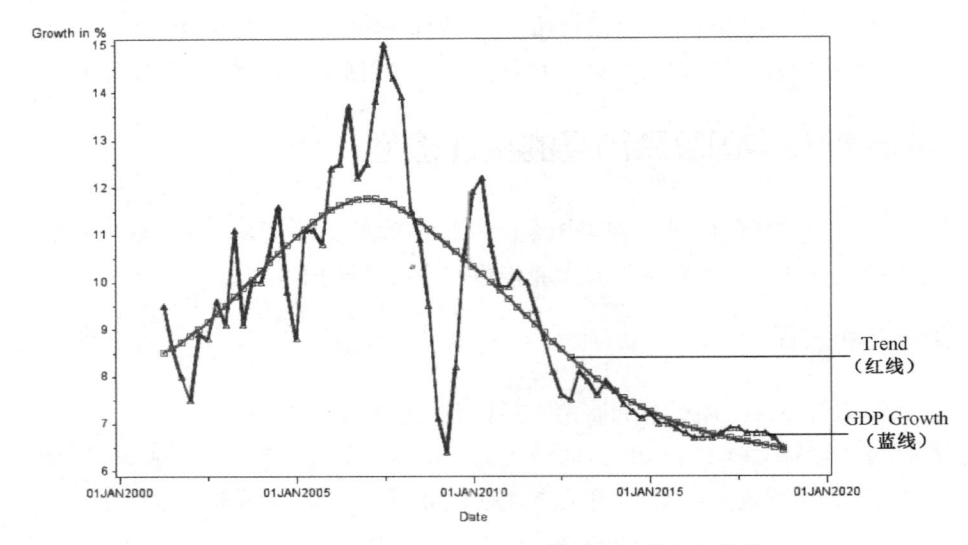

图 3-1　中国GDP增长率和GDP增长率趋势之间的关系

GDP 增长缺口如图 3-2 所示。从图 3-2 中，我们可以观察到经济存在明显的上行和下行区间，2004 年第四季度至 2007 年第二季度为经济波动上升时期，GDP增长缺口于2007 年第二季度达到了 3% 以上。此后，从 2007 年三季度至 2009 年第一季度，增长缺口直线下降，经济持续衰靡，于 2009 年第一季度达到 -4% 以下。周期更替之后，GDP 缺口又重新上扬到2010 年第一季度的 2% 的水平，紧接着又是一轮下降，直至 2012 年第一季度。但自 2012 年开始，GDP 缺口不断上升，甚至在 2016 年由负转正，这都意味着经济有向好发展的趋势。但到了 2018 年的时候，GDP 缺口急转直下，表明经济下行压力很大。

接下来，我们就将GDP增长缺口与 CPI 联合，根据每个指标和上一季度相比是上行还是下行来判断该季度处于经济周期的哪个阶段，以此来对我国的经济周期阶段进行划分。如图 3-3 所示，比如，对于 2008 年第三季度（图中最右边的点），GDP 增长缺口相对于上一季度是下降的，但 CPI 相对于上一季度是上升的，由此判断该季度处于滞胀阶段。

我们通过指标与前期的对比，判断经济正处于上行还是下行，得到相应的周期阶段，如图 3-4 所示，纵轴的 1、2、3、4 分别代表衰退阶段、复苏阶段、过热阶段和滞胀阶段。根据之前的讨论，我们知道当经济处于复苏阶段和过热阶段时，比较适合做股票投资。也就是说，当图 3-4 中处于中间的点比较多的时候，股票市场表现会比较好。但如果经济处于衰退或滞涨阶段，也就是图中两端点比较多的时候，股票市场表现不会太好。

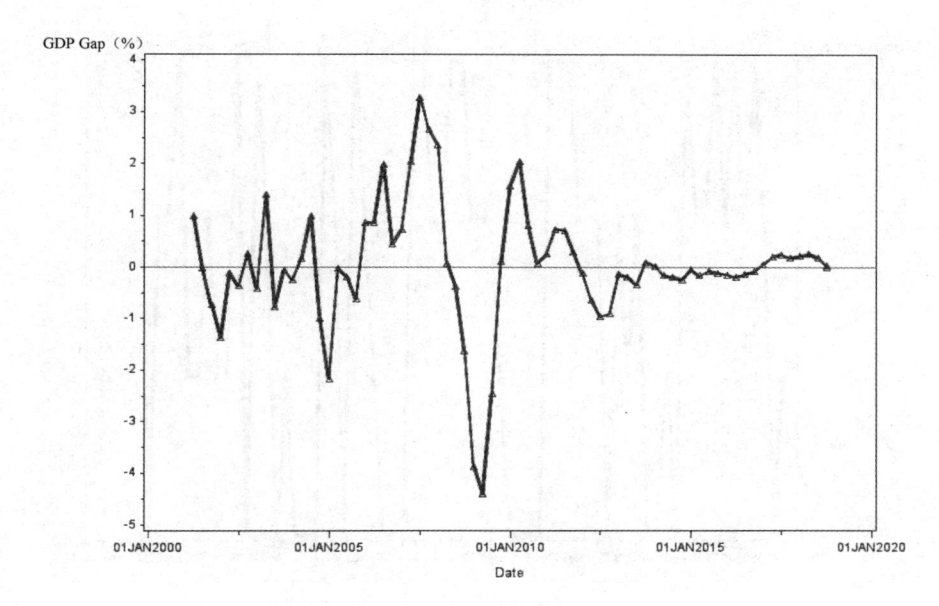

图 3-2 GDP 增长缺口

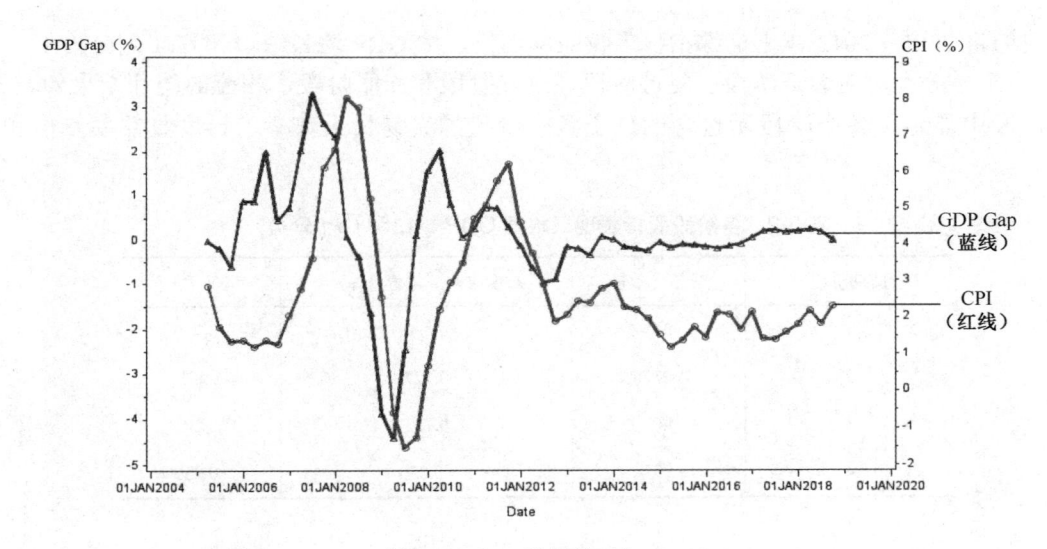

图 3-3 GDP 增长缺口与 CPI

从图 3-4 中可以看出,从 2005 年到 2007 年,中间的点比较多,两边的点比较少,这段时期正是股票市场大牛市的时期。从 2008 到 2014 年,我们注意到两端的点比较多,而这段时期股票市场的表现确实不好。从 2014 年开始,中间又出现比较多的点,而这段时间股票市场确实有明显的起色。

对于我国经济周期的更替有了更加深刻的理解之后,我们更加关注的是经济周期与股市收益率之间的关系。根据美林时钟理论,适宜进行股票投资的经济周期分别是复苏阶段与过热阶段。我们通过比较每个阶段上证综指收益率的描述性统计特征,来检验基于美林时钟的股票市场择时是否是有效的。

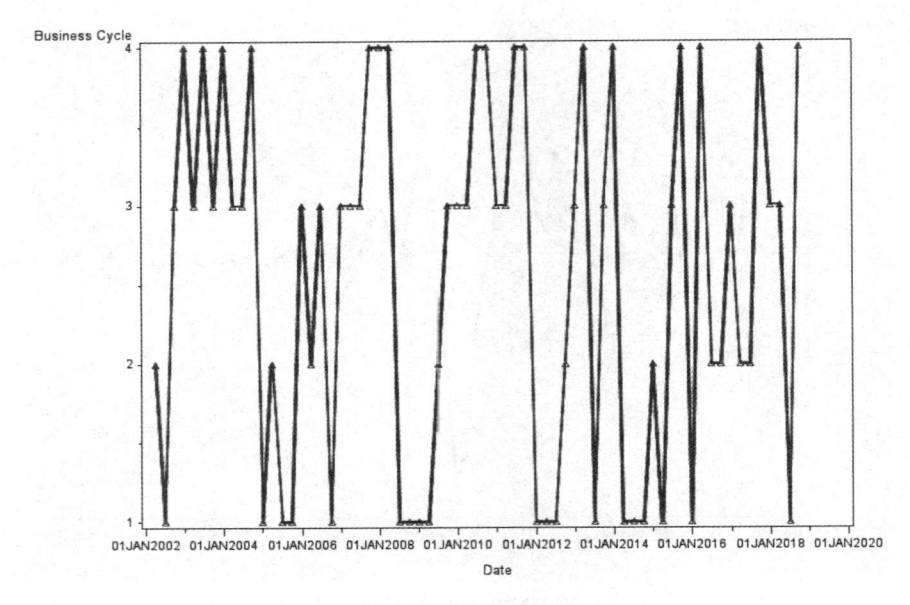

图 3-4 我国经济周期阶段划分

我们将 2005～2012 年上证综指日度收益率均值，按 GDP 增长缺口和 CPI 划分为 1、2、3、4 四组，分别对应衰退阶段、复苏阶段、过热阶段和滞胀阶段，相应的统计结果如表 3-2 所示。表中显示了各个阶段所包含的处于各个阶段的交易日天数量、日度收益率均值和 T 值。

表 3-2 各阶段股指表现（根据 GDP 缺口和 CPI 分类）

周期阶段	交易日数量	日度收益率均值（%）	T 值
1	847	−0.045	−0.710
2	477	0.127	1.991
3	967	0.133	2.735
4	857	−0.050	−0.939

从表 3-2 中我们可以看到，复苏阶段和过热阶段的股指日度收益率均值为正，T 值较大，且可以认为其显著大于 0。而其他两个阶段的股指日度收益率均值为负，尽管并不显著，但是投资绩效显然比复苏阶段和过热阶段差很多。

接下来，我们用同样的方法找到这四个阶段分别对应的市场上表现最优的十个行业，并汇总其收益特征，如周收益均值、年化收益率和 T 值，如表 3-3、表 3-4、表 3-5、表 3-6 所示。

如表 3-3 所示，当经济处于衰退阶段，股票表现普遍较差，实证显示只有四个行业的收益为正，且均不显著。其中，表现最好的行业是属于防御性行业的医药行业，但其收益率依然很低。

表 3-3　衰退阶段回报前十的行业

行业	样本数量	日收益均值（%）	年化收益率（%）	T 值
医疗器械Ⅱ	4743	0.027	6.689	0.571
网络服务	9202	0.025	6.230	0.658
计算机应用	24712	0.017	4.312	0.843
传媒	10456	0.001	0.259	0.030
电子制造Ⅱ	7919	0.000	−0.036	−0.004
医药商业Ⅱ	5614	0.000	−0.100	−0.01
采掘服务Ⅱ	2773	−0.003	−0.658	−0.043
环保工程及服务Ⅱ	4015	−0.004	−0.914	−0.073
医疗服务Ⅱ	1617	−0.023	−5.832	−0.294
中药Ⅱ	24291	−0.031	−7.830	−1.520

如表 3-4 所示，当经济行进至复苏阶段时，回报明显回正，适宜进行股票投资。

表 3-4　复苏阶段回报率前十的行业

行业	样本数量	日收益均值（%）	年化收益率（%）	T 值
有色金属冶炼与加工	16802	0.373	94.045	15.065
煤炭开采Ⅱ	13561	0.316	79.597	11.944
其他采掘Ⅱ	1804	0.298	75.094	4.203
酒店Ⅱ	1987	0.295	74.453	4.745
金属非金属材料	4962	0.270	68.022	5.893
房地产开发Ⅱ	47482	0.269	67.830	19.589
银行Ⅱ	3582	0.263	66.16	7.485
橡胶	2987	0.249	62.66	4.769
园区开发Ⅱ	3606	0.244	61.448	4.923
保险Ⅱ	975	0.243	61.154	2.761

如表 3-5 所示，当经济进入过热阶段，股市表现更加亮眼。无论是年化收益率，还是 T 值都比较高。这说明在过热阶段，回报是相当可观的。

如表 3-6 所示，当经济进入滞胀阶段，股票收益相比过热阶段和复苏阶段都低了不少，医药等防御性行业收益较好。

上述分析，用到的是和股票市场同期的 GDP 数据和 CPI 数据。在实际投资中，我们只有滞后的数据，那么利用滞后的数据能否获得同样好的效果呢？具体统计结果如表 3-7 所示。

表 3-5 过热阶段回报率前十的行业

行业	样本数量	日收益均值（%）	年化收益率（%）	T 值
汽车整车	14363	0.324	81.635	12.784
多元金融Ⅱ	6522	0.320	80.515	7.769
园区开发Ⅱ	7249	0.303	76.460	7.830
化学纤维	16691	0.293	73.820	12.052
视听器材	6229	0.290	73.142	7.925
白色家电	16972	0.288	72.571	12.933
农业综合Ⅱ	1738	0.285	71.777	3.835
物流Ⅱ	7988	0.284	71.693	8.074
非汽车交运设备	24776	0.281	70.861	14.043
公交Ⅱ	5720	0.277	69.747	7.265

表 3-6 滞胀阶段回报率前十的行业

行业	样本数量	日收益均值（%）	年化收益率（%）	T 值
医疗服务Ⅱ	1630	0.192	48.389	2.535
生物制品Ⅱ	12292	0.141	35.628	2.868
金属非金属新材料	8985	0.112	28.348	3.069
种植业	6390	0.108	27.172	2.642
渔业	4441	0.104	26.098	2.135
航空运输Ⅱ	2750	0.091	22.969	1.375
中药Ⅱ	25525	0.090	22.569	4.807
医疗器械Ⅱ	4259	0.088	22.055	1.964
景点	3498	0.087	21.914	1.897
燃气Ⅱ	1338	0.087	21.869	1.133

表 3-7 利用滞后数据获得的统计结果

周期阶段	交易日数量	日度收益率均值（%）	T 值
1	859	0.103	1.846
2	432	0.107	1.429
3	965	0.047	0.964
4	841	−0.084	−1.493

从表3-7可以看出，根据滞后数据划分的经济周期效果并不理想。原本预期较好的 2（复苏）和 3（过热）阶段，其股票收益并不高，T 值也不大。这个结果也表明，要想利用好美林时钟，对 GDP 数据的趋势预测是至关重要的。如果仅仅用滞后数据，并不能获得理想的效果。

总结

美林时钟提供了一个利用 GDP 增长缺口和 CPI 进行经济周期划分的有效方法，并提供了在不同经济周期进行资产配置的指引。美林时钟特别指出，只要 GDP 增长缺口是上行的，我们就能投资股票市场。我们今天所展示的研究表明，美林时钟同样适用于中国股票市场。然而，由于数据的滞后性，我们在使用美林时钟时，利用滞后的数据无法取得较好的效果，所以在实际运用中，还是需要投资者对未来的 GDP 增长缺口究竟是上升还是下降进行预测。

第 4 章 上市公司的定性分析

对上市公司的分析，主要分两个层面：定性分析和定量分析。定性分析是指对公司非量化的指标进行分析与评估，主要从业务的本质、行业地位、发展战略、公司治理这四个方面对公司整体业务和管理水平有所掌握，进而评估公司未来的盈利能力和成长潜力。定量分析是指对公司财务报表中的各项指标和估值水平进行分析，从而判断公司的投资价值。在这一章，我们着重介绍定性分析。

4.1 为什么要做定性分析

对一家公司进行定性分析，对于投资是至关重要的。通过对公司业务模式的分析，我们能了解该企业的主营产品，评估该公司的盈利能力；通过对公司行业地位的分析，我们可以了解其竞争优势和增长潜力；通过对公司发展战略的分析，我们可以了解该公司未来的发展是否向好；通过对公司治理的分析，我们可以判断管理层是否能够领导好公司，是否能切实为股东带来利益。

4.2 定性分析的框架

在讨论定性分析的框架之前，我们首先看巴菲特的两个经典投资案例——可口可乐和吉列。

案例 4-1：可口可乐

1988 年的秋天，巴菲特开始买入可口可乐的股票，不过很多华尔街分析师都不看好这一举动，因为他们认为可口可乐公司的市场份额迟早会被其他的饮料公司抢占掉。此外，根据可口可乐公司的财务报表，其利润相较于前年下降了2%，市盈率介于14%~19%之间。当时，可口可乐的股价范围为 35~45 美元。到了 1995 年，巴菲特持有可口可乐7%的股票，成本大约是 12 亿美元。截至 2010 年 9 月，巴菲特在可口可乐股票上的未实现收益为 104 亿美元，收益率高达 776%。这是巴菲特的著名投资成就之一。

在 20 世纪 90 年代，巴菲特曾说过："我们拥有 7%的可口可乐。今天，共计 6.6 亿杯 8 盎司装的可口可乐在世界各地被消费，按7%去分摊，等于我们做成了一笔整整4500 万杯可口可乐的生意。我们就是这样思考生意的。我告诉我自己，要是可口可乐涨了 1 美分，那么伯克希尔公司就赚了 45 万美元。这真的很不错。每当夜里我要去睡觉的时候，我就想到明天早晨醒来又有 2 亿杯的可口可乐已经被消费了。"

案例 4-2：吉列

吉列（Gillette）公司由金·吉列创建于1901 年。吉列剃须刀在第一次世界大战和第二次世界大战时均为美国士兵的军需品，吉列由此开始了快速发展，并成长为国际性品牌，其在剃须刀领域的全球占有率曾高达71%。1989年，吉列公司发起"吉列——男人的最佳选择"的广告攻势，并成功地推出感应器剃须刀系列产品，还促成了一批畅销产品的问世。吉列当时发行了一种可转换优先股，年利息为8.75%。巴菲特用伯克希尔的资金买入了6亿美元的吉列可转换优先股，获得了吉列公司11%的股份、一个董事会席位以及每年5250万美元的稳定股利。不到两年，6亿美元的投资增值到了8.5亿美元。当2005年宝洁宣布收购吉列并完成吉列旧股换宝洁新股手续之后，这笔投资合计净赚44亿美元。

可口可乐公司和吉列公司的共同特点是什么？第一，这两家公司都有广大的客户群体，在各自领域都占据着绝对领先的市场份额，由此获得稳定且巨额的现金流。第二，极强的客户黏性。尽管都是可乐，但味道的差异决定了客户一旦选中可口可乐，就不大可能再转向其他可乐。吉列也是如此。使用过吉列剃须刀的朋友都有这种体会：用惯了吉列，就不大可能换其他品牌。这两家公司所具有的竞争优势并不是转瞬即逝的，而是在漫长的历史长河中得以体现并持续的。巴菲特在评价他的股票投资时，说过这么一段话：

"这些股票对我们来说代表着和杰出企业之间的长期合作关系。我们不会只看企业近况就决定买入或卖出。"

由此可见，巴菲特在投资时，并不是看重短期的波动与得失，而是看长期，强调与杰出的企业进行合作。那么什么是杰出的企业？巴菲特就此曾总结出一个著名的投资四重过滤器："可理解的一流业务，可持续的竞争优势，一流的管理层，以及可以在一个便宜的价格买入。"其中前三点——业务、竞争优势、管理层，都属于定性分析的层面。

具体而言，定性分析分为：业务模式、行业地位、发展战略和公司治理。接下来我们将逐一介绍。

4.3 业务模式

了解业务模式，说白了，就是了解一家公司是做什么的。但我们对业务模式的分析，不应仅仅如此，更深层次的目的，是为了通过了解该公司的业务主线、主要产品、服务、消费者、市场、技术等，对公司的可盈利性与可持续性进行评估。首先，可盈利性，指的是该公司通过经营其主营业务，获得盈利的可能性。这其实是许多公司所缺乏的，特别是科技类企业，如互联网公司。互联网公司起初为了获得用户，通常采用免费的方式提供互联网增值服务。但当互联网公司开始向用户收费时，用户是否愿意付费，付费比例是多少，以及收入是否足够带来盈利等，都具有不确定性。其次，可持续性，关注的是公司经营成果的可持续性——过去好的表现，是否能够在未来得以延续。比如，华帝在2018年世界杯期间，以法国夺冠退全款的营销方式，获得了大量的媒体关注，销量比同期增长30%。但这样的营销方式是不可持续的，这只意味着短时促销带来的收入增长，并不代表接下来华帝依然能够获得这样的增长。又比如，房地产企业自2009年起，利用大量的银行贷款，以高杠杆的方式经营，实现规模的扩张。但自2016年开始，国家收紧了对房地产企业的放贷，过去高杠杆经营的方式无法持续，这都要求房地产公司的经营方式发生改变。

我们关注可盈利性，是因为如果一家公司连盈利的可能性都没有，是不具有投资价值的。我们也关注可持续性，因为如果一家公司的业绩不可持续，那就意味着公司接下来会进入衰退、业绩下滑等境地,导致投资具有重大亏损的可能。

在此,我们以共享单车企业为例,分析它们业务模式的可盈利性和可持续性。

案例 4-3:为什么共享单车企业纷纷倒闭

(1)进入门槛低

共享单车企业的运行方式简单粗放,买自行车就行,不需要开发算法、匹配用户、规划路径等高成本的平台开发。门槛低,也导致了大量的共享单车企业如雨后春笋一般,2015—2016 年在全国铺开,同时也带来了激烈的竞争。

(2)产品同质化严重

共享单车企业提供的产品和服务几乎完全一样:自行车。所不同的,可能是坐垫的舒适度、故障率等。如此同质化的竞争,也导致了共享单车企业的盈利能力受到极大打压。

(3)客户黏性低

同质化竞争导致客户黏性低。共享单车企业间的价格战、免押金等活动,使用户容易转向其他共享单车企业。甚至,当共享单车开始收费时,特别是 OfO 和摩拜自 2017 年 12 月减少折扣,推出月卡 20 元,年卡 240 元的政策后,许多用户转向自购自行车或步行。

(4)应用场景单一

用户在使用共享单车时,通常是在比较急着去一个目的地的时候,扫码成功后,就会将手机收起,每次使用 App 的时间非常短暂,也无暇顾及弹出的一些广告。而且,在平时,也不大可能掏出手机后打开共享单车的 App 进行浏览。

(5)用户贡献价值低

正因为应用场景单一、用户停留时间短,导致用户不大可能为共享单车企业贡献太多价值。即使有广大的用户群体,也依然无法带来大量的广告业务。

(6)走的是互联网路线,实际却是重资产企业

最核心的问题,在于共享单车企业虽然号称是互联网企业,本应走互联网企业所采用的轻资产路线,但共享单车企业实际采用的却是重资产的业务模式,即通过采购大量的单车,占据城市的街头巷尾,才能获得用户。然而这样的经营方式,导致共享单车企业不得不面对高昂的运营成本:维修、折旧,而且每两三年就要将几千万辆共享单车全部淘汰更新,这成本可想而知。

通过这样的简单分析,就能从业务模式上看出共享单车企业的问题,其可盈利性、可持续性都是存疑的。

4.4 行业地位

研究公司的行业地位,我们可从市场份额、竞争优势、议价能力、客户忠诚度几个方面考虑。

第一,企业的市场份额是衡量公司在行业内是否具有竞争力的指标之一。公司的市场份额越大,越有可能成为行业龙头企业,垄断能力越强,定价越有优势,盈利越稳定。

第二,我们关注企业的特质性的竞争优势。如果一家公司的创新能力较强、专利多,则能为企业带来独特且持续稳定的利润增长点。以华为公司为例,2018 年,华为公司有 5405

项专利申请，位居全球专利申请排行榜榜首，其出色的业绩与源源不断的创新能力密不可分。如果公司从事专业化和差异化生产，致力于研发异质性产品，为消费者提供性能更好、更有特色的产品，增强产品的不可替代性，那么公司就会在市场竞争中脱颖而出。同样，如果一家公司有历史悠久、口碑过硬的品牌，其品牌效应能够增加客户黏性，也能为其带来特殊的竞争优势，如可口可乐等享誉全球的品牌。

第三，我们通过产业链和上下游企业的分析研究公司的议价能力。如果公司的供应商竞争较为激烈，产品投入差异化大，那么公司对上游的议价能力较强。如果公司的客户较多，市场份额大，产品差异化明显，那么公司对客户的议价能力较强。公司的议价能力越强，成本控制和成本转嫁能力就越强，受经济波动的影响就越小。

第四，客户的忠诚度也是影响企业行业地位的重要因素。如果企业的产品质量出众，销售前中后的服务质量高，客户关系的维护渠道完善，能够充分满足客户的诉求和个性化要求，往往伴随着较高的客户忠诚度和信赖度，这是增强企业核心竞争力的途径之一。客户黏性越大，回购次数越多，越能够带动更多的购买人群，对企业发展越有利。

那么，我们是否一定要去投资行业排名第一的企业？就像许多分析师所提的，要买龙头股？当然不是。行业的领头羊有两个问题。一是成长潜力不够。已经是第一了，其成长空间是有限的。二是估值会比较高。龙头企业被市场投资者所熟知和追捧，估值通常不低。相反，有时排名第二、第三的企业，增长潜力更大，估值更低，反而会是更优质的投资标的。

4.5 发展战略

企业的发展战略是指导企业短期和长期发展方向，确定发展速度和质量的策略和规划。企业的发展战略需要根据宏观环境、行业现状和企业特点，有针对性地进行科学的规划和制定。根据发展战略的不同着眼点和不同风格，我们能对企业的发展战略进行多角度的分析。

企业的发展战略可分为创新战略和模仿战略两种。创新战略是指企业运用自主的研发能力，依据环境的变化，积极主动地在技术、产品、服务等方面推陈出新，在激烈的竞争中保持独特的优势。而模仿战略是指通过学习来减少摸索规律的成本，将竞争者已有的产品技术、商业模式等应用于自身的发展。

事实上，这两种战略并无绝对的优劣之分，创新需要付出研发成本，还需要承担一定的风险，因此，企业在早期缺乏收入和现金流的情况下，一味强调创新会加剧倒闭的风险。然而，企业发展到一定阶段，如果只是全盘照搬、一味抄袭、缺乏创新，那么也只能落得被淘汰的下场。

所以，优秀的企业会将这两种战略结合起来共同发展，既注重自身创新研发能力的培养，又通过学习、模仿，将别人的经验与自身的发展有机地结合起来，实现快速反超，并且在模仿中培养自己的创新能力，实现可持续发展。

从产品和服务的多样化角度看，企业的战略可分为集中化战略和分散化战略。集中化战略是指企业把经营重点聚焦于一个或少数几个主营业务上。而分散化战略是指企业兼顾多种业务。集中化战略可以帮助企业获得在所处领域的优势，但是也导致企业的经营受行业波动的影响较大；而分散化战略能够帮助企业分散风险，但可能会导致企业缺乏核心竞争力，或因业务过于分散、投资过多而陷入财务困境。评判企业集中化战略或分散化战略的核心，在于其所经营的各项业务是否能够有机结合、彼此互补,形成统一的整体,发挥很好的协同作用。

案例 4-4:高盛的多元化业务

高盛,作为一家全球知名的投资银行,以其卓越的投行业务著称。然而,高盛不仅有投行业务,也有交易业务、财富管理业务、PE/VC 业务等。那么,为什么高盛不专注于投行业务本身呢?比如,一家知名企业的创始人张女士的公司谋求上市。在高盛为其提供股票发行的业务之后,张女士现在有 1 亿股股票。等持股解禁能够上市流通之后,张女士就有减持套现的需求。但卖出如此巨量的股票可不是一件容易的事情。首先,高管减持股票是监管的重点,有严格的法律法规需要遵循。其次,高管减持股票,从消息层面来说,是利空;从交易角度来说,大量地卖出也会打压股票价格。这都说明张女士减持套现需要专业的机构来协助。这个时候,高盛的交易部门就会为其提供相应的业务支持。当套现完成后,张女士手里已经持有了一笔巨额资金,这时她就会有财富管理的需求,而这正是高盛财富管理部门所擅长的。当高盛获得这笔委托打理的资金后,就可以利用其 PE/VC 业务,将其投向有潜力的公司,待这些公司成长后,IPO 时又可以成为高盛投行业务的客户。这其中最知名的例子就是阿里巴巴。高盛是阿里巴巴最早的天使投资者,也是阿里巴巴在美国上市的主承销商。从高盛的例子可以看出,高盛从投行业务起步,逐步衍生出交易业务、财富管理业务和 PE/VC 业务,最后又反过来支持投行业务,整个业务形成了一个闭环,彼此扶持,为客户提供了一站式的金融服务,建立了极强的客户黏性,极大地促进了高盛整体业务的发展。

同时,企业还会建立不同的并购战略,期望通过并购的方式直接获得额外的利润增长点。此外,并购获得的业务与现有业务也可能形成协同作用,共同促进,实现双赢。但并购同样具有风险,并购后的磨合也有很大不确定性。

案例 4-5:谷歌为什么买安卓

2005 年,谷歌收购了安卓。当时,谷歌凭借功能强大的搜索引擎,掌握了个人电脑互联网时代的流量入口,并以此支撑起了其百亿美元规模的在线广告业务。但谷歌的创始人极具洞见地预测到,未来越来越多的人会使用手机上网。因此,谷歌收购了制造手机操作系统的安卓,并将其开放给所有手机厂商使用。据市场调查机构 Gartner 的数据显示,在 2017 年,安卓在智能手机操作系统的市场份额为 86.1%,由此,谷歌成功占据了手机互联网时代的流量入口,继续保持其在互联网领域的绝对领先地位。2017 年,谷歌的广告收入达到了 700 亿美元。而在 2005 年,为了收购安卓,谷歌只花了 5000 万美元。

4.6 公司治理

公司治理是指对公司的人员结构、权力分配、管理模式等进行安排的一系列原则、政策和程序,以实现公司各方利益的平衡,实现公司稳定的收益和增长。一个公司如果没有健全的公司治理系统,可能会面临巨大的内部控制风险。安然公司的财务造假丑闻导致的破产事件就是缺乏良好的公司治理的典型例子。

在公司治理层面,我们通常会希望管理层正直,具有相应的管理能力和专业知识。但这些其实很难衡量,能够衡量且比较重要的有两点。第一,公司高管的持股水平。公司高管持股越多，就越有可能代表股东利益，尽心经营好公司。第二，公司高管薪酬对公司业绩的敏感度。让高管的薪酬与公司的业绩挂钩，激励高管努力提升公司业绩。比如，万科向王石、郁亮等高管实施的经济利润奖，让高管的薪酬与公司的业绩挂钩，推动公司业绩的成长。

此外，管理层与大股东之间的关系，也是我们关注的重点。如果管理层与大股东之间意见不合，相互排斥，对公司的经营势必会产生明显的负面影响。

案例 4-6：宝能与万科的控制权之争

这是一个轰动资本市场和监管机构的有关公司控制权的争斗，其事件发展过程如下。

- 2015 年 1 月，宝能系开始购入万科股票。
- 2015 年 8 月，宝能凭借 15.04%的持股成为万科第一大股东。
- 2015 年 12 月，王石表态不欢迎宝能成为第一大股东。
- 2016 年 6 月，宝能提请罢免王石、郁亮等 10 名董事。
- 2016 年 7 月，万科提请查处宝能系资管计划违法违规行为。
- 2017 年 1 月，万科求助深铁，后者受让华润持有的 15.31%的万科股份。
- 2017 年 6 月，中国恒大向深铁转让 14.07%的万科股份，深铁原已持有 15.31%的万科股份，至此，深铁持有 29.38%的万科股份，成为万科第一大股东。因为深铁是支持万科管理层的，所以深铁持有的股份加上万科管理层持有的 7%的股份，万科管理层可控制 36.38%的股份，成为实际控制人。

这件事情从 2015 年 1 月开始，到 2017 年 6 月得到定论，共耗时两年半，对万科的企业形象、业务经营都造成了非常负面的影响。试想，一家公司的高层，被这样的控制权之争分身，公司的经营怎能不受影响。万科在 2014 年还位列房地产企业第一，但到了 2017 年，已经排在了恒大和碧桂园之后，位列第三了。

总结

在上市公司分析中，定性分析是必不可缺的。我们在定性分析中，关注四个方面：(1) 业务模式。我们通过分析公司的业务，探究公司的可盈利性和可持续性。(2) 企业的行业地位，我们强调的是不一定要买龙头股。有些处于第二名、第三名的企业，只要具有不错的赶超潜力，就是不错的投资标的。(3) 企业的发展战略需要适合企业当期的发展阶段。(4) 好的公司治理必不可少。

第 5 章　上市公司的定量分析

做股票投资分析时，除了利用定性分析帮助我们了解公司的业务模式、行业地位、发展战略和公司治理，还需要进行非常重要的定量分析。在定量分析中，我们关注公司的两部分内容：财务表现和估值。

5.1　财务表现

分析上市公司的财务表现，着眼点在三大财务报表：资产负债表、利润表和现金流量表。接下来我们逐一分析。

5.1.1　资产负债表

资产负债表是公司资产、负债、所有者权益在特定时点的反映。它表明企业所拥有的资产、承担的负债，以及扣除负债之后，真正属于股东的净资产，即所有者权益部分。在资产负债表中，资产等于负债与所有者权益之和。也就是说，一家公司的资产由两部分组成：需要偿还给债权人的负债和属于股东的所有者权益。

资产，又分为流动性资产和非流动性资产。流动性资产指的是一年之内就能变现的资产，如现金、银行活期存款、商业票据等。非流动资产，又被称为固定资产，如机器、设备、厂房等变现能力比较差的资产。

负债，分为短期负债和长期负债。短期负债指的是公司在一年之内必须偿还的债务，如应付工资、应付账款等。长期负债，是指期限超过一年的债务，如发行的期限超过一年的公司债和银行贷款。

所有者权益，主要分为两部分：一是来自股东的投入，反映在实收资本和资本公积当中；二是来自经营过程中的盈利所得，反映在留存收益当中。这两部分所有者权益，第二部分是最重要的，因为它反映了公司在经营过程中是否积累了较多的经营成果。

我们对资产负债表的分析，主要关注以下几个方面。

1. 流动性

流动性，指的是企业在短期内，短期负债占短期资产的比值，即流动资产的比例。如果这一比例比较高，比如 90%，就意味着这家公司在短期内流动性非常紧张，如果再遇到一些突发情况，该公司就无法偿付所有的短期债务。而无法偿付短期债务，可能带来的影响包括：拖欠员工薪酬、供应商货款，拖欠债务的利息和本金，以及需支付的违约金。财务上的困境会进一步引发员工离职，供应商停止供应生产所需的原料、服务，以及银行的断贷，会导致公司面临生死存亡的危机。

2. 杠杆水平

杠杆水平，主要关注的是资产负债比例和长期债务比例。资产负债比例是公司的总负债占资产的比重，即在公司总资产当中有多少其实是借钱获得的。资产负债比例过高，具有大量未偿还的债务，容易引发破产风险。而且过高的资产负债比例也会对公司经营模式的可持续性提出挑战：如果银行收紧甚至停止贷款，企业是否能够持续经营？

第二个需要关注的是长期债务比例。长期债务比例是长期债务占总资产的比重。长期债务比例越高，对公司的经营越不利。一方面，公司需要长期支付巨额的利息费用，这会大幅削弱公司的盈利能力；另一方面，长期负债较高会遏制公司的成长，持续大量的利息支出，会减少公司可用于投资、扩张的现金流。此外，长期负债高企也容易导致融资难，无法从银行获得贷款，进一步影响公司的生存和成长。

3. 存货比例

存货比例是存货占资产的比例。存货比例越高，说明企业库存积压情况越严重。而存货高企是非常负面的信息，这通常表明企业的产品由于技术落后、潮流转变、品牌形象受损、人们消费升级等，在市场上不受欢迎，卖不出去。而且，这样的负面情况通常是不可逆的。比如，在苹果公司推出智能手机之后，曾经的手机行业领导者——诺基亚、爱立信，就逐渐淡出了人们的视线。

4. 应收账款

企业在经营过程中，允许客户延迟付款，就形成了应收账款。应收账款在经营过程中是一种广泛采用的销售方式，甚至是一种促销方式。然而，应收账款比例较高，传递的并不是一个正面的信号，相反，有可能导致公司盈利出现严重的问题。一方面，如果客户恶意欠款或出现财务危机，应收账款很可能成为坏账，冲销利润；另一方面，应收账款可能是企业为了虚增利润，而捏造出的交易，只是被记载在账面上，其实根本就不是实质的经营成果。因此，应收账款高企是负面的信息。

5. 应付账款

我们通常用应付账款占总资产的比例来衡量应付账款的水平。当企业推迟支付供应商货款时，就形成了应付账款。应付账款作为短期负债，通常被认为是传递负面信息的指标。其实不然。一家公司的应付账款较多，说明其供应商允许其赊账。而允许赊账其实代表的是供应商对该企业的信心，认为其未来偿付能力足以支付货款。特别是对于那些盈利能力、现金流并不充裕的企业来说，如果它们的供应商还允许它们赊账的话，就更说明供应商对这些企业未来的成长抱有十足的信心，愿意现在以赊销的方式与其建立良好的伙伴关系，为今后的业务打下基础。

6. 留存收益

留存收益除以总资产，反映的是公司通过经营所积累的盈利占公司总资产的比重。这是一个非常正面的比例。该比例越高，说明公司通过经营积累的收益越多，表明其具有较强的盈利能力。

5.1.2 利润表

1. 利润的分类

利润表包含收入、成本、费用、税金等项目，反映企业在一段时间里体现在账面上的经营成果。企业的利润表一般从营业收入开始，逐步扣减生产成本，销售、管理、财务费用，营业外收支，所得税等项目，分别得到不同层次的利润，如毛利润、营业利润、总利润和净利润。各利润之间的相互关系如表 5-1 所示。

表 5-1 利润表上的 5 个不同利润

	销售收入
−	成本
	毛利润
−	销售费用
−	管理费用
−	财务费用
	主营业务利润
+	非主营业务损益
	营业利润
+	营业外损益
	总利润
−	税
	净利润

既然利润表中可以算出 5 个不同的利润，那么哪一个利润最重要？我们采用自下而上的顺序来分析。

① 净利润和总利润之间相差了税。税的计算非常复杂，有各种税收政策的考虑，以及避税手段的运用，所以税的支出包含的信息比较庞杂，但与公司最核心的业务相关度并不高。所以总利润比净利润更重要。

② 总利润与主营业务利润之间，相差了非主营业务损益和营业外损益。而这两者都是不可持续的，是公司主营业务之外的经营所得。比如，国内有些被 ST 的上市公司，为了摘帽避免退市，就卖掉在北京的一套房，获得一笔收益，扭亏为盈。但这是不可持续的。因此，相比总利润，主营业务利润包含的信息更能反映公司的经营成果。

③ 主营业务利润与毛利润相比，多了对费用的考虑。费用的操作随意性比较大。比如，管理费用里面通常会包含招待费，不同公司的标准就很不一样。差旅费也是如此，有些公司只报销火车票，有些公司允许高管坐头等舱等，差别很大。因此，相比主营业务利润，毛利润包含的信息就少了三大费用处理的随意性，因此更能反映公司最核心业务的经营成果。

④ 如果我们单看毛利润的构成，就能清楚为何毛利润是诸多利润当中最重要的。一家企业，有投入，即成本；有产出，即收入。用销售收入减去成本，得到的就是该公司在经营过程中带来的附加值，这反映的是公司最核心的生产、服务过程产生的价值，也是公司核心

价值的体现。因此，尽管我们在利润表中能找到 5 种利润，但最重要的是毛利润。

2. 利润的衡量

利润的衡量有三个层面：利润的水平、利润的增长和利润的质量。

（1）利润的水平

企业的盈利能力是指企业在一段时期内运营资产创造财富的能力。从绝对数值考虑，可从利润表上得到毛利润、营业利润、总利润和净利润等从不同水平衡量企业盈利规模的指标。从相对数值考虑，为了增强企业之间的可比性，我们可将其与收入或者资产对比，以反映企业盈利能力的水平。

① ROE。ROE 是企业的净资产收益率，等于毛利润与所有者权益之比，是衡量当期企业所有者投入的资本能够获得的回报。ROE 是最直接的衡量股东的投资回报率的指标，其值越高，说明相同的资本投入下，公司为股东创造的价值越多，公司经营越好。

② ROA。ROA 是企业的总资产收益率，等于毛利润除以总资产，是衡量当期企业总资产盈利能力的指标，是企业综合利用资产效率的体现。

ROE 与 ROA 的区别主要体现在两者在企业财务杠杆上的运用。如果企业的债务为 0，所有者权益就是全部资产的来源，那么 ROE 和 ROA 是一致的。而如果企业 ROA 较高，而 ROE 相对并不高时，两者的背离可能会是过度利用杠杆的结果。

③ 毛利率。毛利率是企业的毛利润占销售收入的百分比。它反映的是企业的销售收入在扣除生产成本之后，还有多少盈余可以形成企业的利润。从本质上来说，毛利率反映了企业相对客户的议价能力：如果毛利率较高，说明客户愿意付高价去获得该企业的产品或服务。高的毛利率，主要来源于品牌效应、技术优势和垄断地位等。比如，据市场研究公司 Counterpoint 的研究表明，苹果的 iPhoneX，利润率高达 35%。而据小米董事长雷军的演讲，小米整体硬件的利润率不会超过 5%。

（2）利润的增长

利润的增长按计算方式分为同比增长和环比增长。同比增长指的是将当期（如当季、三个季度、半年、全年）的利润与去年同期相比。环比增长指的是将当季的利润，与上一季度相比得到的增长。在实际财务分析中，环比增长没有实际的意义。原因在于企业的经营具有明显的季节效应。比如，因为夏天比较炎热，家电厂商在七、八月份所在的第三季度的收入，通常会比第二季度高不少，但这并不代表家电厂商在第四季度也能保持类似的增长。

按使用的时间段来划分，利润的增长可以分为累计、单季和过去 12 个月（TTM）的增长。公司在发布利润表时，公布的收入、费用、盈利等数据都是累计值。比如，一家 A 股上市公司公布 2017 年一季报销售收入是 1000 万元，那么这 1000 万元指的是 2017 年 1~3 月的收入；二季报是 1500 万元，那么这 1500 万元指的是 2017 年 1~6 月的收入。而单季的数据，是指每个季度的经营成果。比如此例中，2017 年第一季度收入为 1000 万元，第二季度的单季收入就是 1500-1000=500 万元。

那么在财务分析中，我们应当关注按哪个时间段数据计算得出的增长呢？我们先来看一个例子（见表 5-2）。

在这个例子中，该公司 2017 年第二、三季度累计盈利都比 2016 年同期分别高了 100% 和 50%。这是非常不错的增长。当这家公司公布二季报的时候，股票会涨还是会跌呢？大家可能会认为，盈利上涨 50%，这是很好的数据，股票应该涨。其实不然，该公司股票应该会跌。原因在于，通过计算单季利润，我们会发现，这家公司 2017 年第三季度单季利润为 200 万元，比 2016 年同期要低了 100 万元，即 2017 年第三季度累计增长为正，但单季增长却是 −50%。市场会根据最新一季度的运营对公司的价值进行评估。因此，单季数据计算得出的增长更重要。

表 5-2　某公司的盈利情况

	2016	2017
二季报	500	1000
三季报	800	1200
第三季单季	300	200

（3）盈利质量

除了盈利的规模和增长，盈利的质量也是财务分析的重点。

由于财务报表的编制存在一定的灵活性，企业高管为了获得更好的业绩，以维护股价、提升薪酬，往往会对财务报表项目进行一定的操控。比如，企业可以通过开票不出库、渠道积压、非货币交易等方式过度确认收入或虚增收入，为企业带来较高的销售收入却没有现金流入，反而只是留了一堆应收账款在资产负债表上。

所以，如果企业当期的经营性现金流与净利润之间出现背离，存在利润很高而现金流表现很差，甚至出现净流出的情况，那么，我们就要考虑企业的盈利质量是否能够得到保证，这样的高利润是否具有可靠性和可持续性。

我们可以通过将主营业务利润与经营性现金流量净额的差值比上总资产，来衡量企业的盈利质量。这一指标越高，说明企业有利润，却没有相应的现金流流入进行支撑，那么企业进行盈余操纵的可能性越大，盈利质量越低。

如果企业进行盈余操纵甚至是会计造假，可能会为其带来短期获利，如股价上升，但是从长期来看，股价必然回落。并且，一旦操纵事件曝光，会使企业形象严重受损，相关人员遭受牢狱之灾，给企业造成不可挽回的损失。

5.1.3　现金流量表

现金流量表反映企业在一定会计期间经营、投资、筹资三个活动分别为企业带来的现金净流入或流出。下面我们逐一介绍这三大现金流。

经营活动现金流是企业的血液。我们希望企业的经营现金流为正，这样的企业才有造血功能。如果一家公司的经营现金流持续为负，长久下去公司就会倒闭。

投资活动现金流，反映公司在投资过程中产生的现金流入与流出。投资现金流为负，说明公司对外投资付出的现金流大于投资收益获得的现金流入。

筹资活动现金流，反映公司在筹资活动中产生的现金流的变化。筹资带来的现金流入越多，传递的信号越是负面的。原因有两点：第一，如果一家公司需要从外部融入大量的资金，说明该公司自身的经营无法产生足够的现金流来支撑其运营和投资活动，表明该公司的财务状况并不理想，可能已经陷入财务困境；第二，上市公司在股票市场进行增发募资，通常是选择市场估值比较高的时候,大量的股票市场融资,传递出市场估值过高的信号,因此投资风险也会较高。

5.2 市场估值

上述分析均以公司自身基本面和财务状况为对象,而正如前所述,好公司不等于好股票,衡量一家上市公司的股票是否值得购买,还需要考察公司的股价水平和公司的内在价值之间的差距,也就是公司的估值水平。

公司的估值越高,说明公司的股价水平与账面价值之间的差异越大,我们需要分析公司未来的增长前景是否足以支撑这样的高股价,股价是否出现虚高。

公司的估值低,一方面可能说明存在投资机会,我们期望从价格较低的股票中找到"估值洼地",找到具有投资价值的股票;另一方面估值太低,则可能说明企业的持续经营已经出现问题,这一股票可能不是"洼地",而是"陷阱"。

衡量企业估值水平有两个最为通用的指标,分别是市盈率和市净率。除此之外,我们还可以以市销率、市值与净营运资本之比、PEG 等指标作为辅助指标进行分析。

5.2.1 市盈率

市盈率(PE)是公司的市值与其利润之比,是应用最广的一个估值指标之一。市盈率越高,说明企业的股价水平相对其现有的盈利能力较强,也就是市场对公司的估值越高。这里的利润可以用毛利润或净利润。

市盈率的运用优势在于市盈率的计算是以公司的利润为基础的,而这也是决定股票的投资价值的关键。并且,由于市盈率是一个应用时间较长、范围较广的指标,数据的可得性和公司间的可比性较强,简单、直观、易懂。

市盈率的运用劣势在于公司的利润往往会出现负值,此时市盈率就失去了意义。而且由于利润存在高波动性和可操纵性的特点,使得市盈率的可靠性下降。

市盈率也存在动态和静态之分,动态市盈率是以未来 12 个月的预测利润作为分母,而静态市盈率是以过去 12 个月的利润作为分母。如果企业的商业模式由于并购等原因发生了改变,那么静态市盈率则失去了预测和估值能力;但是对于盈利波动较大的企业,利润的预测较为困难,动态市盈率的估算也显得较为主观。

我们可以通过对公司的股利增长进行适当假设,以探究公司预期盈利增长对其市盈率的影响。在股利贴现模型的假设下,企业的价值为:

$$股票价值 = \frac{股利}{贴现率 - 增长率} = \frac{企业盈利 \times 股利发放比例}{贴现率 - 增长率}$$

那么,根据企业价值计算得到的潜在动态市盈率为:

$$市盈率 = \frac{股票价值}{企业盈利} = \frac{股利发放比例}{贴现率 - 增长率}$$

因此,从上式可以看到企业的市盈率与企业的增长率呈正相关,公司未来预期增长率越高,则其股价也会水涨船高,这也能够解释为什么成长型的股票估值很高。

对于大多数股票来说，市盈率通常在 15~30 之间，但对于某些高成长性公司，市盈率可能会超过 50，有些时候甚至会超过 100。对于超高市盈率的股票，正如前所述，不能直接断定其不具有投资价值，还需要结合公司和行业发展前景综合分析。如果一家公司正处于高速成长期，其盈利增长率达到 30%甚至更高，并且通过分析我们认为这样的高增长能够持续较长一段时间，那么其拥有较高的市盈率也不足为奇。比如，按 30%的年增速，一家公司的盈利 3 年就会增长 1 倍，5 年会增长近 3 倍。所以，我们不能仅仅因为一家公司的市盈率较高就忽略它。当然，市盈率极低，甚至低于 5 的股票，很有可能预示着投资者对公司前景极其不乐观，导致公司股价大幅下跌，有可能毫无投资价值。

5.2.2 市净率

市净率（PB）是公司的市值与其所有者权益账面价值之比，也就是公司的市值与账面价值之比。公司股权的账面价值可以认为是股东的原始投资，加上成立至今的累计留存收益。市净率也是衡量公司估值水平的重要指标。市净率越高，说明企业的估值水平越高。

5.2.3 其他

作为对市盈率和市净率的补充，我们也可以使用市销率、市值与净营运资本之比和 PEG 指标等衡量公司的估值水平，此处对其分别进行简单的介绍。

市销率是市值与销售收入之比，其应用范围比市盈率还要广，既适用于"资不抵债"的困境公司，也适用于尚未实现正收益的初创型公司。

市值与净营运资本之比也是较为常用的估值指标。净营运资本是指企业的流动资产与流动负债的差额，反映的是公司如果现在立即被清算所存留的价值。基于该指标的策略是价值投资之父——格林厄姆常用的投资策略。他运用买入价格低于每股净营运资本 2/3 的股票这一策略，曾获得不错的收益。

PEG，即市盈率相对盈利增长的比率，是用当期市盈率除以利润增长率。一个企业如果其估值相对较低，而其盈利增长速度较快，则它的 PEG 就会比较低，表明股票被低估，是购买的好时机，这也是彼得林奇的投资策略之一。比如，一家银行的市盈率是 10，利润增长率是 5%；一家科技公司的市盈率是 50，利润增长率是 100%。如果单看市盈率，会觉得科技公司的估值比银行的高很多。但如果计算 PEG 会发现，银行的 PEG 等于 10/5=2，而科技公司的 PEG=50/100=0.5。在考虑了增速的调整之后，科技公司的估值反而更低，更具有投资价值。

5.3 一个基于基本面指标的选股策略

我们接下来讨论一个基于基本面指标的选股策略。这个策略将所有指标分为八类：
① 流动性：流动负债/流动资产（−）；
② 杠杆：长期负债/总资产（−）；
③ 盈利能力：营业利润/收入（+）；
④ 利润质量：（营业利润−经营活动现金流）/总资产（−）；

⑤ 营运效率：存货/销售收入（−）；
⑥ 增长率：利润总额的增长率（+）；
⑦ 现金流量：经营活动现金流/总资产（+）；
⑧ 估值：利润/市值，权益/市值（+）。

其中第①～⑦类指标，我们各用一个指标来衡量；第⑧类是估值指标，我们利用市盈率和市净率的倒数来衡量。每类指标后面括号里的正负号，表明该类指标与未来股票收益率的相关性。比如，流动负债/流动资产这个指标的数值越高，表明企业短期内偿债压力越大，违约风险越高，未来股票收益越低，所以括号内为负号。

每周我们都将所有股票按每一个指标由低到高分为 1 至 5 组。对于与未来股票正相关的因子，1、2、3、4、5 组的得分分别为 0、1、2、3、4，即指标数值越高，得分越高。比如，按盈利能力由低到高分为 5 组，盈利最低的是第 1 组，得 0 分；最高为第 5 组，得 4 分（如表 5-3 所示）。

表 5-3 按盈利能力打分示例

	营业利润/收入	
	分组	得分
最低	1	0
	2	1
	3	2
	4	3
最高	5	4

反之，对于那些与未来股票收益成反比的因子，由低到高的 1、2、3、4、5 组，得分分别为 4、3、2、1、0，即指标数值越低，得分越高。比如，按流动负债/流动资产由低到高分为 1 至 5 组，数值最低的第 1 组得 4 分，数值最高的第 5 组得 0 分（如表 5-4 所示）。

表 5-4 按流动性打分示例

	流动负债/流动资产	
	分组	得分
最低	1	4
	2	3
	3	2
	4	1
最高	5	0

每周得到每个因子的打分后，我们将这 8 类共 9 个因子的打分，按等权重的方式加到一起。虽然是等权重，但因为估值类指标有两个，所以估值类占总权重的比例为 2/9，超过 20%。基于这个打分体系，股票得到的最高分为 4×9=36 分，最低分为 0 分。图 5-1 给出了

自 2006 年 1 月至 2017 年 10 月，基于该打分体系下股票得分的分布。

从图 5-1 中可以看出，最后得分的分布是一个非常漂亮、近乎是正态分布的图形。得分很高或很低的公司并不多。得分处于中间位置，比如 17～21 分的公司占比很大。

一个好的打分体系，应该能够对上市公司产生很好的区分度，而且其预测收益较好的公司，未来的实际收益也应当是比较理想的。为了验证上述打分体系的有效性，每周我们将上市公司按所得的分数由低到高分为 10 组。我们预计得分最高的为第 10 组，其累计收益将明显高于得分最低的第 1 组。

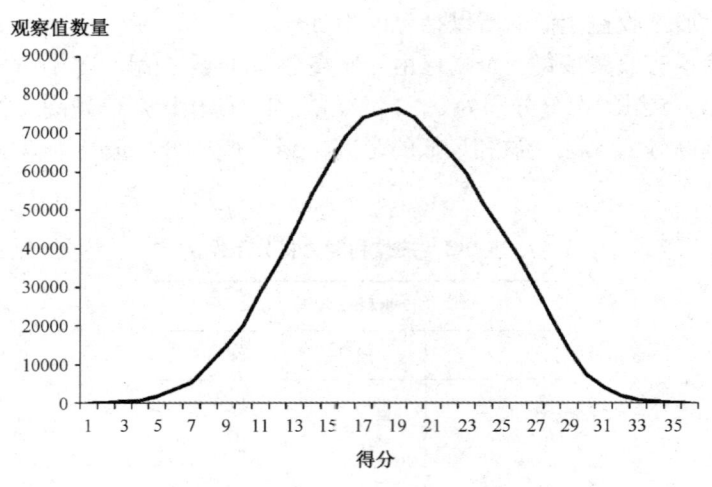

图 5-1　2006 年 1 月至 2017 年 10 月股票得分分布

从图 5-2（请通过手机扫二维码看彩图）可以看出，得分最低的第 1 组，其累计收益是最低的。反之，得分最高的第 10 组，其累计收益是最高的，在 2017 年 10 月达到 32 倍左右。而其他组则排列在第 1 组和第 10 组的曲线之间。这个结果说明该打分法的确能够产生很好的区分度，而且预期收益越高的股票，其未来收益率的确也越高。

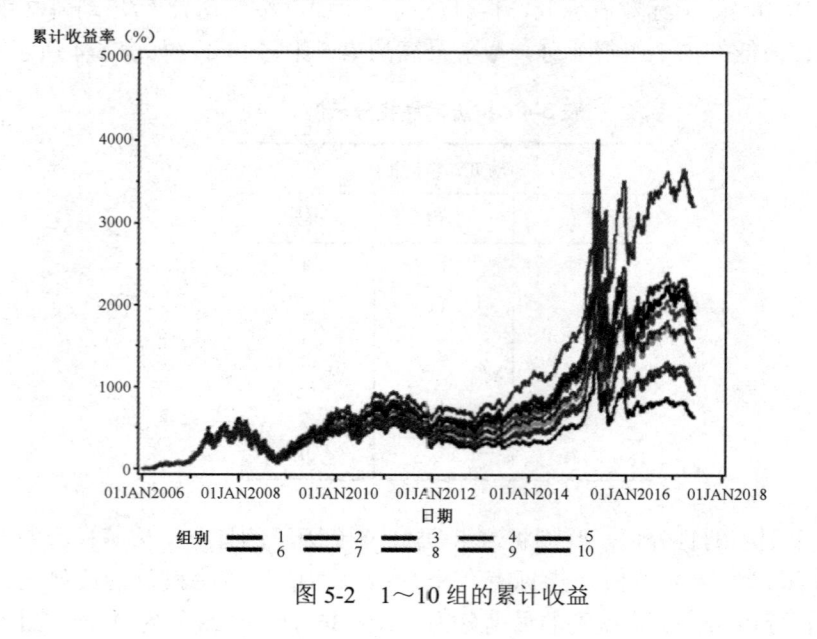

图 5-2 彩图

图 5-2　1～10 组的累计收益

为了让这个策略更具实用性，我们可以选择每周得分最高的 15 只股票构成投资组合，计算累计收益。

图 5-3 给出的是每周得分最高的 15 只股票，构成投资组合，从 2006 年 1 月到 2018 年 6 月的累计收益。这个策略的累计收益超过 100 倍。

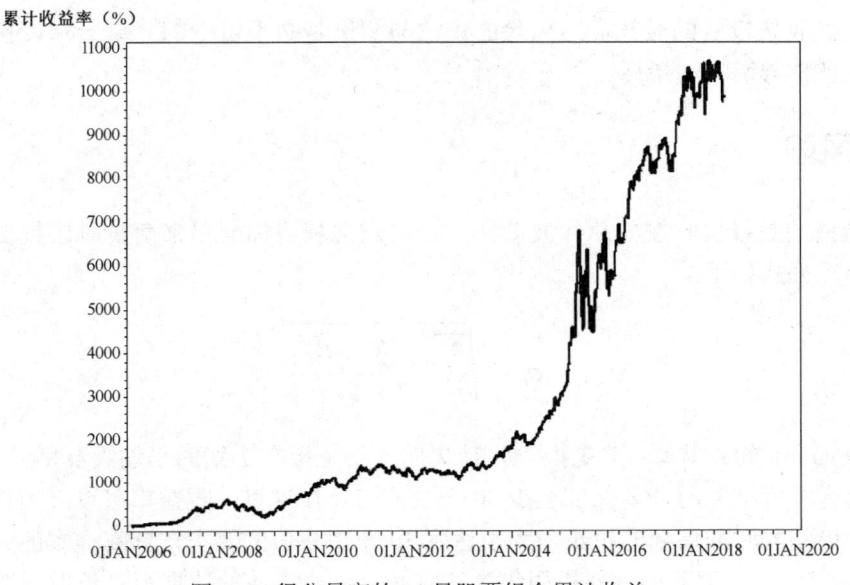

图 5-3　得分最高的 15 只股票组合累计收益

而且，因为该打分体系采用的基本上是财务指标，只是在上市公司每年四次的财务报表发布时才会得到更新，而股票的估值水平变化也不会太大，因此在该打分体系下，每周股票的得分变化不大。这带来的好处在于，每周选出来的股票也不会有什么变化，股票组合换手率低，交易比较简单，具有很强的实用性。

总结

上市公司的定量分析分为两部分：财务报表分析和估值分析。在财务报表分析中，我们关注的是三大财务报表：资产负债表、利润表和现金流量表。在资产负债表的分析中，我们关注的是杠杆比例、流动性、应收账款、存货。在利润表的分析中，毛利润是最直接反映公司经营利润的指标，我们还会看盈利水平、增长和质量。最后，我们会去看现金流量表，关注三大现金流。估值分析，指的是分析估值指标，主要是市净率和市盈率，PEG 也值得关注。基于这样一个定量分析所构建的指标体系，在中国股票市场上就可以构建出简单有效的选股策略。

第6章 风险的衡量

我们在做股票投资的时候,对风险的评估与衡量是必不可少的。这一章,旨在介绍七个主要的风险评估与衡量的指标。

6.1 总风险

总风险指的是投资收益的总体波动性。我们通常利用标准差来衡量股票投资的总风险。标准差的计算公式如下:

$$\sigma = \sqrt{\frac{\sum_{t=1}^{T}(R_t - \overline{R})^2}{T-1}}$$

式中,R_t 是第 t 期的收益率;T 是指一共有 T 期;$\overline{R}$ 是指在 T 期的平均收益率。

我们在计算标准差时,要保证至少 30 个观察值。在这里,收益率可以采用日度、周度或月度数据。但随着时间周期的拉长,为了达到 30 个观察值的要求,计算样本的时间跨度就会过长。比如,30 个月度数据就要用两年半的时间,而两年前的数据很难表明现在的波动性。因此,在计算标准差时,一般用的是日度或周度数据。

标准差越大,意味着波动性越大,风险越高。在正态分布的假设下,标准差能够以一个概率的形式表明收益的波动区间。假定某股票量化策略,周度收益的均值为 2%,标准差为 5%,意味着该策略有 95% 的可能,其收益是落在(2%-1.96×5%,2%+1.96×5%),即 -7.8%~11.8% 之间。这里的 1.96 是基于正态分布获得的置信区间的参数。

6.2 系统性风险和非系统性风险

按照风险的来源,风险又可以分为系统性风险和非系统性风险。系统性风险是指来源于市场的风险。做股票投资就无法避开市场的涨跌。当宏观经济、市场运行出现波动时,个股也会受到明显的冲击和影响。根据经典的资本资产定价模型,我们用贝塔系数(β)来衡量系统性风险。贝塔系数的计算公式如下:

$$R_i = \alpha + \beta \cdot R_m \tag{6-1}$$

$$\beta = \frac{\text{cov}(R_i, R_m)}{\text{var}(R_m)} \tag{6-2}$$

式中,R_i 是个股收益;R_m 是股票市场的收益。

在式(6-1)中,贝塔系数是利用回归获得的。回归中得到的 β 即为贝塔系数。统计上,系数的计算公式其实就是股票收益与市场收益的相关系数,即式(6-2)的表达式。与计算标准差一样,我们需要利用不少于 30 个观察值来计算贝塔系数。

贝塔系数代表的是股票收益对市场收益的敏感度。从式（6-1）可以看出，R_m 每变动 1%，R_i 就会相应变动 $\beta \times 1\%$。贝塔系数越大，说明股票对市场越敏感，受市场影响越大，市场风险就越高。

除了来自市场的风险，还有来自公司自身的风险，即非系统性风险。非系统性风险指的是由于公司经营所特有的风险，与市场风险无关。比如，2011 年苹果公司灵魂人物乔布斯的离世，2016 年万科遭遇的控制权之争，2018 年碧桂园的工地事故等，都是公司在经营中遇到的特有的事件，都给公司经营带来了不确定性风险，但都与宏观经济、市场运行无关。

为了评估公司的非系统性风险，学术上一般利用公式（6-1）中的回归，取残差的标准差来衡量。

6.3 上行风险和下行风险

贝塔系数衡量的是，从总体来看股票收益与市场收益的相关性。但投资者对市场不同状态下股票与市场的关联度的态度是不一样的。比如，当市场上行时，投资者会希望自己所持有的股票与市场是高度相关的，这样股票就会上涨得比较快。也就是说，当市场在上涨的时候，贝塔系数并不是一个令人厌恶的风险指标，而是投资者所喜好的。但相反，当市场下跌时，与市场的相关性越高，股票的跌幅就越大，而这是投资者希望尽量规避的。

股票在市场上行和下行时，与市场的相关性也是不同的。比如，通常来说，小盘股在市场下行时，下跌的会比较快，因为市场下跌导致的抛售，会使得流动性低的小股票价格显著下跌。然而，小盘股的价格，并不一定在市场上涨的时候就一定上涨。原因在于，小盘股的风格可能并不符合当期市场的风格，价格反而涨不起来。比如，从 2016 年下半年到 2017 年年底，中国的 A 股市场是以蓝筹大盘股为主的风格，所以尽管上证综指在涨，但小盘股却是在跌的。

由此可见，股票收益与市场收益的相关性，需要区别市场的状态来衡量。学术界将市场上行时，股票收益与市场收益的相关性称为上行风险；而将市场下跌时，股票收益与市场收益的相关性称为下行风险。

$$上行风险：\beta^+ = \frac{\text{cov}(R_i, R_m)}{\text{var}(R_m)} \mid R_m > 0$$

$$下行风险：\beta^- = \frac{\text{cov}(R_i, R_m)}{\text{var}(R_m)} \mid R_m < 0$$

通过上述公式可以看出，衡量上行风险和下行风险，与计算贝塔系数相类似。不同之处在于，在计算上行风险时，我们只用市场收益大于 0 的观察值；而在计算下行风险时，我们只用市场收益小于 0 的观察值。

6.4 在险价值：VaR

在险价值（Value at Risk, VaR），是衡量资产损失风险的一种手段。但与下行风险不同的是，VaR 专注于对损失规模的度量，即在一定的置信水平下，某一金融资产在未来特定的一段时间内的最大可能损失。由于 VaR 能够给出一个非常直观的损失数据，因此目前被业界广泛应用，并成为重要的风险衡量指标。

VaR 的衡量包括三个方面，分别是时间段、置信水平和损失额度。时间段表示度量资产损失的持有期，可以是日度的、周度的、月度的等；置信水平代表的是出现某一损失的最大可能性，一般我们人为地设定为 95%、99%这两个特殊值；损失额度是我们最为关心的一点，它是在给定的时间段、置信水平下，资产的最大可能损失。

举例来说，对于一个金融资产，其5%的日度 VaR 为 100 万美元。该 VaR 的数值表明在一天内，置信水平为 95%的情况下，最大损失额度是 100 万美元。这意味着该资产日损失超过 100 万美元的可能性为 5%。VaR 衡量的并不是准确值，而是可能的损失额度，它受到时间段和置信水平的影响。在其他条件一定的情况下，置信水平越高，相对来说越保守，对极端风险的覆盖范围越广，损失额度就越大。而在同等额度和置信水平下，VaR 的值越小，表明资产越安全，发生极端亏损的概率越小。

常用的 VaR 的计算方法有历史法、方差协方差法和蒙特卡洛模拟法。

1. 历史法

历史法假设历史会重演，因此我们可以利用过去的收益数据计算未来的 VaR。比如，我们以上证综指（000001.SH）1990 年 12 月 19 日至 2015 年 4 月 10 日之间近 5900 个日收益数据为例来计算其 VaR。

首先，把上证综指的历史收益数据从小到大排列，各分位点的数据如表 6-1 所示。

表 6-1 上证综指日收益数据各分位点收益率

（单位：%）

Mean	Stdev.	1%	5%	25%	50%	75%	95%
0.092	2.617	−6.148	−2.926	−0.783	0.068	0.928	2.989

根据表 6-1 中的分位数，在样本区间内5%的日收益率是低于−2.926%的，1%的日收益率是低于−6.148%的。我们将根据历史数据得到的分布作为其当下的收益率分布，计算当下的 VaR。

然后，选择所需要的置信区间。如果选择 95%的置信区间，那么 VaR 就是 2.926%，即我们能够保证有95%的可能性其日损失不会超过 2.926%；同样，如果我们选择99%的置信区间，那么VaR 就是6.148%，即有99%的可能性其日损失不会超过 6.148%。由此也能看出，在其他条件一定的情况下，置信水平越高，损失额度就越大。

2. 方差协方差法

方差协方差法同样根据历史收益计算得到，但是其具有更加严格的假设，即假设股票收益是服从正态分布的。由于正态分布只受两个参数的影响，即均值和标准差，所以我们只需要通过历史数据计算出这两个参数，就能刻画其收益的分布。

仍旧利用上证综指的例子，根据表 6-1，样本期内历史收益的均值μ是 0.092%，标准差σ是 2.617%，因此，其收益的分布应该如图 6-1 所示。

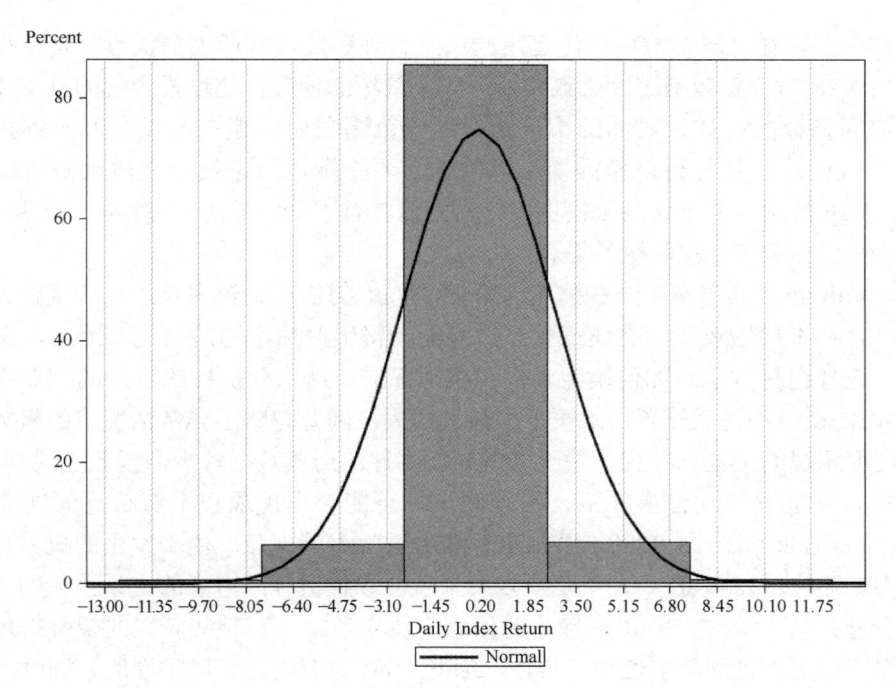

图 6-1 上证综指日度收益率的分布估计

根据标准正态分布表我们可以查得，$P(Z \geqslant -1.645) \geqslant 95\%$。对于均值为 μ，标准差为 σ 的正态分布 X 而言，$Z = \dfrac{X - \mu}{\sigma}$，因此可以推出 $P(X \geqslant \mu - 1.645\sigma) \geqslant 95\%$，即有 95% 的可能性保证收益率大于 $\mu - 1.645\sigma$。代入 μ 和 σ，我们可以计算出 $\mu - 1.645\sigma = -4.21\%$，即在 95% 的置信水平下，上证综指日度收益率的 VaR 为 4.21%。同样，我们也可以对正态分布假设下，99% 置信水平的 VaR 值进行计算，其数值等于 $\mu - 2.33\sigma = -6.01\%$，如表 6-2 所示。

表 6-2 上证综指日度收益率的 VaR

置信水平	临界值	VaR
95%	$\mu - 1.645\sigma$	$\lvert 0.092 - 1.645 \times 2.617 \rvert = 4.21\%$
99%	$\mu - 2.33\sigma$	$\lvert 0.092 - 2.33 \times 2.617 \rvert = 6.01\%$

3. 蒙特卡洛模拟法

蒙特卡洛模拟法是基于历史数据和既定分布假定的参数特征，借助随机产生的方法模拟出大量的资产组合收益的数值，再计算 VaR 值。由于数据的随机性，模拟的结果也更接近真实值。

蒙特卡洛模拟法应用的第一步是构建一个预测未来股票收益的模型。根据历史数据得到影响投资收益的因素和相关参数，以此构建未来收益率的生成模型。第二步是根据模型，计算机随机生成大量的股票收益结果。第三步是将这些结果汇总起来，生成一个收益率的分布图，利用分布的 1%、5% 分位点来确定该股票收益对应的 VaR 数值。

VaR 作为一种在全球范围内广泛运用的风险管理手段，其最大的优点就是精炼易懂。我们可以通过 VaR 对投资风险进行大致判断：如果最坏的情况已超过投资者的承受能力，那么可以选择放弃该标的；如果最坏的情况还在承受范围之内，那么可以深入比较其他风险指标。因此，VaR 这一指标可以作为衡量风险的首要指标，给予投资者最直观的极端损失判断。此外，VaR 的用途并不仅限于投资股票，任何具有不确定性的事件均能够使用 VaR 来判断其风险大小，如火灾、保险赔付等。

同时，VaR 也有其自有的一些弊端。第一，VaR 的估计比较困难，灵活度较大。对于同一金融资产，在不同假设下，上述三种方法可能会得出截然不同的结论。因此，在实际运用的过程中，选择何种方法、如何确定参数和模型都需要深入分析标的资产的收益率特征。第二，由于 VaR 衡量的是某一置信水平下的最大损失，因此忽略了异常情况下的极端损失，可能会得出过度乐观的结论。并且，关于这些异常事件的历史数据较少，因此也限制了 VaR 的应用。比如，在突发流动性事件下，银行间市场可能会出现隔夜上海银行间同业拆借利率（Shanghai Interbank Offered Rate, SHIBOR）暴涨至 13% 的现象。由于发生的概率极低，这一异常值并不能够体现在 VaR 中，但是一旦发生就会导致银行间市场的交易主体的资金成本飙升，带来意外损失。第三，VaR 在应用时依赖于历史数据。在某些新兴的金融市场上，可能并不能够保证历史数据的真实性和可得性，因此 VaR 的应用是有局限性的。同时，VaR 的应用基于历史与未来相似的假设，但是金融市场的过去与未来并不总是有必然的联系，因此该假设受到挑战。第四，VaR 过度重视对损失的刻画，而忽略了盈利端的状况，因此其对风险的理解并不全面。

6.5 最大回撤

最大回撤是指从历史上任意一个时点开始，到未来可能的最大损失。最大回撤是投资里面最重要的衡量风险的指标，它反映的是在最极端的情况下，投资人本金亏损的比例。为了计算最大回撤，我们通常需要用全样本数据，或者至少过去 3 年的数据，构成至少一个完整的"牛熊"周期，来观察最极端情况下市场的跌落情况。

我们以上证综指为例。图 6-2 是上证综指从 2005 年至 2017 年的走势。

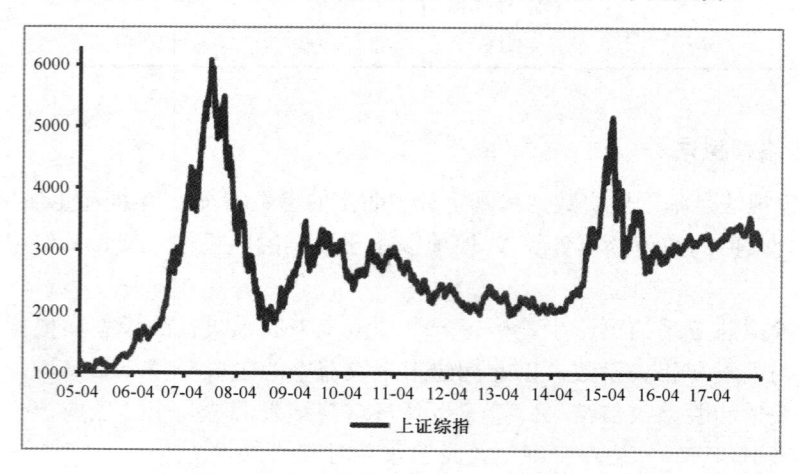

图 6-2　上证综指 2005～2017 年的走势

从图 6-2 中我们可以看出，上证综指自 2005 年以来，有两次幅度非常大的下跌，分别出现在 2008 年金融危机和 2015 年股灾期间。上证综指最大回撤出现在 2007～2008 年，从 2007 年 10 月 16 日的 6124 点跌至 2008 年 10 月 28 日的 1664 点，最大回撤为 72.8%。

如何理解最大回撤？为何投资者如此关注最大回撤？最大回撤回答的是对于这项投资，你最大的亏损是多少。如果投资者投上证综指，那么最大亏损，就是从 2007 年 10 月 16 日开始投，至 2008 年 10 月 28 日离场，亏损 72.8%。因此，最大回撤非常直观地将极端风险呈现在了投资者面前，让投资者对风险有清楚的认识。

最大回撤不仅可用于对风险的评估和反映，也能够用来指导财富管理的资产配置。在财富管理的资产配置实践中，我们通常使用预期收益/最大亏损比来计算最优的资产配置。我们用一个例子来说明。

案例 6-1：1000 万元的财富管理配置

有一对成功幸福的企业家夫妇，想对 1000 万元进行财富管理配置。他们的预期收益/最大亏损比是 3。也就是说，如果一项投资最多亏 10%，那么除非预期收益高于 30%，不然他们不会配置。如图 6-3 所示，现在有两种产品：一种是固定收益产品，预期收益10%，有担保，所以不会亏损；另一种是权益类产品，预期收益 20%，止损线定在 0.85，即最大亏损为 15%。这是非常常见的一种证券私募基金产品设计。请问，这对夫妇应该如何配置呢？

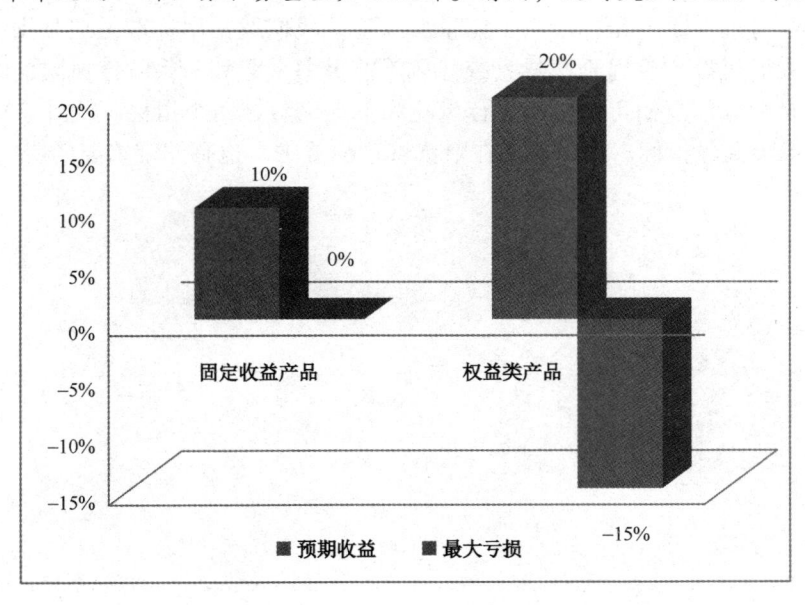

图 6-3 两种产品的比较

所谓配置，就是在投资组合中，赋予固定收益产品一定的权重，剩下的配置给权益类产品。图 6-4 中，横轴代表这对夫妇配置给固定收益产品的权重。随着固定收益产品权重的上升，整个组合的预期收益在不断下降，但是最大亏损也在逐渐减小，同时，预期收益/最大亏损比不断上升，直到赋予固定收益的权重达到 71%的时候，才满足预期收益/最大亏损比大于 3 的要求。所以，这对夫妇合理的做法是配置 71%的固定收益产品，剩下的配置权益类产品。因此，基于预期收益/最大亏损比来进行配置后，这对夫妇获得的最优组合的预期收益为 13%，最大亏损为 4.3%。

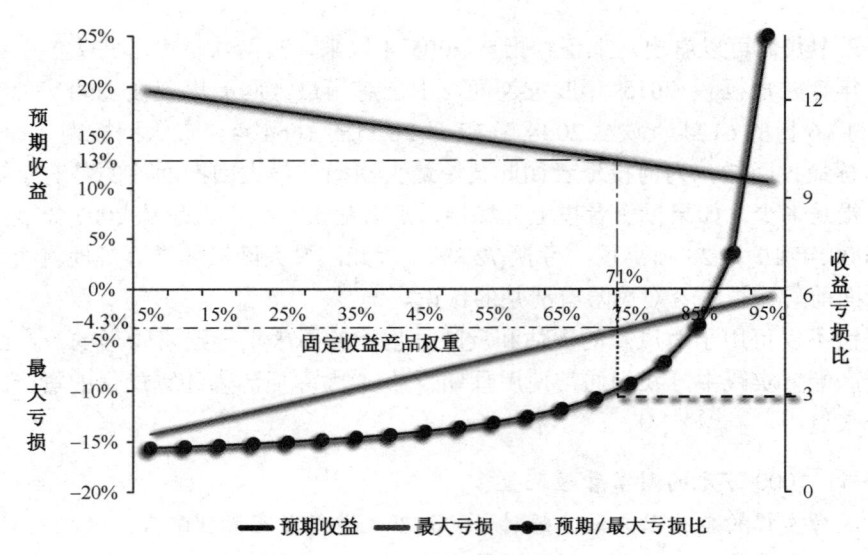

图 6-4　依据预期收益/最大亏损比进行的财富管理配置

总结

　　风险的衡量有七个重要指标。为了衡量总风险，我们通常用标准差这个指标。按风险的来源来划分，我们可以构建用于衡量系统性风险的贝塔系数和非系统性风险的特质波动率。按风险的方向来划分，我们可以构建上行风险和下行风险这两个指标。此外，VaR 和最大回撤也是常用的风险衡量指标。最大回撤在财富管理配置中，也有非常重要的应用。

第7章 风险控制的理念与方法

风险管理的核心其实不在于风险的度量，而在于树立正确的风险控制理念，深刻理解风险的分类，并采取合理的风险控制措施。这一章，着重介绍面对风险我们该如何应对。

7.1 风险控制的理念

我们在做投资的时候，从事后来看，期末价值取决于累计收益。所以投资过程常会被认为是一个追求收益的过程，以至于在分析股票、项目投资时，大家会特别关注内部收益率，而忽视对风险的控制。然而，收益固然重要，但收益的好坏影响的不过是投资的表现，而风险的控制却决定了金融机构的存亡。历史上，有许多机构尽管有一段高收益的辉煌时光，但由于缺乏有效的风险控制，风险来临时，收益就急转直下，顷刻间就濒临倒闭。因此，收益关乎表现，而风险关乎存亡。我们用三个案例来说明风险控制的重要性。

案例7-1：培洛顿对冲基金

位于伦敦的对冲基金培洛顿（Peloton Partners）于2007年取得巨大的成功，当时其投资次级证券的基金获得了87%的超高回报。然而在2008年，它轰然倒塌，20亿美元在不到一个月的时间内亏得一分不剩。这颗基金新星陨落的过程值得投资者一探究竟。

1. 辉煌时刻

2005年，前高盛明星交易员罗恩·贝勒（Ron Beller）和杰弗里·格兰特（Griffrey Grant）辞去了高盛的职位，一起创办了Peloton。格兰特是在高盛待了15年的资深高管，当他离开高盛的时候，一边是高盛的全球外汇部门的负责人，另一边还是伦敦自营交易集团的联合主管。贝勒也十分优秀，当时他是高盛在伦敦的固定收益和大宗商品销售团队领导，曾带着团队取得了不错的成绩。

辞职之后，两人在伦敦为Peloton设立了60人的办公室，土耳其式的会议室色彩鲜艳。他们还聘请了一整层的风险管理人员和行政人员，来为交易员们提供一个投资银行式的后备支持。

公司创办之后，两人很快就筹集到了很多的投资资金。他们构建了一个多重策略基金，主要投资于利率、外汇、债券、银行贷款、结构性信贷以及股票。然而，投资基金的第一年业绩很不理想，收益仅为4.6%，远低于同类对冲基金的8%的平均水平。投资者开始想撤资。

根据《金融时报》的报道，贝勒称这一年是"有些痛苦的"，投资者撤资很"令人沮丧"。到了2006年12月，尽管有一些投资者存有疑义，但Peloton还是坚持推出了ABS基金，专注于资产支持证券，特别是次级资产。"资金赎回令人很沮丧，但并没有改变我们对交易的坚持。"贝勒说，"新基金从投资者那里获得了20亿美元投资。"

2007年是Peloton的春风得意之年。他们的多重策略基金获得26%的收益，而ABS基金的资本回报率则高达87.6%。这让贝勒和格兰特一下赚了很多钱。

2008年1月，Peloton发展势头正强劲。它有两个基金，即16亿美元的Peloton多重策略基金和20亿美元的Peloton ABS基金，后者还获得了Eurohedge"年度最佳新固定收益证券基金"的奖项，毕竟其在2007年的资本回报率达到了87.6%。在颁奖典礼现场，当基金的年收益率被公布的时候，一些与会者甚至震惊得屏住了呼吸。因为这样惊人的成绩，贝勒和格兰特被誉为"对冲基金双雄"。

贝勒告诉潜在投资者，他的策略是判断全球经济趋势，然后下注获利。他对这些趋势进行了杠杆加注，若要投资成功，贝勒必须正确判断趋势，否则可能面临巨大的亏损。最初，他们对趋势判断得很正确。Peloton ABS基金在次级抵押支持证券（Mortgage-Backed Security, MBS）中占有空头，伴随着美国房地产市场大幅下挫，这些证券的价格在2007年暴跌，空头头寸大涨。

2. 轰然倒塌

到了2008年年初，贝勒发现AAA级和AA级MBS之间的现期利差关系与历史利差关系存在较大差距，他判断利差接下来应该会恢复到历史水平。他还认为"高评级"的抵押证券目前已经被低估，因此他大量持有这些资产的多头。

也就是说，Peloton改变了他们的策略。他们认为，目前AAA级MBS下跌纯粹是因为技术因素，接下来会上涨。他们大举买入"被低估"的AAA级MBS对应的指数。由于存在高倍杠杆，他们那时实际持有了80亿～90亿美元的AAA级资产的多头。

可是出乎他们的意料，市场持续下降，没有任何上涨的态势。Peloton因为他们的投机行为栽了一个大跟头。那些"高评级"的产品实际上是被高估了，因此价格并不会恢复到所谓的"历史水平"，价格只会下降到它所该到达的真实水平。因为对数据的错误分析，Peloton在几天内损失了数十亿美元。

2008年2月份，他们的资产下跌15%，被债务人要求追加保证金。最初他们还以为可以将投资组合出售以弥补一些损失，但最后他们的债权人扣押了他们的资产，清偿了次级抵押贷款基金。此外，他们的多重策略基金中也有近40%的资产投资于次级抵押贷款基金。

据统计，Peloton ABS基金通过信用衍生工具持有了两项ABX指数（2006年AAA级和AA级的ABX指数）的60亿美元的多头，整体上则持有了150亿美元的抵押贷款支持资产多头，其中只有部分对冲了空头头寸。Peloton自称只使用了4～5倍的杠杆，属于业界的正常水平。然而，当投资的资产本身已经具有超高风险的时候，只用"正常水平"杠杆率来衡量风险就实在是低估了风险了。当"高评级"的ABX指数的价格继续下滑时，Peloton的14家贷款机构，包括瑞银、高盛和雷曼兄弟，都要求该基金提供更多资金来增加现金缓冲。然而Peloton并没有余力增加现金缓冲。2008年3月，Peloton几乎赔光了投资者的所有资本，剩余资产被债权人收回清偿。

3. 小结

Peloton对冲基金在早期无疑是成功的，而且是非常有洞见的，在2007年就成功通过空头ABS基金获得高额收益。但成功过后产生的过度自信，导致他们在2008年金融危机的高风险时期，依然敢于利用高杠杆，而且只做少量的对冲。当市场出现与他们预期不一致的下跌时，他们脆弱的内险控制体系无法抵御大幅的亏损。在获得欧洲对冲基金大奖之后不到一个月的时间，这家对冲基金就被迫清算。

参考资料：

1. 金融时报：A hedge fund's deminse: the Peloton pile-up. https://ftalphaville.ft.com/2008/02/28/11256/pelotons-bad-news-for-investors/

2. Dave-Manuel.com: Peloton Partners LLP To Shut Down ABS Fund; Halts Redemptions for Multi-Strategy Fund. https://www.davemanuel.com/2008/02/28/peloton-partners-llp-to-shut-down-abs-fund-halts-redemptions-for-multi-strategy-fund/

案例 7-2：美国国际保险公司 AIG

美国国际集团（American International Group, AIG）成立于 1919 年，曾经是全球首屈一指的国际性金融保险服务机构。在 2008 年之前不到 40 年的时间内，AIG 的市值从 3 亿美元攀升至近 2000 亿美元，长期位于美国利润最丰厚的十大公司之列。然而，AIG 在 2008 年金融危机中遭受重创。2008 年经营亏损达到 992.89 亿美元。到 2009 年 7 月末，其市值已经由 2006 年年底的 1900 亿美元暴跌至 17.5 亿美元。巨额亏损、股价暴跌、信用评级下调、交易对手追索抵押品，这些危机环环相扣，导致 AIG 陷入绝境。

1. 对盈利的追逐埋下隐患

导致 AIG 垮台的主要是其大量参与的信用违约掉期产品（Credit Default Swap, CDS）业务。AIG 几乎参与了美国住房按揭市场的各个环节，主要扮演了 CDS 发行者和次级贷款投资者两个重要角色。尤其 AIG 旗下的金融产品部门（AIG FP）大量出售超高级 CDS。该产品约定，只要购买了 AIG FP 的 CDS 之后，AIG 就承诺当承保的证券出现违约时，向买家进行赔偿。

AIG FP 成立于 1987 年，早期 AIG FP 的内部控制非常严格，CDS 交易对象仅限于信用卓著的借款人，如美国蓝筹公司和欧洲 AAA 评级银行。最重要的是，所有的 CDS 交易必须要构建相应的事前的风险对冲策略，绝不让 AIG 成为风险的最终承担者。对冲计划安排必须与 CDS 交易同步，而不是事后出现风险再安排。

但是，在 AIG FP 为 AIG 持续获取丰厚利润的背景下，集团管理层逐渐放松了监督。AIG FP 的经营逐渐表现出很强的投机性，片面追求利润，忽视风险控制，完全不顾来自多方的风险预警。单纯利润导向下的内部控制机制失效，使经营风险迅速累积。

2. 缺乏风险意识招致巨额亏损

从 2005 年开始，AIG FP 业务快速膨胀，但资产的质量越来越差，以次级抵押贷款为基础资产的 CDS 越来越成为业务的主要部分。在 2005 年之前，次级债业务仅占 AIG FP 的 10% 以下，而到后来，几乎全变成了次级债业务，业务占比高达 90%～95%。2007 年 6 月 AIG FP 的次级债 CDS 高达 800 亿美元，是 2005 年的 5 倍。更严重的是，这 800 亿美元的 CDS 都没有风险对冲安排。2007 年年底，AIG FP 的超高级 CDS 交易仓位总计 5331 亿美元。

AIG 为超过 6000 亿美元的债券提供了 CDS 保险。当出现金融危机的时候，AIG 承保的债券就会出现大面积违约，这些 CDS 保险会给 AIG 造成一笔巨大的损失。2007 年和 2008 年，此项业务亏损分别达到 114.72 亿美元和 286.02 亿美元。CDS 业务的亏损在短期内直接将 AIG 拖垮。

3. 小结

作为保险公司，AIG 在为客户分担风险时，自身就更需要去控制风险，而不是一味地追求利润。AIG 提供的保险是针对住房抵押债券投资人所面临的违约保险。当借款人违约时，AIG 提供赔付。通常保险公司提供的产品，针对的是特质性的风险，如车险、人身意外险，不同个体发生事故的概率都是独立的。然而住房贷款的违约风险不同。当房价下跌时，就会出现大量的违约，会发生集中赔付事件，使得 AIG 的 CDS 业务面临巨大的风险。此外，AIG 将 CDS 出售给并未持有住房抵押债券的投资人，使得 CDS 本身从保险产品转变成了对住房抵押债券市场做空的工具，导致 CDS 脱离了保险的本质，成了衍生品，进一步放大了 CDS 的风险。然而，在这些巨大风险的背后，我们看到的却是对冲的缺乏和业务的盲目扩张。最终危机来临时，AIG 的市值跌幅超过 99%。

参考资料：

1. 重拾次贷危机 | AIG 危机制造者背后：金融创新和 3 个推手 http://www.thepaper.cn/newsDetail_forward_1755118_1。
2. AIG 危机的原因与启示：http://www.cf40.org.cn/html/ CF40guandian/8/200910/09-2008.html。
3. 住房抵押贷款证券化 (MBS) 和担保债务凭证 (CDO) 之间的区别是什么？https://www.zhihu.com/question/20481719。

案例 7-3：长期资本

美国长期资本管理公司（Long-Term Capital Management，LTCM）成立于 1994 年 2 月，聚集了华尔街一批证券交易的精英、诺贝尔经济学奖得主、美国前财政部副部长及美联储副主席等，堪称"梦幻组合"。然而在 1998 年俄罗斯金融风暴引发的全球金融动荡期间，LTCM 从 5 月俄罗斯金融风暴到 9 月全面溃败，短短的 150 天资产净值下降 90%，出现了 43 亿美元巨额亏损，仅余 5 亿美元，已走到破产边缘。

1. 投资策略

LTCM 从事所谓的"趋同交易"(Convergence Trade)，即寻找相对于其他证券价格错配的证券，做多低价的，沽空高价的。这个策略的理论依据：市场是理性的，相似的证券之间的价格最终会趋同，价差会缩小。LTCM 选择的证券主要是固定收益证券，因此也可以认为其主要策略是固定收益套利。LTCM 交易大体有 4 类：

① 美国、欧洲各国、日本主权债券的趋同；
② 欧洲各国主权债券的趋同；
③ 美国政府债券新债和旧债间的趋同；
④ 做多新兴市场主权债券，对冲回美元。

因为固定收益证券的价差实在太过细微，以至于投入很大的资本金也只能赚取一点点价差收益。为了提高收益率，LTCM 加入了高倍的杠杆。1998 年年初，LTCM 的自有投资资本为 50 亿美元，借入的资本超过了 1250 亿美元。也就是说，杠杆已经达到了 25 倍。

2. 危机来临

1998年年初，LTCM管理的组合的规模已经高达1000亿美元，但是净资产仅为40亿美元；其互换头寸的名义本金高达1.25万亿美元，占据了全球市场的5%。此外，LTCM在抵押资产支持证券市场交易活跃，与此同时其业务也远涉新兴市场，如俄罗斯。

1998年8月17日，灾难来临：俄罗斯政府宣布卢布贬值，并宣布冻结281亿卢布（135亿美元）的国债。此事件导致了诸多新兴市场的资信状况严重恶化。紧接着，西方政府及新兴市场的债券价差大幅拉大。这些变化对LTCM极为不利，因为它在价差缩小上投注了大量金钱。祸不单行，LTCM在其他市场投资中也接连失手，蒙受重大损失。到1998年8月底，LTCM的资本降到了23亿美元，失去了年初时超过半数的股权资本。当时，LTCM的资产基数约为1070亿美元，杠杆比率已超过45∶1，这是一个以任何标准来衡量都非常高的比例，更何况是在如此动荡的环境中。

随着损失的不断增加，LTCM已越来越难以满足保证金的要求，它需要更多的抵押品来确保它能够偿还所有债务，但它却缺少高价值的资产用于抵押。不仅如此，LTCM还陷入了难以清算资产的困难境地。它的大部分资产在市场正常时期尚且缺乏流通性，难以出售，遑论在一个衰退的市场中"跳楼大甩卖"了。

1998年9月1日，梅里韦瑟写信宣布LTCM的巨大损失，且不允许现有的投资人在12月前赎回超过12%的投资额。但这一做法并未奏效，LTCM的境况持续恶化。管理者们在其后的三周内苦苦寻求帮助。到1998年9月22日，LTCM的资本仅剩6亿美元，但是它的投资并未大幅减少，资金杠杆进一步提高，灭亡也进一步迫近了。银行开始怀疑其是否有能力满足保证金要求，但因担心造成相关人，如交易对手的巨大损失，引发"多米诺效应"，并没有开始清算。

1998年9月23日，高盛、AIG和巴菲特提出以2.5亿美元购买LTCM的股权，并注资40亿美元，将其纳入高盛麾下，但遭拒绝。当天下午，为防止系统性崩溃，美联储组织了一个打包拯救计划，联合了主要投资方及商业银行，包括LTCM的主要债权人，注资3.5亿美元，换取LTCM的管理权和90%的股权。至此，LTCM已是日暮途穷。

3. 小结

LTCM从事的套利交易，利差并不高，为此，他们采用了高达25倍的杠杆。当俄罗斯政府违约时，投资者出于避险的考虑，抛售新兴市场债券，大量买入美国国债，特别是刚发行的国债，导致新兴市场的债券价格大幅下跌，而美国国债价格大幅上涨，两者价差朝着与LTCM预期相反的方向发展。在高杠杆的放大作用下，LTCM的资本权益急速下降，最终导致一个"梦幻组合"的大败局。

参考资料：

1. 失灵的模型：反思1998年长期资本管理公司危机，http://news.hexun.com/2008-05-09//058520691.html.
2. 百度百科：美国长期资本管理公司.

从以上三个案例我们看到，在危机前这些曾经辉煌的机构，都暴露出人性的两大弱点。

① 贪婪。逐利是人的本性，但过度逐利，在贪婪的驱使下，每一分利都蕴含着巨大的风险，为失败积蓄势能。AIG 大量发行 CDS，LTCM 和 Peloton 动用数十倍的杠杆，都是贪婪的体现。

② 过度自信。在投资过程中，过度自信会导致对未来预期的偏误，并放松对风险的警惕，即使短期有盈利，但只要一次冲击，之前的盈利都会被吞噬。

人是有认知局限的，人性是有弱点的，这些都会导致我们偏离理性投资，这不仅会造成投资亏损，有时结果会非常严重。认识到自身的局限是进行风险管理的前提。而为了摆脱人性的弱点，我们在进行风险管理的时候，必须坚持知行合一，建立完备的知识体系，并严格遵守知识引导。

第一，知行合一。"知"指的是金融知识，"行"指的是投资行为。两者相辅相成、相互融合，我们需要将金融知识和经典理论运用于投资，并且不断用投资实践对理论进行检验。知行合一也是一个不断演进的过程，不断有新的理论涌现，就需要不断进行知识库的更新，对实践进行指导，同时也应当从实践中获取知识，调整策略。

第二，建立完备的知识体系。要做到知行合一，首先必须掌握相关金融与投资理论。要做好投资，并非了解某一领域的理论即可，而是需要对诸如基本面分析、风险管理、量化方法等具有全面的掌握。金融市场牵一发而动全身，对市场有一个全面的了解，能够帮助我们理解其内在的关联与逻辑。

第三，严格遵守知识引导。投资行为如果脱离了知识的引导，就变成了盲目投资。对于如何遵守知识引导有三个建议：①养成严谨分析、理性投资的投资风格，杜绝盲从。在每笔交易之前，都确保自己已经进行了严谨的、理性的分析。②避免频繁地看股票报价，减少市场波动对自身的干扰。③找一个合作伙伴，彼此协助、监督、约束，增强对理性投资的坚持。

7.2 风险的分类

人们常说风险厌恶。这让人觉得风险是不好的，是受厌恶的。然而，风险其实是个中性词，指的是不确定性。而且，对于投资而言，我们只有承担了风险，才能获得较高的收益。然而，承担风险并不意味着绝对的收益，收益与亏损均存在与其对应的概率。按照概率的不同，我们也可以得出风险的另一种分类，即"好的风险"和"坏的风险"。

好的风险，是指如果承担了这些风险，获得正收益的概率会比较大。而坏的风险，是指如果承担了那些风险，获得正收益的概率会比较小。好的风险是应当勇于承担的，因为即使有不确定性，但获利的概率整体是较高的。但坏的风险是不值得去承担的，因为虽承担了风险，但获得收益的概率并不高。

那么区分好的风险和坏的风险的概率标准是多少呢？我们建议用 60%。我们在开发量化投资策略时，通常要求策略获得正收益的比例，即胜率要达到 60%。以 60%为基准，那些获得正收益的概率达到 60%的风险是好的风险；而坏的风险则是指那些获利概率小于 60%的风险（如表 7-1 所示）。

从表 7-1 中可以看出，两个资产的期望收益相同，但由于好的风险出现正收益的概率更高，因此相比于坏的风险更具有吸引力。

将风险划分为好的风险和坏的风险的意义在于：通过规避坏的风险，我们能够在降低风险的同时，提高收益，从而大幅提升投资的稳健性，超越人们通常有关"高风险、高收益"的认识。

表 7-1 好的风险与坏的风险

好的风险		坏的风险	
收益	概率	收益	概率
+30	70%	+50	50%
−70	30%	−50	50%
期望收益	0	期望收益	0

7.3 风险的处理方式

具体而言，风险有 6 种处理方式。

7.3.1 风险规避

风险规避是指通过放弃或拒绝执行某一活动来回避风险源，如直接选择不投资风险资产。风险规避是最简单的避免风险的方法，从根源上杜绝了风险。简单的风险规避是一种最消极的风险处理办法，虽然潜在的损失能就此避免，可潜在的获利机会也会因此丧失。所以，单纯使用风险规避并不能够达到获利最大化的目标，只能在特定情况下，如投资主体对风险极端厌恶，才会采用此种处理方式。

7.3.2 风险减少

在应对风险时，我们可以通过风险减少的方法实现效用的最大化。我们通常听到的"不要把鸡蛋放到一个篮子里"就是通过分散投资实现降低风险的一种方法。

由于风险与收益的对等性，风险往往能够带来相应的收益补偿，因此投资者需要在减少风险和增加收益之间进行权衡。同时，相对于风险规避来说，风险减少并不意味着绝对的不承担风险，因此可以通过适当减少风险资产的头寸，如控制股票的仓位、控制资产组合的风险敞口来实现。

7.3.3 风险分担

在难以通过内部减少风险时，我们还可以采用风险分担的方法。风险分担指的是通过契约，把投资组合的风险转移给独立的第三方。通过风险分担可大大降低经济主体的风险程度，其主要形式是合同和保险。合同形式是指通过签订合同，将部分或全部风险转移给一个或多个其他参与者；保险形式是指通过购买保险把风险转移给保险公司，这也是使用最为广泛的风险分担方式。

这种风险应对方式比较安全，也比较常见。高盛就曾在次贷危机时通过购买大量的 CDS，对冲其持有的担保债务凭证（CDO），将风险转移给了 CDS 卖方，从而大大降低了其承受的损失。

此外，在股票投资中，通过购买看跌期权，也能实现风险分担。看跌期权的多头有权利在股票价格下跌时，以期权约定的价格将股票出售给期权的空头，从而减少因为股票下跌带来的亏损。

7.3.4 风险转移

风险转移指的是将风险资产完全出售，从而将风险从自身转向资产的买入方。比如，银行通过将住房抵押贷款打包卖给资产抵押债券的投资人，就能够将抵押贷款从银行的资产负债表移出，不再承担住房贷款者违约的风险。

7.3.5 风险对冲

风险对冲指的是采用衍生品反向消除风险的操作方式。比如，在股票市场上，为了减少市场风险，投资者可以做多头股票组合，同时空头股指期货。当市场下跌时，空头股指期货的收益能够用于弥补股票组合的亏损，从而降低风险。

尽管风险对冲是现在对冲市场风险的主要方式，但在我国 A 股市场上，利用股指期货对冲存在以下三个核心问题。

① 风险对冲虽然在市场下行时能够降低亏损，但在市场上行时，因为空头股指期货带来亏损，也会降低收益。更重要的是，从长期来看，股票市场一定是上涨的，因此空头股指期货长期来看一定会抵减投资收益。

② 股指期货的交易受交易所限制，导致空头端规模受限，这必然限制了股票组合的规模，使得投资规模受到限制。

③ 目前国内的沪深 300 和中证 500 的股指期货通常会有负的基差，即股指期货价格低于股指，导致贴水。随着时间的推移，股指期货的价格必然趋近于股指，这意味着股指期货的价格相对股指必然是上升的，这进一步加重了空头端的亏损。

7.3.6 风险预测

风险预测指的是通过对风险的预判区分好风险和坏风险，通过规避坏风险，承担好风险，实现稳健的投资收益。这是最理想、最科学的风险处理方式。通过风险预测，规避坏的风险，也就规避了亏损，这既降低了风险，又提升了收益，从而打破了传统意义上的"高风险、高收益"的原则。风险预测，从本质上说，是精准的市场择时。

总结

收益关乎表现，而风险关乎存亡。因此，投资者需要高度重视风险控制，才能保证投资长期、稳健地运行。在风险控制中，知行合一是基本的原则：建立完备的知识体系，且投资行为遵循知识体系的指导，让投资客观化。风险控制的具体方法有 6 种：规避、减少、分担、转移、对冲和预测。其中风险预测是最科学的风险控制方式。

量化建模篇

第 8 章 基金业绩归因

共同基金（Mutual Fund）是金融市场中的重要参与主体，一直受到学界与业界的广泛关注。作为一类典型的机构投资者，共同基金集合专业人士，对众多投资者的资金进行规模化、统一化的管理。对于个人投资者，共同基金是其进行投资的重要对象。投资者由于时间、精力与专业知识方面的不足，选择通过支付管理费的方式，将个人财富交由基金管理者进行打理。一支出色的共同基金能够为个人投资者带来令人艳羡的绝对收益，但与此同时，管理不当的共同基金可能造成投资者的财富损失。因此，如何对基金业绩进行归因，选出真正管理得当、选股与择时能力突出的共同基金，就成为了一个重要的话题。本章将针对基金的业绩归因进行探讨，梳理部分经典文献与中国特色的研究成果，为投资者的基金选择提供参照。

8.1 基金业绩归因："运气"与"能力"

8.1.1 "绝对收益" VS "超额收益"

共同基金的绝对收益是投资者最直观接触到的业绩信息。在基金平台与各类广告当中，都可以看到一支基金在过去一段时间内的累计收益。绝对收益的计算方式非常简单，通过两个时间点的累计净值增长除以前一时间点的累计净值即可得到。绝对收益的价值体现在两个方面。第一，绝对收益直接反映了投资者能够获得的财富增值。投资者在一个时点买入基金份额，在另一个时间点进行赎回，到手的净收益就是本金乘以绝对收益。第二，绝对收益是一个普遍适用的概念，对于股票、债券等单个资产或对于基金类的投资组合都具有适用性。一种常用的刻画绝对收益的指标是持有期收益率（Holding Period Return, HPR），其计算方式如下：

$$HPR = \frac{期末价格 - 期初价格 + 现金红利}{期初价格}$$

与绝对收益相对应的一个概念是基金所承担的风险。一支共同基金所实现的收益，究竟是由于它承担了更多的风险所造成的，还是基于基金管理者的选股择时能力，是投资者必须去进行分析的问题。这也就是基金业绩归因中最为重要的"运气"与"能力"的划分（Luck vs Skill）。自 20 世纪 60 年代起，由于资本资产定价模型（Capital Asset Pricing Model, CAPM）的提出，一系列在此基础上的风险调整指标也被提出，成为了从绝对收益中剥离更加客观的业绩表现的重要方法。表 8-1 展示了常见的风险调整指标，包括夏普比率（SR）、特雷诺比率（TR）、詹森α以及信息比率（IR）。

表 8-1 常见的风险调整指标

指标名称	指标英文	计算公式	含义
夏普比率	Sharpe Ratio	$(\bar{r}_p - r_f)/\sigma_p$	测度了对总波动性权衡的回报，表示每承担一单位风险所获得的超额收益
特雷诺比率	Treynor Ratio	$(\bar{r}_p - r_f)/\beta_p$	测度了单位系统风险的超额收益，表示每承担一单位系统风险所获得的超额收益
詹森 α	Jensen's Alpha	$\bar{r}_p - [r_f + \beta_p(\bar{r}_m - r_f)]$	测度了投资组合收益经 CAPM 模型调整后的收益均值，是时序回归中的截距项
信息比率	Information Ratio	$\alpha_p / \sigma(e_p)$	测度了投资组合收益的循迹误差，表示每承担一单位非系统风险所带来的超额收益

对于基金业绩评价而言，上述四个指标已经成为过去半个世纪以来最为常用的指标。尽管关于 CAPM 模型有效性的实证检验往往会拒绝其有效性，但是这些指标所传递的"剥离市场风险带来的影响"的思想成为了基金业绩评价相关研究的基本思路，也成为了各类实证检验的核心步骤。

8.1.2 基于多因子模型刻画"超额收益"

自 20 世纪 90 年代初 Fama 和 French 提出了经典的 FF3 因子模型后，近三十年间实证资产定价领域经历了飞速发展，一系列异象（Anomalies）因子被提出，随之诞生的是一系列多因子模型的提出与应用。多因子模型是至今为止学界、业界最为广泛使用的资产定价模型，在众多金融资产的研究中扮演了重要的角色。基金业绩归因的研究同样成为了多因子模型的"用武之地"，其中最为经典的就是 Carhart（1997）的四因子模型。

Carhart（1997）在 FF3 因子的基础上，参考 Titman (1993)关于动量效应的研究，引入了 UMD 因子，定义为过去一年表现最好的股票的价值加权组合收益减去过去一年表现最差的股票的价值加权组合收益。其回归方程如下所示：

$$r_{i,t} - r_f = \alpha_{\text{carhart4}} + \beta_1 \text{RMRF}_t + \beta_2 \text{SMB}_t + \beta_3 \text{HML}_t + \beta_4 \text{UMD}_t + \varepsilon_{i,t}$$

类似于詹森α的定义，在这一回归中的截距项即为 Carhart 四因子下的超额收益，反映了共同基金管理者在小市值策略、高市净率策略和动量策略之外拥有的管理能力。如果基金管理者只是持有了小市值股票或过去的"赢家"，那么其收益在一定程度上可以被因子所解释，也就无法体现出管理人额外的管理能力。由此产生了一个与超额收益 α 相对应的概念，即因子关联收益（Factor Related Return, FRR），其定义为各个因子的因子收益与因子暴露成绩之和，可写为如下形式。

$$\text{FRR}_{t,m} = \sum_{i=t-m}^{t-1} \sum_{j=1}^{n} \beta_j \cdot \text{Factor}_{j,t}$$

Carhart 四因子模型的提出为共同基金业绩归因提供了一个基准模型，成为后续一系列研究的重要参考，也成为了投资者进行基金选择的一个重要参照。

在多因子模型下，Amihud（2013）使用回归的拟合优度 R^2 作为刻画基金主动管理程度的指标 Selective。Amihud（2013）指出，将基金收益回归至基准因子模型所得到的拟合优度 R^2 越高，表明基金主动管理程度越低，因为其收益的大部分来源于对因子收益的追踪。进一步看，拟合优度 R^2 与基金规模正相关，与基金管理费和基金经理任期负相关，且这一指标对未来的收益有显著的预测能力。表 8-2 展示了全市场股票型、混合型基金经过 FF3 因子和 Carhart 四因子模型调整后的平均结果。

表 8-2　FF3 与 Carhart 四因子下的基金业绩

Panel A：FF3 因子　　MKT SMB HML			
	系数均值	T 统计量均值	|T|>2 占比
MKT	0.555	21.245	97.99%
SMB	−0.144	−2.700	67.20%
HML	−0.196	−3.493	62.49%
Alpha	0.002	2.169	52.48%
R-sqr 均值	0.624		
Panel B：Carhart 四因子　　MKT SMB HML UMD			
	系数均值	T 统计量均值	|T|>2 占比
MKT	0.550	21.329	98.04%
SMB	−0.084	−1.367	51.55%
HML	−0.150	−2.603	54.28%
UMD	0.086	2.141	57.32%
Alpha	0.001	1.470	35.99%
R-sqr 均值	0.641		

8.1.3　中国的多因子模型

大多数关于因子模型的研究都集中于美国股票市场，早年间关于中国股票市场的研究相对较为匮乏。一篇具有重要开创性意义的研究成果是 Liu et al.(2019)的"中国版三因子"。在这篇文章中，作者考虑到了我国 A 股市场相对于美股市场 IPO 机制的差异，部分公司倾向于通过反向并购小公司从而"借壳上市"的情况，提出小市值公司所特有的"壳资源"价值。在构建"中国版三因子"时，作者剔除了市值位于尾部 30%的公司，并使用 EP 作为构建价值因子的指标，参照 FF3 因子的构造方式得到了新的结果。对于股票市场而言，这一因子模型对各大异象拥有更强的解释能力，成为了研究 A 股市场的重要参考依据。

Liuetal.(2019) 同样提出了"中国版四因子"，即进一步添加了换手因子 PMO（pessimistic minus optimistic）。其构造方式是计算过去一个月的换手率与过去一年的换手率的比值，做多低换手股票并卖空高换手股票。相比于"中国版三因子"，加入换手因子后模型的异象解释能力更强。尽管"中国版四因子"这篇文章的研究对象并非共同基金，但对于专注 A 股市场投资的基金而言，这种因子构建方式能够为"超额收益"的计算提供有效的理论基础。汪昌云（2020）系统比较了中国市场不同多因子模型表现，使用 2000—2018 年这一统一的样本期，比较了 CAPM、FF3、Carhart4、FF5、中国版三因子等多种不同因子模型。实证结果显示，综合考虑模型解释能力、模型简洁性等因素，最经典的 FF3 因子仍然是中国股票市场的最优资产定价模型。表 8-3 呈现了中国版三因子对基金收益的解释情况。

表 8-3　中国版三因子下的基金业绩

中国版三因子　MKT SMB VMG			
	系数均值	T 统计量均值	|T|>2 占比
MKT	0.556	19.820	98.08%
SMB	-0.122	-1.781	57.56%
VMG	-0.188	-3.126	64.04%
Alpha	0.002	1.923	48.67%
R-sqr 均值	0.620		

8.2　基金业绩归因:"选股"、"择时"与"可持续性"

8.2.1　基金的"选股能力"与"择时能力"

如前文所述,詹森 α 是一种将基金收益中不随市场变化而变化的部分全部划分为"能力"的衡量指标。其前提假设是,基金收益对市场风险因子的暴露 β 是不随时间而改变的。从金融学内涵上,这反映了基金管理者不会随市场波动去调整持仓在市场因子上的暴露,与众多主动型基金的运营逻辑明显不符。因此,同样在上世纪六十年代,就有了在此基础上的进一步延伸,将"能力"划分为"选股"与"择时"两个部分。

"选股能力"反映了基金管理者通过对不同标的物的基本面信息、历史数据等因素,进行标的挑选的能力。拥有较强选股能力的基金管理者可以挑选出价值被低估或未来发展前景好的标的,从而获得相应的收益。"择时能力"反映了基金管理者在不同市场行情下选择合适的买入、卖出时点的能力。拥有较强择时能力的基金管理者能够在正确的时刻进行调仓操作,实现低买高卖从而赚取利润。简单来说,"选股能力"是形容基金管理者选出"好的股票",而"择时能力"是形容其能够在"对的时刻"进行买卖操作。对于优秀的基金管理者,两种能力都是必不可少的。

Treynor and Mazuy(1966)指出,基金收益与市场收益的关系并非 CAPM 或常规的多因子模型所假设的线性关系,而是非线性的。基金管理者的"择时能力"表现为他们对市场收益率预测的相对准确性,在预测市场收益率提升时,会选择增加投资组合对市场风险的因子暴露,而在预测市场收益率降低时减少暴露水平。因此,他们提出按照如下的二项式方程进行回归:

$$r_p - r_f = \beta_1 \cdot (r_m - r_f) + \beta_2 \cdot (r_m - r_f)^2 + \alpha + \varepsilon$$

其中,择时能力由 β_2 刻画,其原因在于基金回报对市场风险的暴露水平 $\beta = \beta_1 + \beta_2 \cdot (r_m - r_f)$,当市场收益率上升时,若 β_2 显著为正,则基金对市场风险的暴露也会提高。此时的选股能力仍然由 α 刻画。一个同时拥有选股择时能力的基金管理者,其基金产品按上述方程的回归结果应该表现为 β_2 和 α 都显著为正。

Henriksson and Merton(1981)提出了另一种区分选股与择时能力的实证方法。他们只关注于市场回报是否高于无风险收益,即基金管理者的择时能力更多反映为准确预测市场收益更高的能力。此时的线性回归方程如下：
$$r_p - r_f = \beta_1 \cdot (r_m - r_f) + \beta_2 \cdot \max(r_m - r_f, 0) + \alpha + \varepsilon$$

此时基金管理者的投资组合对市场风险暴露为

$$\beta = \begin{cases} \beta_1 & E(r_m) < r_f \\ \beta_1 + \beta_2 & E(r_m) \geqslant r_f \end{cases}$$

是一个分段函数而非二次函数。回归结果中，若 β_2 显著为正，表明基金管理者拥有显著的正向择时能力，若 α 显著为正，反映出基金管理者显著的选股能力。表 8-4 呈现了加入二次项或正值项衡量基金择时能力的实证结果，对于中国的公募基金而言，拥有显著择时能力的占比整体较低，约为 20% 至 35% 左右。

表 8-4　基金择时能力检验

	系数均值	T统计量均值	|T|>2 占比
加入市场收益二次项			
β_1	0.552	19.614	97.55%
β_2	-0.164	0.027	33.45%
α	0.002	1.524	38.10%
加入市场收益正值项			
β_1	0.562	11.913	95.97%
β_2	-0.022	0.011	21.20%
α	0.002	1.160	29.67%

在后续的研究中，不同学者在这两种模型的基础上将其不断完善填充，尝试使用更多实证方法去剥离基金管理者的选股择时能力。例如，Andreu et al.（2017）在 Treynor and Mazuy(1966)和 Henriksson and Merton（1981）的模型中补充了 Carhart 四因子中的 SMB、HML 与 UMD，将因子收益从中进行剔除。在已有思路下，通过将不同因子模型与市场收益二次项、正值项进行组合，可以用于解决不同类型、不同市场的基金业绩归因问题。

8.2.2　基金业绩的"可持续性"

基金业绩相关研究中另一类重要问题是基金业绩的"可持续性"。基金的运营受到其规模、投资范围、市场政策等诸多因素的影响，过去表现出色的基金并不一定在未来就会有出色的表现。当一支基金表现突出时，会有更多投资者倾向于买入其份额，且市场上的主体也会增加对其策略模式的研究和模仿，从而导致收益的摊薄。在前文所介绍的业绩归因方法中，都假设了由 α 衡量的"能力"是可持续的，并且只有当基金管理者拥有正向的 α 时才会使得基金表现战胜市场。表 8-5 呈现了在中国三因子下按照 Song(2020) 的方法构造的 Alpha 和因子相关收益 FRR，进行 Fama-MacBeth(1973)回归的结果。控制变量包括基金规模、基金收益的波动率、基金管理费率和基金年龄，并按 Newey-West(1987)方法对标准误进行调整。可以看出，过去的超额收益 Alpha 对未来收益有显著的预测能力，但与因子相关的收益与未来基金收益没有相关性。这也说明，预测一个基金的未来收益表现，不能依赖于过往总收益。如果过往总收益较高主要是因为对因子的暴露较大，那么这样的基金收益是不可持续的。在控制因子暴露的检验之下，提纯出的 Alpha，才能对未来基金的表现具有预测能力。

表 8-5 中国版三因子相关指标的 Fama-MacBeth(1973)回归

	(1)	(2)	(3)	(4)	(5)	(6)
Alpha	0.574*			0.452***		0.609***
	(1.87)			(3.13)		(3.77)
因子相关收益		−1.970			−0.718	−0.179
		(−0.93)			(−0.60)	(−0.15)
基金过往收益			0.084*	0.030	0.038	0.019
			(1.78)	(1.09)	(1.51)	(0.76)
基金规模				0.000	0.000	0.000
				(0.95)	(0.86)	(0.76)
基金波动率				0.020	0.019	0.016
				(0.98)	(0.96)	(0.82)
基金费率				0.078**	0.078**	0.071**
				(2.57)	(2.43)	(2.33)
基金年龄				−0.000**	−0.000**	−0.000**
				(−2.05)	(−2.42)	(−2.00)
常数项	0.010**	0.011**	0.007	0.004***	0.004***	0.004***
	(2.14)	(2.17)	(1.59)	(2.76)	(3.09)	(2.86)

Berk and Green（2004）认为，理性投资者会选择具有投资能力的基金管理人，而由于投资者无法直接辨别基金管理人的能力好坏，只能从基金过去的表现中推测其能力。基金管理人的边际投资收益会随着所管规模的增加而逐渐降低。因此，均衡状态下主动基金组合将无法战胜被动基准策略，基金过去的业绩也无法用以预测基金未来的收益，或预测基金未来的能力。基于理论模型，他们认为单独使用 α 衡量"能力"是不合理的，应该基于 $\alpha \times \text{AUM}$ 来进行分析（超额收益×管理规模 asset under management），在规模的基础上考虑超额收益。Muller（2020）认为，由于投资者只具有有限信息，无法稳定知晓风险因子所带来的收益，往往会错误地将基金暴露在风险因子上的收益当作基金真正的 α，即使是理性的投资者也会选择投资到总体上并不存在显著超额收益的基金行业上。

一系列关于基金的资金流与收益的分析都做出了以下两个假设，其一是基金管理能力随着管理规模的提升而边际递减，第二则是非对称信息下投资者和管理人会根据历史基金业绩对基金管理人能力做出准确的一致推测。然而，Song（2020）的实证研究发现，美国基金市场上投资者和管理人二者对于基金的能力估计是不一致的，尽管二者面临着同样的收益信息，但他们是对信息的解读并不相同。因此，对于基金"可持续性"的分析，并不能简单的依赖于历史收益或回归结果中的 α 等指标，仍然需要在学术研究中进一步探索。

总结

对基金进行业绩评估，需要综合考量风险和收益。更进一步，需要借助多因素模型将基金的收益分解为两部分：①由于因子暴露而获得的因子相关收益 FRR；②与因子暴露无关、体现基金经理能力的超额收益 Alpha。实证研究表明，FRR 与基金未来收益表现不相关，只有 Alpha 才具有预测基金未来收益的能力。然而，在预测基金未来收益表现时，也需要清楚地认识到基金边际收益与管理规模是呈反比的，因此，过往基金收益对未来基金表现的预测能力，也会受到基金管理规模扩张的制约。

参考资料

[1]Choi J J, Zhao K. Carhart (1997) Mutual Fund Performance Persistence Disappears Out of Sample[J]. 2020.

[2]Jegadeesh N, Titman S. Returns to buying winners and selling losers: Implications for stock market efficiency[J]. The Journal of finance, 1993, 48(1): 65-91.

[3]Amihud Y, Goyenko R. Mutual fund's R 2 as predictor of performance[J]. The Review of Financial Studies, 2013, 26(3): 667-694.

[4]Liu J, Stambaugh R F, Yuan Y. Size and value in China[J]. Journal of Financial Economics, 2019, 134(1): 48-69.

[5]汪昌云. 中国实证资产定价——聚焦股票市场投资策略的研究，北京：中国金融出版社，2000.

[6]Lee C F, Rahman S. Market timing, selectivity, and mutual fund performance: An empirical investigation[J]. Journal of Business, 1990: 261-278.

[7]Henriksson R D, Merton R C. On market timing and investment performance. II. Statistical procedures for evaluating forecasting skills[J]. Journal of business, 1981: 513-533.

[8]Andreu L, Matallín-Sáez J C, Sarto J L. Mutual fund performance attribution and market timing using portfolio holdings[J]. International Review of Economics & Finance, 2018, 57: 353-370.

[9]Berk J B, Green R C. Mutual fund flows and performance in rational markets[J]. Journal of political economy, 2004, 112(6): 1269-1295.

[10]Müller M, Rosenberger T, Uhrig-Homburg M. Fake alpha[J]. Available at SSRN 2899722, 2021.

[11]Song Y. The mismatch between mutual fund scale and skill[J]. The Journal of Finance, 2020, 75(5): 2555-2589.

第 9 章　SAS 的使用与编程基础[①]

9.1　SAS 简介

9.1.1　什么是 SAS

SAS 的英文全称是 Statistics Analysis System，是用于数据分析和决策支持的大型应用软件系统。SAS 集数据存取、管理、分析和展现于一体，在大型数据处理方面非常具有优势，是帮助我们进行量化投资和策略构建的重要工具。由于在数据处理和分析上的相对优势，SAS 被广泛应用于政府行政、生物医药、经济金融等领域。但是 SAS 不是一个免费软件，用户使用 SAS 需要每年支付给 SAS 公司一笔许可证费用。

在进行金融学学术研究时，SAS 往往能与 MATLAB、STATA 等软件取长补短，共同完成数据处理、回归分析、建模模拟等一系列任务。但是在进行量化投资时，SAS 一个软件就能够帮助我们完成大部分数据处理和策略构建的任务，所以在本章中我们将详细介绍如何使用 SAS 进行数据分析和量化投资。

9.1.2　SAS 的优势

SAS 的优势主要有以下几个。

1. 内存占用小

相对于 MATLAB 等软件，SAS 的核心优势是大大降低了对电脑内存的占用。SAS 在进行数据调用时，数据本身依然在物理硬盘中，只是所使用的变量被放到内存中进行运算，大大减少了内存的使用。所以，SAS 能够完成其他软件所不能完成的超大量数据的处理任务，适合用于解决众多金融领域的问题。

2. 数据可压缩

SAS 的数据集可以被压缩，当被压缩成.zip 格式之后，只有原始数据集大小的 14%，大大节省了存储数据的物理空间。在存储时使用数据集选项 COMPRESS，也可以帮助我们节省很多空间。相比较而言，STATA 软件的数据集则无法被压缩，在数据量过多的情况下会占用大量空间，导致数据传输效率下降。

3. 编程严谨简洁

SAS 的编程和开发语言非常成熟，通过简洁的语句就能够实现强大的功能。并且由于其全部的操作基本都是依靠编程来完成的，所以可操作性和灵活性都大大提升。

[①] 本章使用的 SAS 代码和数据集，请扫二维码获得。

SAS 中含有丰富的标准化内嵌函数，这些函数可以帮助我们进行统计分析，这样就省去了大量编写代码的工作，为编码工作带来了极大的方便。

此外，SAS 的宏是一个强大的编程工具，可以用来拓展 SAS 程序，帮助我们自动进行重复性操作，减少代码的重复输入，极大地方便了大样本数据的处理。

4. 文本可操作

SAS 不仅可用于数据处理和分析，同时它也拥有强大的文本操作功能。SAS 可完成对文本型变量和字符串的复制、匹配、查找等操作。并且，SAS 一般通过变量名对数据进行匹配和针对性操作。SAS 以变量为单位的操作，不同于 MATLAB 以矩阵或向量为对象的操作，它更加方便快捷，代码可读性更强。

5. 绘图功能强大

SAS 有强大的绘图功能，由 SAS/GRAPH 模块实现。图形的制作也是由编程语言完成的，因此能够满足多样化的定制绘图需求。

6. 对接功能友好

SAS 与业界流行的大型数据库软件（如 Oracle）、其他数据分析软件（如 STATA、SPSS）和微软办公软件（如 Access、Excel）等的对接都非常好，能够轻松地实现与其他软件文件的相互转化，方便快捷地实现数据的输入和输出。

9.1.3 SAS 的应用领域

如前所述，SAS 被广泛应用于数据处理与数据分析领域，尤其是在超大样本数据处理中具有巨大优势，是进行量化投资分析的不二选择。同时，其自带的统计分析函数和画图功能也能够为我们处理大量统计和画图工作。

利用 SAS 可以完成量化投资测试中的全部环节：从整理原始数据、因子构建、检验到回溯检验等，都能用 SAS 完成。

9.2 SAS 的基本操作

9.2.1 SAS 的工作界面

启动 SAS 之后，我们能够从操作界面中看到菜单栏、工具栏和功能窗口三部分。此处我们重点介绍 SAS 的功能窗口，以帮助我们了解运用 SAS 进行编程的相关操作和输出对象。SAS 的功能窗口分为资源管理器窗口、程序编辑器窗口、日志窗口、结果窗口和输出窗口。

SAS 的核心操作方式是程序驱动，用户在程序编辑器窗口中输入程序，分析结果以文本的形式在输出窗口中输出。

1. 资源管理器窗口

SAS 的资源管理器是访问数据、对 SAS 文件进行浏览的窗口。资源管理器中包含了主机文件、文件快捷方式、逻辑库和表。通过资源管理器窗口，我们可以执行基本的 SAS 任务，如创建新的逻辑库或文件快捷方式，打开或编辑 SAS 文件等。

SAS 的逻辑库分为临时库和永久库。如不特殊指定，所有生成的数据集都将储存在临时库中，并且只在 SAS 运行时才会存在，一旦退出 SAS，数据就会被完全删除。我们也可通过菜单操作和 LIBNAME 语句创建永久数据库，使其具有对应的物理位置，能够永久存储数据。

而数据集是逻辑库下存储数据的文件，也是我们进行操作的主要对象。

2. 程序编辑器窗口

SAS 的程序编辑器是我们进行程序编写和提交的窗口。程序编辑器分为普通型编辑器和增强型编辑器。相对于普通型编辑器，增强型编辑器更加方便快捷，可读性更强。编辑完程序之后，可通过单击工具条中的"运行"按钮来运行程序。

3. 日志窗口

日志窗口用于输出程序运行的反馈信息。我们可以通过日志窗口查看提交的程序语句、系统消息、报错信息、程序运行的速度和时间。SAS 日志是非常重要的工具，在使用 SAS 进行操作时，我们应该养成运行完程序后先观察日志的反馈信息的习惯。这能够帮助我们迅速快捷地得到程序运行的信息，了解每一步过程数据集、变量和观测的变化及所用的时间等，并且根据报错信息对程序进行修改。

4. 结果窗口和输出窗口

结果窗口能够帮助我们浏览和管理程序的输出结果。SAS 默认的结果窗口视图为树视图，即以每个过程语句为单位，按照运行的先后顺序对结果进行排列，以树状结构呈现。比如，我们对某一变量进行了统计分析，可从结果窗口找到对应的语句运行结果，点击进入查看数据的统计分析结果。

输出窗口与结果窗口紧密相连，有多个输出结果时，最后的输出在输出窗口呈现，而所有输出结果都可通过结果窗口查看。同时，我们可以通过程序来控制是否对操作结果进行输出。

9.2.2 输入数据

SAS 可从物理地址中直接读入已存在的 SAS 数据文件或能够对接的其他格式文件。如果硬盘中已经存在 SAS 格式的数据集，我们可以直接从其物理地址中读入数据。

示例 9.1 直接读取 SAS 格式数据

data stock;

set "C:\data\stock";

run;

data 步表示创建一个名为"stock"的数据集，默认存放在临时库"work"中，其数据来源为"C:\data\"路径下的"stock"文件。

而从数据库中直接下载下来的数据通常为.csv 或者.xls 格式，我们需要将其转化成 SAS 数据集，才能够对其进行操作。可以使用 import 语句导入外部数据文件，在导入时，需要注意的是，如果你有 Excel 2007 或以上的版本，在不损失数据量的前提下，可先把.xls 格式转化成更高版本的.xlsx 格式，以使数据输入更加稳定。示例 9.2 和示例 9.3 分别使用 import 语句显示了如何导入 Excel 文件。

示例 9.2 使用 import 语句导入.xlsx 格式文件

proc import
  datafile="C:\data\try.xlsx"
  dbms=xlsx
  out=work.try replace;
run;

以示例 9.2 为例，proc 步表示从"C:\data\"路径下的"try.xlsx"文件导入数据，放在"work"（可省略）下的"try"数据集里。

示例 9.3 使用 import 语句导入.xls 格式文件

proc import out= work.try
  datafile= "C:\data\try.xls"
  dbms=xls replace;
run;

在进行数据导入之前，我们首先需要观察数据，注意不同变量的格式。SAS 默认用数据的第一行，决定变量的格式。如果数据的第一行是变量名，那么 SAS 在变量名读取的基础上，会从第二行开始读取数据。

示例 9.4 变量名的读取

proc import out= work.try
  datafile= "c:\data\try.csv"
  dbms=csv replace;
  getnames=yes;
  datarow=**2**;
run;

示例 9.4 中的 getnames 表示从第一行读取变量名称，datarow 表示从第二行（包括变量名行）开始读入数据。

9.2.3 数据输出

SAS 数据的输出同样可以分为输出成 SAS 格式或者其他文件格式。SAS 默认把所有数据集放在临时库"work"下，如果我们需要永久地把数据储存在硬盘里，则需要通过数据输出把数据集放到指定的目录下。示例 9.5 显示了如何直接输出 SAS 格式的数据。

示例 9.5 直接输出 SAS 格式的数据

  data "C:\data\try";

  set try;

  run;

示例 9.5 表示将临时库下的"try"数据集存入"C:\data\"路径下,并命名为"try"的 SAS 数据文件。

我们也可使用 export 语句将 SAS 数据集输出成其他文件格式,如 Excel 和 STATA 能够识别的数据文件格式。export 语句的格式与 import 类似,互为对比。示例 9.6 和示例 9.7 显示了如何使用 export 语句输出其他格式文件。

示例 9.6 使用 export 语句输出 .xls 格式文件

  proc export data= work.try

      outfile= "C:\data\try.xls"

      dbms=EXCEL5 replace;

  run;

示例 9.7 使用 export 语句输出 .dta 格式文件

  proc export data= work.try

      outfile= "C:\data\try.dta"

      dbms=STATA replace;

  run;

9.2.4 文本和数字格式的转化

在进行数据输入的过程中,有时候数字可能会被当成文本输入,因为文本不能用于进行数学运算,所以我们首先需要将其转化成数字格式,其中最简单的方式就是将其乘以 1,如示例 9.8 所示。对数据集进行查看时,数字变量和文本变量最明显的区别是文本变量显示的时候是左对齐,而数字变量是右对齐。

示例 9.8 文本格式转化成数字

  data stock;

  set "C:\data\stock";

  ret_use=ret***1**;

  run;

在这个例子中，ret 是收益率，却被 SAS 认作是文本变量，在显示时是左对齐。为了将其转化为数字，我们将 ret 乘以 1 就可以了。

9.2.5 日期函数

SAS 的日期和时间是以 1960 年 1 月 1 日为起点，以相应的时间间隔计时的。SAS 中含有许多内嵌的日期函数，利用它们进行日期数据的处理，可以帮助我们从日期变量中得到很多有价值的信息。

首先，我们可以从日期数据中获得对应的年、季度、月、周、日，方便我们对每一时间频度的数据进行操作。示例 9.9 显示了如何提取对应的时间频度。

示例 9.9　获取不同时间频度

data stock;

set stock;

year=year(date); quarter=qtr(date); month=month(date);

week=week(date); day=day(date);

run;

除此之外，在进行金融数据处理时，还有一类函数应用非常广泛，那就是用于计算时间间隔的 INTCK 函数和用于给定间隔推算相应时间日期的 INTNX 函数。示例 9.10 显示了如何运用这两个函数进行时间间隔的获取和转化。

示例 9.10　intnx 函数和 intck 函数

data stock;

set stock;

date_ten_day=intnx('day', date, **10**);

interval_from_Mar=intck('day', date, **'1Mar2013'd**);

run;

其中，intnx('interval',start-from,increment)函数中，'interval'表示时间间隔的类型，如 semiyear（半年）、qtr（一季度）、week（周）、day（日）或 hour（小时）等；start-from 表示开始的日期或时间；increment 表示增加的时间间隔数量。

如 intnx('week', '1Jan2022'd, 6)表示以 2022 年 1 月 1 日为开始日期，经过 6 周的时间间隔，所能够得到的时间，其结果为"6Feb2022"，即 2022 年 2 月 6 日。通过这种方法，我们能够大批量地对日期数据进行推算。

而 intck('interval',start-date,end-date)函数则是指以'interval'为时间间隔类型，计算 start-date（开始日期）和 end-date（结束日期）之间的时间间隔个数。

如 intck('month','31Jan1991'd,'28Feb1991'd)表示计算从 1991 年 1 月 31 日到 1991 年 2 月 28 日之间相隔的月份数，结果输出为 1，表明后者减去前者得到的月份数为 1。

SAS 中还有不同的日期格式，我们可以使用 format 语句对数据格式进行规定。示例 9.11 显示了如何把变量"date_ten_day"的格式规定成"date9."，"date9."格式显示方式为"01Jan2000"。

示例 9.11　日期格式的规定

　　data stock;

　　set stock;

　　format　date_ten_day date9.;

　　run;

9.2.6　sort 语句

sort 处理步的作用是帮助我们对数据集中的观察值重新进行升序（默认）或降序的排列，这对于我们进行时间序列数据的处理非常有用。示例 9.12 显示了 sort 语句的应用。

示例 9.12　proc sort 语句

　　proc sort data=stock;

　　by date;

　　run;

这样操作后，stock 里的数据观察值将按日期升序排列。此外，我们还可以使用"nodupkey"这一选项去除重复的数据，如示例 9.13 中，经过"nodupkey"处理，数据集中每一个日期只剩下唯一一个观测，也就是排列最靠前的观测。

示例 9.13　nodupkey 的应用

　　data stock_try;

　　set stock;

　　proc sort data=stock_try nodupkey;

　　by date;

　　run;

sort 语句的使用必须结合 by 语句，表示用于排序的变量。有时候我们需要按多个变量依次进行排序，就可以在 by 语句后加上多个变量。比如，先按照日期对股票进行排序，然后对每个日期里的收益率进行排序，得到最大的收益。示例 9.14 即显示了如何按两个变量（股票代码"stkcd"和日期"date")进行多重排序。示例 9.15 显示了按变量进行倒序的排列。

示例 9.14 按多变量排序

```
proc sort data=stock nodupkey;
by stkcd date;
run;
```

示例 9.15 倒序

```
proc sort data=stock;
by descending date;
run;
```

在示例 9.15 中,我们在 date 前面加个 descending,就能够将 stock 数据集里的观察值按日期的倒序进行排序。

9.2.7 滞后函数 lag

我们在进行金融数据处理时,常常会用到过去或者未来的收益,通过滞后函数 lag,配合 sort 处理步排序,可以帮助我们轻松地找到前几期或者后几期的变量值。lag 函数的作用是寻找上一条观测的对应数据。示例 9.16 则显示了如何找到每个股票过去一周的时间和收益率。

示例 9.16 滞后函数 lag

```
proc sort data=stock;
by code date;
data stock;
set stock;
by code date;
price_lag=lag(price_close);
date_lag=lag(date_lag);
if first.code then do;
price_lag=.;
date_lag=.;
end;
run;
```

示例 9.16 中，首先用 sort 语句按照升序对每只股票每周的日期进行排序，然后通过 lag 函数得到上一条观测的日期和收益率，即这只股票上周的日期和收益率。

由于每只股票在样本里的第一周没有前一周收益，需要对其进行缺失值调整。SAS 系统对每个 by 组创建了两个自动变量 first.variable 和 last.variable，用来标识每个 variale 的第一个和最后一个观测值。通过 first.code 变量我们能够很轻松地找到每只股票代码（code）第一周的观测值，并对其滞后日期和收益率赋予缺失值。

9.2.8 means 语句

means 语句的作用是计算不同变量的描述性统计，如均值、标准差、求和、观察值数量、最大值、最小值和分位数等，可在输出窗口输出。示例 9.17 展示了最基本的 means 语句。

示例 9.17 means 语句

```
proc means data=stock;
var ret_use;
run;
```

这个语句运行后，SAS 会在结果输出窗口给出 ret_use 这个变量的均值、标准差、观察值数量等基本信息。

我们也可以结合 by 语句对变量进行分组统计。示例 9.18 通过 by 语句对每个月份组内的股票收益率进行了统计分析。

示例 9.18 对变量进行分组统计分析

```
data stock;
set stock;
month=month(date);
proc sort data=stock;
by month;
proc means data=stock;
var ret_use;
by month;
run;
```

在上述语句中，为了让 SAS 按月份统计，我们首先需要建立 month 这个变量，然后利用 sort 语句将 stock 数据集里的观察值按 month 来排序。在 means 语句中，我们加入一行"by month;"，就能得出按月统计的结果。上述 means 语句的结果不仅能在结果窗口或输出窗口显示，此外，我们也可使用 output 选项将所需要的结果输出在指定数据集中便于后续操作，示例 9.19 显示了这个操作。

示例 9.19 **means** 语句结果的输出

```
proc means data=stock noprint;
var ret_use;
output out=results
mean=mean_ret std=std_ret
max=max_ret min=min_ret;
by month;
run;
```

在上述语句中，output out=results 是告诉 SAS 将统计结果输出到 results 这个数据集中。之后两行的代码，是告诉 SAS 统计 ret_use 的均值、标准差、最大值、最小值，并用 mean_ret，std_ret，max_ret，min_ret 来命名。这一句比较长，从 output 开始，到 min_ret 结束再加上分号，中间不加分号。

9.2.9 merge 语句

merge 语句用于对两个或者多个数据集的观测进行合并。合并的效果是将合并数据集中的变量添加到基础数据集里，使得基础数据集里的变量增加。

我们可以通过 by 语句指定两个数据集共有的识别变量，根据这个变量对基础数据集和合并数据集进行合并。其中，合并数据集的观测值必须是能够被共有识别变量唯一识别的，没有重复，可以先使用含有 nodupkey 选项的 sort 语句对数据集进行排序，以保证观测值的唯一性。在排序之前，基础数据集同样需要根据合并变量进行排序。示例 9.20 显示了 merge 语句的使用方法。

示例 9.20 **merge** 语句

```
data comp_name;
set "C:\data\comp_name";
proc sort data=stock;
by stkcd;
proc sort data=comp_name nodupkey;
by stkcd;
run;
```

```
data stock;
merge stock(in=a) comp_name;
by stkcd;
if a;
run;
```

这个例子是将公司的名字从 comp_name 数据集中，添加到 stock 数据集里。因为变量来自 comp_name，原有数据集是 stock，所以 comp_name 是合并数据集，stock 是基础数据集。这两个数据集的共同识别变量是公司的证券代码 stkcd。因为一家公司只能有一个名字，所以我们要求 comp_name 中每个 stkcd 只对应一个公司名，不能有重复。从示例 9.20 中我们可以看到，首先对两个数据集根据 stkcd 进行排序，去除 comp_name 中的重复观测，然后使用 merge 语句进行合并。值得注意的是，merge 使用了（in=a）语句来保证合并的结果只保留 stock 数据集里有的观测值，如果 comp_name 中存在 stock 中没有的观测值，则不会被保留。

9.2.10 append 语句

append 语句的作用是把一个数据集添加到另一个数据集后面。如果说 merge 语句是横向的合并，用于增加数据集的变量，那么 append 语句则是纵向的合并，用于增加观察值的数量。

此外，注意 append 语句不能添加格式不一致的变量，即使变量名称相同也不能添加。比如，基础数据集的变量是文本型的，但是添加数据集对应的变量是数字格式，则变量不会被识别附加上去。所以在添加数据集之前，我们需要对数据格式进行检查。示例 9.21 显示了 append 语句的应用。

示例 9.21 append 语句

```
data stock_317;
set "C:\data\stock_317";
proc append base=stock data=stock_317 force;
quit;
run;
```

在这个例子中，我们要将 stock_317 的观察值加到 stock 里面。stock 是基础数据集，放在 base 里，stock_317 是添加上去的数据集对象，放在 data 里。append 语句以基础数据集的变量为基础，如果两个数据集同一个变量的格式长度不一致，那么默认情形下，append 语句将不会被执行。但是我们可以使用 force 选项来进行强制添加，解决变量长度不一致的问题。如果变量 A 在 stock 里，但不在 stock_317 里，变量 A 会被保留，但对应 stock_317 那部分的观察值里，变量 A 会是空值。反过来，如果变量 A 在 stock_317 里，但不在 stock 里，那么变量 A 不会被保留。append 语句使用 quit 语句来结束过程。

9.2.11 rank 语句

rank 语句的作用是对变量值进行排序，返回变量值所属的排列序号。我们可以对变量进行全排序，获得其在所有观测值中所处的相对位置，也可以对排序结果进行分组，如分成 3、5、10、100 组等，返回观测值所属的组别序号。rank 语句的排列序号从 0 开始。示例 9.22 显示了 rank 语句的用法。

示例 9.22　rank 语句

  proc rank data=stock out=stock groups=**10**;

  var ret_use;

  ranks rank_ret;

  run;

在示例 9.22 中，我们对变量 ret_use 进行了排序，其排序号记录在变量 rank_ret 中。rank_ret 变量为从 0 到 9 的数字，分别对应由低到高的 10 组观察值。

同时，我们也可以通过 by 语句对变量进行分组排序，如在每个交易日内对所有收益率进行排序，如示例 9.23 所示。

示例 9.23　分组排序

  proc sort data=stock;

  by date;

  proc rank data=stock out=stock groups=**10**;

  var ret_use;

  ranks rank_ret_date;

  by date;

  run;

在示例 9.23 中，我们先对 stock 数据集按 date 排序，然后在 rank 语句中加上 by date 就能够实现按交易日对收益率由低到高分成 10 组。

示例 9.24　倒序

  proc rank data=stock out=stock groups=**10** descending;

  var ret_use;

ranks rank_ret;

run;

在 groups=10 后面空格，加上 descending 之后，ret_use 从最高到最低分成 10 组，最高的那组分数为 0，最低的那组分数为 9。

总结

SAS 是一个功能强大的数据分析软件，它能提供丰富的处理数据的函数。SAS 编程并不复杂，而且非常严谨，为高质量的数据处理提供了保障。此外，SAS 的宏允许我们进行程序的循环调用，也极大提升了程序编写的简洁性。

第 10 章 SAS 在量化投资中的应用[①]

本章利用几个具体的案例介绍 SAS 在量化投资中的应用。

10.1 7 个应用案例

案例 10-1：在一个包含股票周度收益率的数据集 weekly_ret 中，变量 date 是一个数值型变量，如 2012 年 12 月 31 日是以数字 20121231 存储在观测中。怎样把变量 date 转化成 SAS 中的日期格式，是我们在导入 SAS 数据时经常会遇到的问题。虽然是日期，但 SAS 会将 20121231 当作一个 2012 万+的数字。我们需要告诉 SAS，从这个数值型变量中分别提取年、月、日，再整合到一起得到日期。

```
data weekly_ret;
set weekly_ret;
date_use=put(date,8.);
year=substr(date,1,4);
month=substr(date,5,2);
day=substr(date,7,2);
year_use=year*1;
month_use=month*1;
day_use=day*1;
date_use=MDY(month_use,day_use,year_use);
format date_use date9.
drop year month day year_use month_use day_use;
run;
```

以上就是相应的代码。为了获得年、月、日，我们首先用 put 函数将 date 从数值型变量转变为字符型变量。然后，我们用 substr 函数提取字符。比如，为了提取年，我们从第一个字符开始提取，提取四位，就把年提取出来了；为了提取月，我们从第五个字符开始提取，提取两位就把月提取出来了；为了提取日，我们从第七个字符开始提取，提取两位，就把日提取出来了。提取出来的年、月、日作为字符，先放在 year、month、day 里面，然后再乘

[①] 本章使用的 SAS 代码和数据集，请扫二维码获得。

以 1 将其转化为数字，再利用 mdy 函数将其整合为日期，最后利用 format 将其格式定为 31Dec2012 的形式。

案例 10-2：每个月（1 月、2 月……12 月）到底哪个行业的股票表现得更好？为了解决这个问题，你需要得到每个月每个行业的股票收益率情况。假设现在你有一个包含月度股票收益率的数据集 monthly_ret，包含变量：行业代码 indus_code、月份 month、年份 year、公司代码 firm_code 和收益率 ret。请利用 SAS 编程得到每个月每个行业股票收益率的均值、标准差、中位数以及 5%、25%、75% 和 95% 分位数的值，同时把数据输出到数据集 return_month_industry。

这个问题与投资中的行业轮动有关。我们想了解，在不同的月份，哪些行业的股票收益表现会比较好。比如，夏季家用电器的消费是比较旺盛的，所以在 7~8 月份，家电行业的股票收益可能比较高。为了研究这个问题，我们要做的，其实是一个简单的按月度、行业进行的收益率的统计。

```
proc sort data=monthly_ret;
by month indus_code;
proc means data=monthly_ret noprint;
var ret;
output out=return_month_industry
mean=m median=md std=sd N=n Min=minimum Max=maximum
p5=p_5 p25=p_25 p50=p_50 p75=p_75 p95=p_95;
by month indus_code;
run;
```

以上是相应的代码。首先，用 sort 语句将 monthly_ret 按照月度和行业去排序，然后利用 means 语句。在这里，我们利用 output out=return_month_industry 告诉 SAS 我们要把统计的结果输出到 return_month_industry 这个数据集。p5=p_5，是告诉 SAS 将 5 分位数输出，并命名为 p_5，其他类似。

案例 10-3：市盈率（PE）是一个重要的预测回报的指标。在股票市场上，我们常常能够发现，一些市盈率较高的股票通常会比市盈率低的股票表现出更高的回报。假设你现在从数据库下载了两个不同的数据集：一个包含周度股价和收益率的数据集 weekly_ret 和一个包含年度财务利润的数据集 earning。编程合并两个数据集以计算市盈率，注意只需编写合并数据集的代码，而不需要编写后续计算市盈率的代码。weekly_ret 数据集中包含变量：年份 year、日期 date、价格 price、总股数 total_shares 和公司代码 firm_code。earning 数据集包含变量：年份 year、总利润 total_earning 和公司代码 firm_code。

这个案例是我们在量化投资中必会遇见的。我们的数据有两类：财务数据和金融市场数据。将这两类数据合并是量化投资中必不可少的步骤。

```
proc sort data=weekly_ret;
by firm_code year;
proc sort data=earning nodupkey;
by firm_code year;
data weekly_ret;
merge weely_ret (in=a) earning;
by firm_code year ;
if a;
run;
```

在这两类数据中,共同的变量为公司代码和年份。上述代码就是将这两类数据按 firm_code 和 year 来进行合并。这里特别要强调的是在对 earning 进行 sort 时加了 nodupkey,这是为了确保财务数据能够用公司代码和年份进行一一对应。

案例 10-4:运用案例 10-3 中的 weekly_ret 数据集,编程得到每只股票的下周收益率变量 ret_next_week。

这个案例也是在量化投资中经常遇到的。选出股票之后,就要计算股票未来一周的收益率,从而查看选股的效果。

```
proc sort data=weekly_ret;
by firm_code descending date;
run;
data weekly_ret;
set weekly_ret;
by firm_code descending date;
ret_next_week=lag(ret);
if first.firm_code then ret_next_week=.;
run;
```

为了获得未来收益率,我们要利用 lag 函数。在用 lag 函数之前,要用 sort 语句将 weekly_ret 按日期倒序,这样对于每只股票,日期从上到下,由距离现在较近依次排到距离现在较远。SAS 在取 lag 函数时,默认是取该观察值上面一个观察值,因此就取到了未来的收益。

案例 10-5:运用案例 10-3 中的 weekly_ret 数据集,根据 2012 年 12 月最后一周的总市值数据,挑选出市值最大的 20 只股票。

这个案例,也是在量化投资中常遇到的,即取一定时间下某指标最大或最小的规定数量的股票。

```
data stock_val;
set weekly_ret;
if INTCK('DAY ',date,'28Dec2012'd)=0;
mkt_val=price*total_shares;
keep firm_code mkt_val;
proc sort data=stock_val;
by descending mkt_val;
run;
data stock_selected;
set stock_val;
by descending mkt_val;
n+1;
if n<=20;
keep firm_code;
run;
```

上述代码的思路是：首先，提取出 2012 年 12 月 28 日这一天的股票数据；其次按市值倒序，这样市值大的股票就排在前面。然后再利用 n 这个变量。$n+1$ 这一行代码的效果，是产生一个变量 n，从第一行的 1 逐步加 1。因此，当只取 $n<=20$ 的股票时，就选取了市值最大的 20 只股票。

案例 10-6：将一个日度股票交易数据 stock_daily，只保留每周最后一个交易日的数据，从而将其转化为周度数据。

这个案例是经常会遇到的。我们下载的原始数据通常是日度数据。为了计算周度收益，我们需要将每周最后一个交易日的数据提取出来。具体代码如下：

```
proc sort data=stock_daily;
by firm_code year week descending date;
data stock_week;
set stock_daily;
proc sort data=stock_week nodupkey;
by firm_code year week;
run;
```

在上述代码中，我们用了两步 sort。在第一步 sort 中，我们按公司代码、年、周和日期排序。其中，我们将日期倒序。这样就将每周内数值最大的日期，也就是当周最后一个交易日排在最前面。在第二步 sort 中，我们按公司代码、年、周来排序，利用 nodupkey，每个公司、每年、每周只保留当周第一个观察值，也就是当周最后一个交易日的观察值。

案例 10-7：假设现在有这样一种投资策略：如果一只股票的财务利润由负转正，则从盈利宣布之日起持有它三天，即从 t 期持有至 $t+2$ 期。为了检验它的投资表现，首先你需要得到每只股票自盈利宣布之日起三天的收益率。假设现在有两个数据集：一个数据集 earning_announce，包含变量盈利宣布日期 date_announce 和公司代码 firm_code；另一个数据集 daily_ret，包含日期 date、日收益率 ret 和公司代码 firm_code。其中，日收益率 ret 已经过除权除息调整。编程合并两个数据集并得到盈利宣布之日起三天的日收益率。

这个案例，要求从 daily_ret 这个数据集中提取每个 date_announce 起三天的股票收益。我们利用这个案例，介绍一个新的命令：sql。

```
proc sql;
create table ret_data
from earning as a , daily_ret as b
as select *
where a.firm_code =b.firm_code and
intck('day',a.date_announce,b.date)<=2 and
intck('day',a.date_announce,b.date)>=0;
quit;
```

sql 是 SAS 里面非常强大的函数，可以用来计算变量统计、合并数据集等。我们这里介绍的是如何利用 sql 进行条件合并。第二行，create table ret_data，告诉 SAS 要建一个新的数据集，叫 ret_data。第三行，from earning as a , daily_ret as b，告诉 SAS，ret_data 是由 earning 和 daily_ret 这两个数据集而来，并把 earning 简称 a，把 daily_ret 简称 b。第四行，as select * 是指将 earning 和 daily_ret 的所有变量都放进 ret_data。第五行，用 where 语句进行条件合并。a.firm_code=b.firm_code 是指两个数据集中的公司代码要对上。第六行，intck('day',a.date_announce,b.date)<=2 是要求 daily_ret 里的日期比 earnings 里的 date_announce 要晚不多于两天。第七行，intck('day',a.date_announce,b.date)>=0 是要求 daily_ret 里的日期一定要在 earnings 里的 date_announce 当天或之后。这样就把 date_announce 起三天的收益数据提取出来了。

10.2 行业动量效应

行业动量效应是指行业平均收益率有延续原来运动方向的趋势，过去一段时间收益率较高的行业，未来表现通常也会比较好。行业动量效应可以指导我们进行行业轮换，买入过去表现较好的行业股票，持有一段时间，然后不断重复更替行业选择。关于行业动量效应，最重要的文献是马克维茨（Moskowitz）和格林布拉特（Grinblatt）两位学者于 1999 年发表的。他们利用 1963 年 6 月至 1995 年 6 月的美国股市数据，发现行业动量是动量效应的主要来源。

具体来说，使用 SAS 对行业动量效应进行检验可分为以下六步，分别为：

① 获取周度股票收益率数据；
② 获取行业分类数据；
③ 获取每周行业平均收益率；
④ 对行业每周平均收益率进行排序；
⑤ 选取收益率最高的行业；
⑥ 对行业未来收益率进行统计分析。

接下来，我们分别详细阐述每一步的步骤。

第一步：获取周度股票收益率数据。

① 从 Excel 文件中导入每只股票周度收益率数据。

```
proc import
    datafile="C:\data\trading_all_weekly_back_2013.xlsx"
    dbms=xlsx
    out=work.stock
    replace;
run;
```

② 剔除停牌（即股票交易量为 0）的观测。

```
data stock;
set stock;
if trd_vol_shr>0;
run;
```

③ 将数字格式的日期转化成日期格式。

```
data stock;
set stock;
year=int(date/10000);
month=int((date-year*10000)/100);
day=date-year*10000-month*100;
date_new=MDY(month, day, year);
drop date;
run;
```

这里，我们用的是另一种将数字转化为日期的方式。比如 20121231，为了获得年，我们将该数字除以 10000，取整，就得到 2012。将 20121231-2012×10000 得到 1231，我们将其除以 100，再取整，就得到 12。再进一步得到日的数值。

```
data stock;
set stock;
date=date_new;
format date date9.;
```

run;

第二步：获取行业分类数据。
① 从 Excel 文件中导入行业分类数据。
    proc import
        datafile="C:\data\stock_infor.xlsx"
        dbms=xlsx
        out=work.infor
        replace;
    run;

② 合并行业分类数据集和股票收益率数据集，并进行变量整理。
    proc sort data=stock;
    by code;
    proc sort data=infor;
    by code;
    data stock;
    merge stock(in=a) infor(in=b);
    by code;
    if a & b;
    run;

    data stock_ret;
    set stock;
    year=year(date);
    week=week(date);
    keep code year week ret indus_sw_3;
    run;

这里我们采用的是申万三级行业分类即 indws_sw_3。

第三步：获取每周行业平均收益率。
① 计算每周每个行业的平均收益率。
    proc sort data=stock_ret;
    by indus_sw_3 year week;
    proc means data=stock_ret noprint;
    var ret;
    output out=indus_ret

```
    mean=ret_indus;
    by indus_sw_3 year week;
    run;
```
② 获取每个行业下周的平均收益率。
```
    proc sort data=indus_ret;
    by indus_sw_3 descending year descending week ;
    run;
    data indus_ret;
    set indus_ret;
    by indus_sw_3 descending year descending week;
    ret_indus_fut=lag(ret_indus);
    if first.indus_sw_3 then ret_indus_fut=.;
    run;
```

第四步：对行业每周平均收益率进行排序。
① 统计行业的个数以决定最佳的分组数。
```
    data num_indus;
    set indus_ret;
    proc sort data=num_indus nodupkey;
    by indus_sw_3;
    run;
```
② 对每周的行业平均收益率进行排序分组。
```
    proc sort data=indus_ret;
    by year week;
    proc rank data=indus_ret out=indus_ret groups=100;
    var ret_indus;
    ranks rank_ret_indus;
    by year week;
    run;
```

第五步：选取收益率最高的行业。
```
    data indus_selected;
    set indus_ret;
    if rank_ret_indus>=95;
```

在这里，我们利用 rank_ret_indus>=95，选择过去一周收益率排名在前 5%的行业。

第六步：对行业未来收益率进行统计分析。

对其未来收益率进行假设检验（T 检验）。

```
proc ttest data=indus_selected;
var ret_indus_fut;
run;
```

得到的 T 值，只有 –0.43，说明收益并不显著，即行业动量在中国的 A 股市场效果并不好。图 10-1 反映了行业动量策略的累计收益情况。

从图 10-1 中可以看出，行业动量在样本内随着市场的下跌也出现了下跌，几乎没有超额收益。

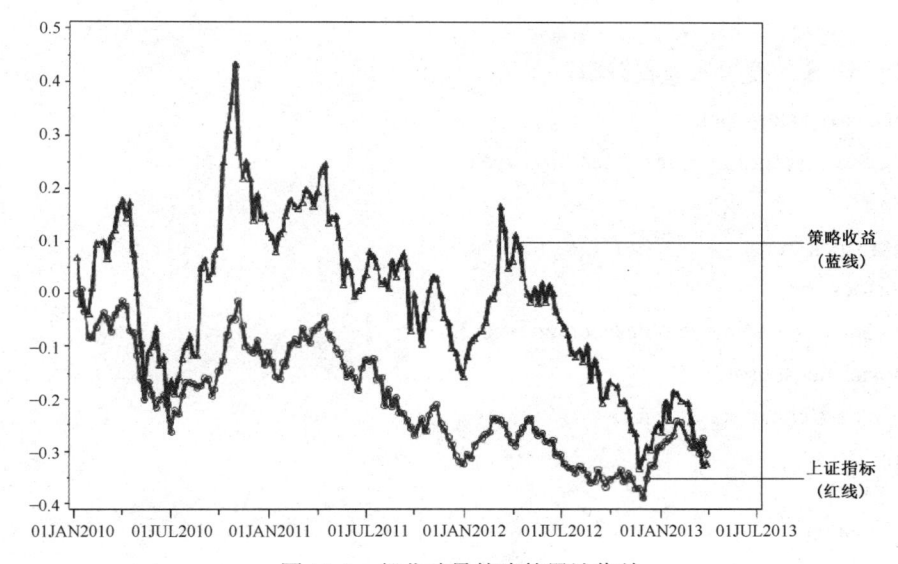

图 10-1　行业动量策略的累计收益

那么，我们能否想到一些改进的办法呢？一个改进的思路是，如果一个行业过去一周收益不错，但其中有些股票并没有涨，那么这些股票在接下来的一周就有可能补涨。按照这个思路，我们将行业的收益率排名合并到个股的数据集中，并计算个股在行业中的排名，同时利用这两个指标来选股，具体步骤如下。

第一步，将行业的收益率排名合并到个股数据集。

```
proc sort data=indus_ret nodupkey;
by indus_sw_3 date;
proc sort data=stock_ret;
 indus_sw_3 date;
data stock_ret;
merge stock_ret indus_ret;
by indus_sw_3 date;
run;
```

第二步，在每个行业内部，将个股按收益率进行排名。

```
proc sort data=stock_ret;
by indus_sw_3 year week;
proc rank data=stock_ret out=stock_ret groups=100;
var ret;
ranks rank_ret_stk;
by indus_sw_3 year week;
run;
```

第三步，计算个股的未来收益率。

```
proc sort data=stock_ret;
by code descending year descending week;
run;
data stock_ret;
set stock_ret;
by code descending year descending week;
ret_stk_fut=lag(ret);
if first.code then ret_stk_fut=.;
run;
```

第四步，选股。

```
data indus_stk_selected;
set stock_ret;
if rank_ret_indus>=50 &  rank_ret_stk<=50;
```

在这里，我们选择的是过去一周里收益率最高的50%的行业里收益最差的50%的股票。

第五步，T统计。

```
proc ttest data=indus_stk_selected;
var ret_stk_fut;
run;
```

我们进一步对选股的未来一周收益进行 T 检验，得到的周度收益率平均为 0.22%，年化收益率为 11%，且 T 统计量高达 11.88，说明选择过去高收益行业中低收益个股能够取得显著的收益。该统计样本为 2010 年 1 月至 2013 年 5 月，同期上证综指下跌 30%，本策略累计收益率为 40%，超额收益率达到了 70%。收益率如图 10-2 所示。

图 10-2　改进后的行业动量策略的累计收益

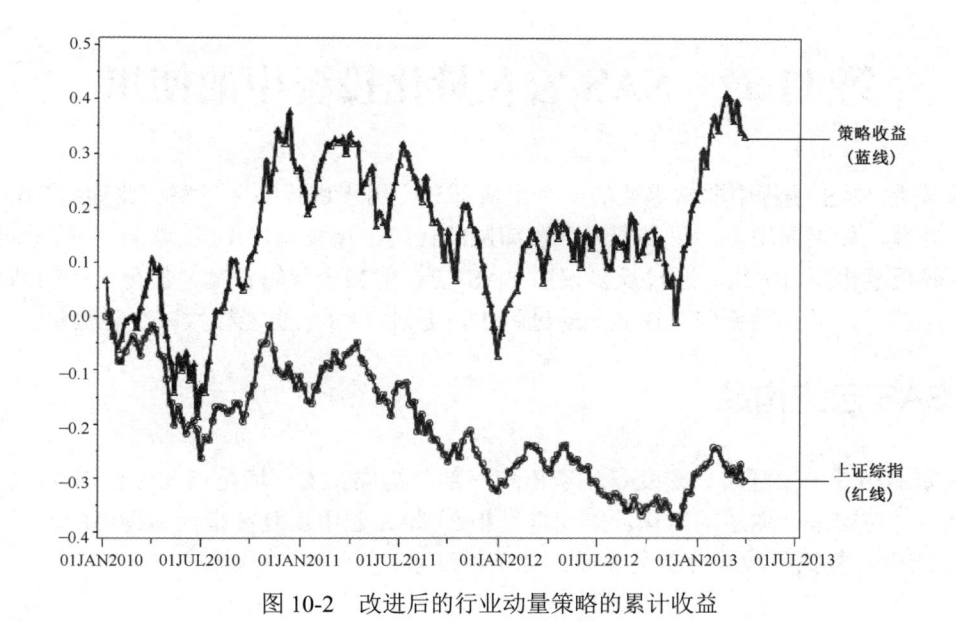

总结

  SAS 因其强大的数据处理能力和高效的数据读取方式，在医药、商业等领域的大数据分析中具有广泛且深入的应用。SAS 编程语句简单、严谨，是北美高校金融学博士生从事实证研究的必备技能。

第 11 章　SAS 宏在量化投资中的使用

SAS 宏是 SAS 编程中非常重要的一个组成部分，用于进行循环运算。比如对 10 个变量进行缩尾处理，如果调用宏，只需要写一段缩尾的代码，反复调用 10 次就能完成，而不需要同一段代码反复出现 10 次。通过反复调用 SAS 宏，能减少代码长度，使得代码的结构更加清楚，简洁明了，易读性更强。在 debug 过程中，通过 SAS 宏也能极大减少工作量。

11.1　SAS 宏的构成

SAS 宏的构成由宏环境、宏变量、宏语句三部分构成。宏环境是指在 SAS 中定义宏的开始和结束，并对宏进行调用的语句。宏变量是指在 SAS 宏中反复被指代和调用的变量，宏语句是 SAS 宏中反复执行数据分析的命令。如下例展示：

例 11-1：SAS 宏的构成
```
%macro stat; /*** 宏环境的开始 ***/
%let var=ret; /*** 定义宏变量 ***/
proc means data=return;
var &var;
run;
%mend; /*** 宏环境的结束 ***/
%stat; /*** 调用宏 ***/
```

在上面这个例子中，**%macro** 首先开启了一个 SAS 的宏环境，后面跟的 **stat**，是告诉 SAS 这个宏被命名为 stat。下一行的 %let var=ret; 是定义一个宏变量 var，用这个宏变量指代 ret 这三个字符。这意味着，在后续调用 var 这个宏变量时，它的含义等同于直接写 ret 这三个字符。在定义了宏变量后，接下来就可以调用这个宏变量，进行数据分析了。

在接下来的 proc means 这个用于计算描述性统计的语句中，有两点需要注意：第一，为了调用 var 这个宏变量，需要在其前面加上&这个符号。第二，var &var; 起到的作用等同于 var ret，因为 var 作为宏变量，通过之前的定义，指代的是 ret。因此，proc means 的这一步，在 var 是用于指代 ret 的情况下，实际上是在运行如下命令：

```
proc means data=return;
var ret;
run;
```
也即对 ret 这个变量进行描述性统计。

%mend;起到的作用是告诉 SAS，这个宏已经编写完成，这是 SAS 宏的结束。为了调用这个宏，需要单独写一行%*stat*;，选中这一行，并点击运行，就开始运行%stat 这个宏了。注意，宏环境的开始、结束和调用，都需要用到%。

11.2　SAS 宏变量的定义

SAS 宏变量的定义，既可以放在宏里面，也可以放在宏外面，还可以放在宏调用的时候。在上例中，宏变量的定义%let var=ret;是放在宏里面。在例 11-2 中，宏变量的定义是在宏外面。

例 11-2：在宏外面定义宏变量
  %let var=ret;
  %macro *stat*;
  proc means data=return;
  var &var;
  run;
  %mend;
  %*stat*;

定义宏变量的语句，既可以在宏开始**%macro** 语句之前，也可以在宏结束%mend 之后，调用宏%*stat*;之前。

宏变量的定义还可以放在调用宏的时候。

例 11-3：在调用宏时定义宏变量
  %macro *stat*(var);
  proc means data=return;
  var &var;
  run;
  %mend;
  %*stat(var=ret)*;

在例 11-3 中，宏变量的定义是通过%*stat(var=ret)*; 完成的。通过这一步，告诉 SAS，var 作为一个宏变量，指代的是 ret。为了配合在宏调用时定义宏变量，我们需要在写宏开始的语句时，加上一个括号，里面写上宏变量的名字。比如**%macro** *stat*(var);，这样就告诉 SAS，在%*stat* 这个宏里，有一个宏变量 var，是在宏调用的时候进行定义的。

在宏调用时进行定义宏变量，主要是为了方便更改宏里面进行数据分析的参数。比如

例 11-4：利用宏调用时定义宏变量的方法改变宏运行的参数
  %macro *stat*(type);

```
proc means data=return;
var ret;
output out=results_&type &type=ret;
run;
%mend;
%stat(type=mean);
%stat(type=std);
```

在例 11-4 中，通过 proc means，对 ret 这个变量进行描述性统计。当选中 %*stat(type=mean)* 时，type 指代的是 mean，所以实际跑的代码内容如下：

```
proc means data=return;
var ret;
output out=results_mean mean=ret;
run;
```

即计算 ret 的均值，并将结果输出至 results_mean 这个数据集。

如果选中的是 %*stat(type=std)*;，运行的实际代码内容如下：

```
proc means data=return;
var ret;
output out=results_std std=ret;
run;
```

即计算 ret 的标准差，并将结果输出至 results_std 这个数据集。因此，type 作为宏变量，起到的是改变 %stat 这个宏作用的效果。

11.3 在 SAS 宏中反复读取宏变量并运行宏

SAS 宏的核心作用是循环，这就需要用到对宏变量反复的读取、调用和 SAS 宏语句的反复运行。SAS 宏可以通过 %do-%end 语句来实现循环。

例 11-5：SAS 宏循环的实现

```
%let list=ret pb size;  /*** 定义宏变量 list，包含三个不同的字符串***/
%macro stat;
%do i=1 %to %sysfunc(count(&list));  /*** 利用%do 开始循环  ***/
%let var=%scan(&list,&i);   /*** 定义宏变量 var，指代 list 中第 i 个字符串***/
proc means data=stock;
var &var;
run;
%end; /*** 利用%end 结束循环的内容  ***/
```

%mend;
%*stat*;

在例 11-5 中，首先通过%let list=ret pb size;定义了一个宏变量 list，list 里面包含的三个字符串，分别对应三个不同的变量。

%do i=1 %to %sysfunc(count(&list));是指循环从 i=1 开始，到 i 达到 list 中字符串的长度为止。%sysfunc(count(&list))起到的作用是计算 list 这个宏变量里字符串的个数，在这个例子中，因为 list 中包含 3 个不同的字符串，因此%sysfunc(count(&list))=3。

%let var=%scan(&list,&i);是利用%scan 这个函数，将 list 中的第 i 个变量，读取进来，作为宏变量 var 的指代。比如，当 i=1 时，%scan 这个函数是将 list 中的第一个字符串，即 ret 读取出来，使得 var 指代 ret，并用于下一步 proc means 的运算。

因此，例 11-5 通过%do-%end 循环，实现了对 ret、pb、size 这三个不同变量的描述性统计。

在 SAS 宏环境中，%do 循环也可以在 data 步的里面。

例 11-6：%do 循环放在 data 步里面
%macro *rename*;
data stock;
set stock;
%do i=1 %to 5;
return_&i=portfolio_return_&i;
%end;
run;
%mend;
%*rename*;

在例 11-6 中，%do 循环是在 data 步的里面，用于生成 return_1 至 return_5 这 5 个不同的新变量，每个变量与 portfolio_return_1 至 portfolio_return_5 一一对应。

11.4 SAS 宏举例

接下来，我们用一个例子来说明 SAS 宏的应用：计算上证综指和中证 500 在 2021 年的周度收益率的最大、最小、均值和标准差，并输出到一张表格里。数据集为 return_index，包含三个变量：date、ret_index_sh、ret_index_500，分别指代日期、上证综指周度收益和中证 500 的周度收益。

例 11-7：利用 SAS 宏统计 2021 年中证 500 与上证综指周度收益
%let list=ret_index_500 ret_index_sh;

%macro *index_stat*;

```
proc datasets nolist lib=work;   delete results_all; run;quit;
%do i=1 %to 2;
%let var=%scan(&list,&i);
proc means data=return_index noprint;
var &var;
output out=results n=N mean=mean std=std max=max min=min;
where year(date)=2021;
data results;
set results;
length index $32.;
index="&var";
proc append data=results base=results_all force;
quit;
%end;
data results_all;
retain index;
set results_all;
drop _freq_ _type_;
run;
%mend;
%index_stat;
```

整体思路是每次取一个指数的周度收益率，计算描述性统计，再将结果 append 到一起。这段代码有几个值得注意的地方。

第一，proc datasets nolist lib=work;   delete results_all; run;quit;这一句代码是用来建立一个空数据集，用于之后储存描述性统计的结果。

第二，index="&var";这一句起到的作用，是在 proc means 产生的数据集 results 中，生成一个变量 index，并将宏变量 var 所指代的字符内容，放到 index 这个变量中。比如在第一次循环里，var 指代的是 ret_index_500，那 index 在第一行的内容，就是 ret_index_500 这个字符串。

第三，length index $32.; 是用于定义 index 这个变量的长度，设为 32 个字符。

第四，retain index;这一句，放在 set results_all;，起的作用是将 index 放到 results_all 数据集的第一个变量。

这段代码运行的结果如下：

index	N	mean	std	max	min
ret_index_500	52	0.301	2.139	4.572	-5.059
ret_index_sh	52	0.108	1.894	4.541	-5.062

总结

SAS 宏通过反复调用宏变量和循环运行同一 SAS 语句,大幅精简代码长度,提升代码可读性,SAS 宏提供多种宏变量定义方式,且在宏环境里设定循环的方式也比较灵活。SAS 宏是运用 SAS 开发量化投资策略所必须掌握的编程技能。

第 12 章 回溯检验

本章介绍如何利用回溯检验来测试因子的有效性和策略的收益风险特征。具体而言,我们会介绍两部分内容:一是利用 Fama-MacBeth 回归检验因子;二是利用组合分析的方法测试策略的效果。

12.1 Fama-MacBeth 回归

Fama-MacBeth 回归是实证资产定价中的经典检验方法。它是由 Fama 和 MacBeth 于 1973 年提出的,目前已被广泛应用于学界和业界。最初,该方法用于验证资本资产定价模型(Capital Asset Pricing Model, CAMP)的正确性,即 Beta 作为因子是否能够解释股票的超额收益。随后,其被推广至检验其他因子,如股票规模、账面市值比、过去收益率等,成为应用最广泛的检验因子有效性的实证方法之一。

通常,我们在选择基本面指标的时候,可以以 Fama-MacBeth 回归作为第一步,检验因子对未来收益率影响的显著性。如果结果是显著的,可在构建投资策略的时候考虑该指标;如果不显著,则表明该指标无法对未来收益率进行预测,一般不予考虑。

12.1.1 数据结构

Fama-MacBeth 回归使用面板数据(Panel Data),即具有时间和公司两个维度。表 12-1 展示的是一组关于收益率和 Beta 的面板数据。

表 12-1 收益率和 Beta 的面板数据

公司	年份	收益率	Beta
公司 1	2000	0.1	1.2
公司 1	2001	0.15	1.3
公司 1	2002	-0.3	2
公司 1	2003	0.4	0.8
⋮			
公司 2	2002	0.25	0.6
公司 2	2003	0.4	0.9
公司 2	2004	-0.2	1
公司 2	2005	0.1	1.6
⋮			
公司 N			

该面板数据汇总了 N 家公司 2000—2015 年间每年的收益率和 Beta 值,其中第一列(公司)代表的是截面维度,第二列(年份)代表的是时间维度。表中的每一行代表的是某一家

公司在某一年份的收益率和 Beta 值。如果每家公司在 2000—2015 年都有完整的 16 个收益率和 beta 的数据，那么这就是一个平衡面板数据；如果并不是每家公司都有16 个完整的数据，那么这就是一个非平衡面板数据。

12.1.2 步骤与模型

Fama-MacBeth 回归最重要的特性是它的预测性。也就是说，Fama-MacBeth 回归是一个预测性的回归，用于检验因子对未来收益的预测能力，即 $t-1$ 时刻的指标对 t 时刻收益率的预测能力。为进行这样的预测性检验，我们在每一个时期 t 都做如下的回归检验：

$$\text{Ret}_{i,t} = \lambda_t + \gamma_t \cdot X_{i,t-1} + \varepsilon_{i,t}$$

式中，$\text{Ret}_{i,t}$ 是第 i 只股票 t 时刻的收益率；$X_{i,t-1}$ 是第 i 只股票 $t-1$ 时刻的指标。

这里需要特别强调的是，在 Fama-MacBeth 回归当中，自变量不能利用未来的信息。进行 Fama-MacBeth 回归时，我们假设站在 $t-1$ 期的时点上，此时可得的数据只有当期及历史数据，即滞后项 $X_{i,t-1}$，这是我们在 $t-1$ 期做投资决策时唯一知道的信息集。

由于 Fama-MacBeth 回归是截面回归，我们在每一期 t 进行一次回归，得到一个对应的回归系数 $\hat{\gamma}_t$。假设数据一共是 T 期，如 T 月、T 周、T 年等。由于滞后项的存在，我们的截面回归是从 $t=2$ 开始的。完成最后一组（T 期）回归之后，我们能够得到 $t-1$ 个回归系数，即 $\{\hat{\gamma}_t\}, t = 2,3,\cdots,T$。

对于这一组回归系数，一般通过它的均值、t 检验结果和正负概率来判断这一系数是否显著不等于 0。

（1）均值。

$$\bar{\gamma} = \frac{1}{T-1} \sum_{t=2}^{T} \hat{\gamma}$$

对于均值，我们关心的是它的正负号。如果 $\bar{\gamma}$ 是正的，通常代表该因子与股票的未来收益率之间存在正相关关系；反之，如果是负的，则代表该因子与股票的未来收益率之间是负相关关系。

（2）T 检验结果。

$$t = \frac{\bar{\gamma}}{\sigma(\hat{\gamma})}$$

其中 $\sigma(\hat{\gamma}) = \sqrt{\frac{1}{(T-2)(T-1)} \sum_{t=2}^{T} (\hat{\gamma}_t - \bar{\gamma})^2}$ ，

该 t 值服从自由度为 $T-2$ 的 t 分布。通常，当 t 的绝对值≥2.5 时，我们认为该因子对股票收益率有显著预测能力。

（3）正负概率。

$$Pr_+ = \frac{T_+}{T-1}, \quad Pr_- = \frac{T_-}{T-1},$$

式中，$T_+ = \hat{\gamma}_t$ 为正的次数；$T_- = \hat{\gamma}_t$ 为负的次数。

正负概率衡量的是为正或者为负的系数所占的比例。正负比例是一个非常重要的衡量因子有效性的指标。由于均值没有考虑系数的分布，并且容易受到异常值的影响，往往并不能单从均值简单地判定系数总体的正负性。而正负比例作为均值的补充指标，可以帮助我们更加全面地了解因子对未来收益的影响。筛选因子的一个标准是 T 统计量和正负比例需要统一。比如，如果 T 统计量为正，我们还要求其系数为正的比例大于或等于 55%；对于 T 统计量为负的因子，我们要求其系数为负的比例不低于 55%。只有 T 统计量的方向和正负比例相一致的因子才通过了 Fama-MacBeth 检验，可以进入模型的备选因子库当中。

12.1.3 因变量：收益率

回归中的因变量指的是模型的被解释变量，在 Fama-MacBeth 回归中是未来收益率。

按照投资周期的不同，我们选择的收益率数据频率也不同。对应于周度、月度、季度、年度更新的投资策略，应当分别使用对应频率的收益率数据。由于财务数据披露的延迟性，年度收益率的计算往往不以当年年初为起点，通常第 t 年的收益率是指从第 t 年 7 月到第 $t+1$ 年 6 月之间的收益率。

12.1.4 自变量

在进行回归时，为规避极值对回归结果造成的偏误，我们需要对自变量进行缩尾处理。具体的操作是：对于每一期，计算出每一个变量在当期的 1 分位值和 99 分位值，并将小于 1 分位值的观察值用 1 分位值替代，将大于 99 分位值的观察值用 99 分位值替代。这是非常关键的处理步骤。如果不缩尾，回归得到的系数会被极端值扭曲。

此外，我们在回归时需要添加控制变量。在前述模型中，自变量只有滞后一阶的因子 $X_{i,t-1}$，因而我们所考察的也仅仅是该因子对未来收益率的预测能力。但是，我们并不能判断是该因子产生了未来超额收益，还是其他与该因子相关的关键变量具有预测能力。根据已有的实证文章，我们通常会在回归中加入一些已经经过实证检验，对未来收益有显著影响的控制变量。在控制了这些变量之后，再检验因子对未来收益的影响。如果检验结果仍旧是稳健的，那么我们就能对该因子的预测能力有一致的判断。加入控制变量后的回归模型如下：

$$\text{Ret}_{i,t} = \lambda_t + \gamma_t \cdot X_{i,t-1} + \psi \cdot \text{Controls} + \varepsilon_{i,t}$$

其中，Controls 代表的是 $t-1$ 时刻的控制变量，如市值（Size）、账面市值比（BE/ME）、过去收益率（Past Returns）等。

1. 市值

市值是一个非常重要的因子。国内外的研究表明，小市值的股票预期收益率会更高。市值的计算公式如下：

$$\text{市值}_{t-1} = \text{股价}_{t-1} \times \text{总股数}_{t-1}$$

式中，总股数指的是普通股股数。

在市值的衡量中，我们用的是总市值，不用流通市值。这是因为由于非流通股的存在，流通市值是个不同股票之间不可比的指标，而且会导致对股票市值规模估计失真。

2. 账面市值比

账面市值比（BE/ME）是公司净资产与市值的比，和市净率呈倒数关系。一般认为账面市值比越高，股票越存在被低估的可能性，未来收益也就越高。其计算公式如下：

$$账面市值比_{t-1} = \frac{净资产_{t-1}}{市值_{t-1}}$$

市值的计算在此不再赘述，此处我们主要关注的是账面价值的计算。账面价值的数据来源于财务报表。尽管市值数据每天都在更新，但财务报表的数据每年更新次数有限。因此，如何将财务数据与金融市场数据进行匹配，以确保我们不用到未来信息是非常重要的。

上市公司公布一季报的截止时间是 4 月 30 日，标准的数据库一般都能及时更新，因此从 5 月份开始，金融市场的数据就能够和当年一季报的数据匹配。半年报的截止日期是 8 月底，因此从 9 月份开始，就能够将二季报的财务数据与金融市场数据进行匹配。10 月底是三季报的发布截止日期，所以从 11 月份开始，金融市场数据就能够和三季报进行匹配。然而，年报的截止日期是来年的 4 月 30 日，所以来年的 1—4 月份，金融市场数据也只能和上一年的三季报进行匹配。这样的匹配原则充分体现了 Fama-MacBeth 回归里面的预测性要求：自变量绝对不能包含当时并不能获得的信息。表 12-2 将上述财务数据与金融市场数据进行匹配的规则进行了总结。

表 12-2　各时间段所使用的财务报表

所处时间	最新一期的财务报表
1～4 月	上一年的三季报
5～8 月	当年的一季报
9～10 月	当年的半年报
11～12 月	当年的三季报

3. 过去收益率

加入过去收益率是为了控制股价的动量效应（Momentum Effect）和反转效应（Reversal Effect）。收益率变量的频度可以是周度、月度，或年度，也可同时加入模型。

动量效应表示的是股价的一种惯性变动，指股票的收益率有延续原来的运动方向的趋势，即过去一段时间收益率较高的股票在未来获得的收益率仍会高于过去收益率较低的股票；反转效应表示的是股价的一种反向变动，指股价变动具有均值回复的特点，过去表现差的股票在未来有极大的可能性发生逆转。动量效应与反转效应均与收益率的变动趋势相关，它们的区别主要体现在观测期间的长短。以月度收益率为例，反转效应往往是短期的，集中体现在过去一个月内，即过去一个月内表现差的股票未来一个月很有可能反弹；而动量效应的观测时期则比较长，可能衡量的是过去 6 个月的收益率，也可能是过去 12 个月到 24 个月的收益率。我国 A 股市场周度反转效应非常强，但动量效应不显著。

举例：利用 Fama-MacBeth 回归检验市值、账面市值比和过去收益率

我们用市值、账面市值比、过去一周的收益率来说明如何利用 Fama-MacBeth 回归进行因子检验。这三个因子是最常用的因子。为了让因子的统计形态更趋于正态分布，我们将市值和账面市值比都取对数处理。每一周，我们将当周的收益率回归到这些因子上周末的数值，获得一组回归系数。每一周我们对样本都进行这样的回归：

$$股票收益率_{i,t} = \alpha_t + \gamma_{1,t} \cdot \ln(市值)_{i,t-1} + \gamma_{2,t} \cdot \ln(账面市值比)_{i,t-1}$$
$$+ \gamma_{3,t} \cdot 股票收益率_{i,t-1}$$

式中，ln()表示取对数；$t = 2, 3 \cdots\cdots T$；股票收益率$_{i,t-1}$代表过去一周的收益率。

我们的样本从 2005 年 1 月至 2018 年 6 月，共计 680 周，即我们会获得 680 组回归系数。我们对这 680 组回归系数进行统计，计算均值、T 值和正负比例，结果如表 12-3 所示。

表 12-3　各因子的 Fama-MacBeth 回归系数统计

变量	系数均值	系数 T 值	系数为正的比例	系数为负的比例
log(账面市值比)	0.10	2.65	0.51	0.49
log(市值)	−0.14	−3.85	0.39	0.61
过去一周的收益率	−0.03	−6.38	0.39	0.61

从表 12-3 我们可以看出，这三个因子的回归系数的 T 值的绝对值都超过 2.5，说明从统计显著性来讲，这三个因子都能预测未来股票收益。账面市值比的回归系数均值为正，其系数为正的比例为 0.51，这个比例并不理想。市值和过去一周收益率的回归系数均值为负，而且系数为负的比例均达到了 61%，说明这两个指标的系数正负比例也达标了。

12.1.5　回归窗口长度的设置

经典的 Fama-MacBeth 回归采用的是单期窗口。比如，在表 12-3 中，数据为周度，每周估计的 OLS 回归所用到的数据是过去一周的。在实际的因子检验中，回归窗口的长度也可以设为更长，比如两期或三期。随着回归周期的拉长，因子的 T 值会更显著，因此就能获得更多统计上显著的因子。

12.2　组合分析

组合分析指的是使用历史数据对选股策略过去的表现进行分析，即进行投资组合分析。具体而言，在投资组合分析的过程中，我们利用过去某一时间段的公司基本面和市场数据，根据投资策略进行模拟投资，筛选出适宜投资的股票进行投资组合的构建，并且在策略指导下不断地更新投资组合，最后得到该策略在整个时间段内的收益率时间序列，对其进行统计分析，评价投资策略的有效性。

12.2.1　剔除不可选的股票

并非所有股票都能作为候选股票。做组合分析时，要确保候选的股票一定是可以买到的，而且交易价格和选股时所知道的价格大幅偏离的可能性不大。具体而言，我们在实际操作组合分析时，需要剔除两类股票：一是选股时最近一个交易日处于停牌的股票；二是选股时最近一个交易日一字涨停的股票。一字涨停的股票通常在下一个交易日还会大幅高开，即潜在买入价会大幅偏离选股时的价格。

12.2.2 收益率的计算

投资组合分析涉及两个期间，分别是估计期间和持有期间。

第一，我们在估计期间按照投资策略确定要买入或卖空的资产。比如，我们的投资策略是买入过去一周涨幅最差的 10 只股票并持有一周，那么我们就要根据过去一周所有股票的收益率数据，找出收益最低的 10 只股票。

第二，按照投资策略买入相应资产并根据持有期间持有一段时间，即买入过去一周涨幅最差的 10 只股票并持有一周。

第三，根据构建的投资组合，计算持有期内的收益率。如果组合中有多个资产，在计算组合收益率的时候可采用等权重加法或市值加权法。

收益率的计算，牵涉到股票买入、卖出价格的设定。买入价可选选股时最近一个交易日的收盘价、选股后下一个交易日的开盘价或均价。卖出价可选规定卖出日的均价或收盘价。尽管有多种价格的选取方式，但本书建议的方式是：买入价按选股前最后一个交易日的收盘价，卖出价选规定卖出日的收盘价。原因在于，将卖出日的收盘价与买入前最后一个交易日的收盘价相比，得到的收益率是自上一个交易日结束到规定交易日为止股票的收益率，即一个完整周期的收益，而这正是 Fama-MacBeth 回归所预测的周期。此外，以上一交易日收盘价为买入价得到的收益，将市场可能有的高开、低开等情况带来的影响都已经剔除，是一个比较纯净的收益率数据。

第四，在上一持有期结束后，根据最新的数据重新选择股票，进行投资组合的更新，最终从长期来衡量投资策略的绩效。由于投资策略的盈利能力并非一成不变，仅仅通过一期的收益率很难准确把握其收益水平，因此，我们需要通过其长期收益率来确定是否能够带来显著的正回报。

12.2.3 组合分析关注的指标

组合分析关注的指标有以下几个。

1. 平均收益率

平均收益代表的是按策略选出的股票组合在历史各个持股周期的平均收益。我们通常会将其年化，通过计算得到年化平均收益率。比如，假定有一个周度策略，平均周度收益率是 1.5%，那么我们将 1.5% 乘以 50，得到的 75%，就是这个策略的年化平均收益率。之所以乘以 50，是考虑到每年有春节和国庆节两周时间不交易，所以从 52 周中将其减去。

2. 收益的标准差

收益的标准差代表波动性，标准差越大，说明策略的收益越不稳定，策略的风险越大。

3. 夏普比例

夏普比例是组合分析当中最重要的指标，计算公式如下：

$$夏普比例 = \frac{收益}{标准差}$$

夏普比例反映了该策略每单位风险能够带来的收益。在计算夏普比例时，收益和标准差都需要计算年化数据。具体而言，因为一年有 52 周，减去春节和国庆两个长假，有 50 个交易周，因此年化平均收益率等于周度平均收益乘以 50；年化收益标准差等于周度收益标准差乘以 $\sqrt{50}$。

一个好的量化策略，夏普比例至少要到 2，比较理想的情况是到 2.5。如果夏普比例低于 2，那么这个策略是不适用于实际投资操作的。

4. 胜率

胜率是指该策略在历史上各个持股周期中，获得正收益的概率。胜率超过 60%的策略才是可以实际应用的。

5. 累计收益

按复利计算累计收益，然后与同期市场去比较，查看超额收益有多少。可供参照的市场标准有沪深 300、中证 500 和上证综指。

6. 最大回撤

最大回撤是组合分析中非常重要的指标，反映了该策略在历史上可能给投资人带来的最大亏损是多少。我国 A 股市场波动比较大，特别是在 2008 年和 2015 年均出现了大幅的下跌，因此，不加入对冲或择时的量化选股策略的回撤通常都会比较大，在 50%~70%之间。

12.2.4 交易成本

只要交易就会有成本，如交易佣金、印花税、过户费等。此外，还有股票交易对市场带来的价格冲击，以及股票自身的高开等因素。因此，在组合分析中，通常也会做一些交易成本的分析。比如，设定 2‰~7‰不等的交易成本，看交易成本对策略的收益和回撤会产生怎样的影响。

12.2.5 回溯检验的时长

回溯检验所用时间的跨度至少要 10 年。因为 10 年包含了至少一个完整的牛熊周期，这样才能看出策略收益和风险的特征。在我国，由于 2005 年实施了对市场产生重大结构性影响的股权分置改革，导致改革前后数据不可比，所以在国内 A 股市场，我们一般是从 2005 年开始进行回溯检验。

12.2.6 选股的方式

选股的方式有两种。第一种是分组，比如根据策略将可选股票分为 n 组，n 可以是 3、5、10 等。如果用分组的方法进行选股，我们重点关注的是两点：第一，不同组之间的平均收益率是否存在单调性，也就是说，随着组数的增加，平均收益率是否呈现单调递增或递减的情况；

第二，首末两组收益率之差是否是显著异于 0 的。我们希望组间收益率呈现明显的单调性，而且首末两组的收益率存在明显差异，这样就说明所检验的策略能很好地区分股票，选股策略是有效的。

第二种是根据策略取预期收益排名靠前的股票，比如前 10、30、100 等。现实投资中，我们通常无法卖空，一般只能买入，所以这种选股的方式更贴近实际操作。而且我们也能根据资金量的大小调节选股的数量，从而针对不同资金量来检验策略的有效性。

总结

回溯检验有两种方法：Fama-MacBeth 回归法和组合分析法。Fama-MacBeth 回归法强调的是预测性回归，即自变量相对因变量是滞后一期的。在 Fama-MacBeth 回归分析中，我们看 T 值和回归系数的正负比例。组合分析是通过长期的选股收益来检验策略的有效性，我们要求策略所得的胜率超过 60%，年化夏普比例要超过 2，使用的检验样本区间要超过 10 年。

第13章 利用量化指标搭建选股模型

本章介绍如何利用量化指标搭建选股模型。我们在找到合适的量化因子之后，接下来就是要将这些因子以一定的方式进行组合，建立能够对个股进行综合考量的选股模型，进行选股。选股模型的搭建方法有三种：打分法、排序法和回归法。

13.1 打分法

打分法是利用因子给股票进行打分，汇总个股在所有因子上的得分之后，选择得分高的股票进行投资。打分法是在量化选股模型搭建中最常用的方法，原因在于该方法简单，可操作性强。

打分法的要点有两个：第一，设定打分的方法；第二，设定因子的权重。打分的方法有两种：一是分组法；二是区间法。

分组法是指将市场上可供投资的股票按因子由小到大分组，组数可为 3、5、10、20、100 等，根据因子与未来股票收益率的相关性，给每组股票打分。如果因子与未来股票收益成正比，那么组数越大，该组内的股票得分就越高；如果因子与未来股票收益成反比，则组数越大，该组内的股票得分越低。比如，市盈率是一个与未来股票收益成反比的指标：市盈率数值越大，说明估值越高。如果我们在某个时点，按照市盈率将所有股票由低到高分为 1、2、3、4、5 组，那么从第 1 组到第 5 组，我们可以依次赋 5、4、3、2、1 分，即市盈率越高，对应的股票得分就越低。相反，如果是按照权益回报率将股票由低到高分为 1 至 5 组，由于权益回报率反映公司的盈利能力，与未来股票收益率成正比，所以 1 至 5 组的得分应为 1、2、3、4、5，即权益回报率越高，对应的股票得分越高。

区间法是指在打分的时候，按指标数值的区间进行打分。比如，我们将市盈率的区间分为 0 至 10（含）、10 至 20（含）、20 至 30（含）、30 至 50（含），以及超过 50，共 5 个区间。我们对处于这 5 个区间的公司分别打 5、4、3、2、1 分。

分组法和区间法各有优势。分组法能够保证对于同一个因子，不同得分的企业数量相近。比如，如果分 5 组，那么得分为 1~5 的股票数量都是股票总数的 1/5。区间法无法做到这一点。但区间法的好处在于，通过给予不同因子不同的区间，能够根据每个因子的具体数值来进行打分，使得打分的灵活性更高。

打分法下，除了要设定打分的方法，还需要设定各个因子在打分体系中的权重。权重的大小取决于因子的重要性：越重要的因子，应当被赋予越大的权重。比如，估值是比较重要的，在整个打分体系中，其权重不应当低于 20%。但也不能过于偏向某类指标。如果过于偏向某类指标，那么当这类指标在选股上效力减退时，整个模型都会受到很大的影响。所以，基于分散风险的考虑，权重的配比也需要尽量均衡。

13.1.1 打分法举例

我们利用市值、过去收益率和账面市值比，按打分法中的分组法来进行选股。具体而言，每周末，我们将股票按当周最后一个交易日的市值由大到小分成 5 组，依次打 1~5 分，即市值越大，得分越低。另外，我们将股票按当周收益率由高到低分为 5 组，依次赋予 1~5 分，即收益率越高，得分越低。最后，我们依据账面市值比（市净率的倒数）来打分：由低到高分 5 组，依次给 1~5 分，即账面市值比越低，得分越低。然后，每周末我们将这三个得分加总，得到每只股票当周的得分。我们每周选前 50 只股票买入并持有一周，到了下周末再根据新的数据更新组合，所获得的 2005—2016 年累计收益如图 13-1 所示。

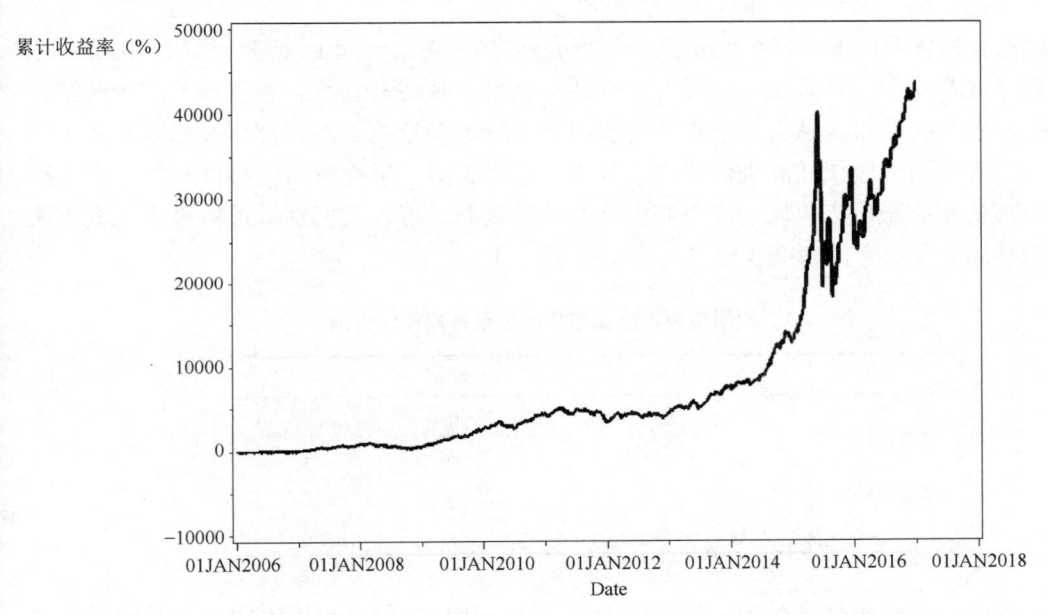

图 13-1 利用市值、过去收益率和账面市值比按打分法选股获得的累计收益（2005—2016 年）

13.1.2 打分法的优缺点

打分法的优点和缺点都较为明显。

打分法的缺点是比较主观。打分法的主观性主要体现在三个方面，分别是因子选择、打分标准和因子权重。首先，我们选择哪个因子作为打分标准具有一定的主观性，不同的因子在不同时期、不同市场上的效用并不相同。其次，我们对每个因子设定的打分标准也具有主观性，无论是区间法下的区间设定，还是分组法下的组数确定，全凭主观论断。最后，我们在整合所有因子的分值得到每只股票的总得分时，每个因子所赋予的权重也较为主观。

尽管打分法有这些缺点，但其优点也很突出。打分法最大的优点是简单易操作、综合性强。正如前所述，在确定了影响因子的情况下，我们只需要对每个因子制定相应的打分标准，按照标准对股票进行打分即可。而且，打分法作为一个综合性较强的方法，能够整合多个影响因子的预测能力。对于几十甚至上百个因子，打分法均能够按其对股票的影响进行打分。由于决定股票优劣的是最终的综合评分，一只好股票并不会因为其在某些因子上表现较差而被遗漏，因而，最终挑选出来的股票往往是综合实力最强的股票。

13.2 排序法

排序法是指对所有股票分别按照不同因子进行排序分组，选择处于因子表现最好的那一组的股票进行投资。比如，我们选取估值最低的10%的股票进行投资，选出来的是全市场的10%，这就是在运用排序法。依据指标分组，将其中预期收益最高的一组设为可选。选出满足各个指标可选条件的股票，即最终选择的股票是各个指标条件的交集。指标越多，交集就越小，条件就越苛刻，满足所有条件的股票就越少。

排序法可分为条件排序和非条件排序。条件排序是指先对某一因子A进行排序，按照次序把所有股票分成若干组，然后在每一组内按照另一个因子B进行排序，得到每一组内的细分组别。比如，首先按照市值从大到小将所有股票排序分成等量的3组，然后按照账面市值比将大、中、小各组内的股票从高到低排序，分成等量的3组，最终我们能够得到9个投资组合。因为小市值和高账面市值比的股票倾向于有高的收益，所以我们选择市值最小、组内账面市值比最高的股票组合，即第3组（如表13-1所示）。

表13-1 利用市值、账面市值比按条件排序法选股

		市值		
		大	中	小
账面市值比	高	1	2	3
	中	4	5	6
	低	7	8	9

非条件排序是指将所有股票按不同的因子进行独立排序，筛选出同时满足所有因子条件的股票。比如，同时对所有股票按照市值和账面市值比从大到小分为两组。选择同时满足市值处于最小的50%和账面市值比处于最高的50%两个条件的股票，即市值最小的50%和账面市值比最高的50%的交集。

13.2.1 排序法举例

我们利用市值、过去一周收益率和账面市值比，按无条件排序的方法进行选股。具体而言，我们每周将所有股票分别按照这三个指标，由低到高分成5组。我们选市值最低的两组、过去收益率最低的两组和账面市值比最高的两组的交集，即要求股票同时满足市值处于最小的40%，过去收益率处于最低的40%，估值处于最低的40%这三个条件。图13-2给出了这样选出来的股票组合从2005—2016年的累计收益。

13.2.2 排序法的优缺点

排序法的缺点主要有三个。第一，排序法还是比较主观的。比如，按因子分成几组，条件排序下因子的优先次序，都没有客观的依据。第二，排序法无法对筛选出来的股票进行区

分，所有满足排名要求的股票均属于同一组别。那么对于选中的股票来说，我们只能选择等权重分配资金的方法。第三，随着模型中因子数量的增加，我们筛选股票的条件就会越多、越严格，那么最终符合要求的股票数量就越少，这就意味着策略的资金容量不大，无法应用于大规模的资产管理。对于条件排序来说，每增加一个因子，可选的股票数量就会呈几何速度锐减；而对于非条件排序来说，本身最终的选股数量就面临着较大的不确定性，随着限制条件的增加，很可能会出现没有满足条件的股票的情形。

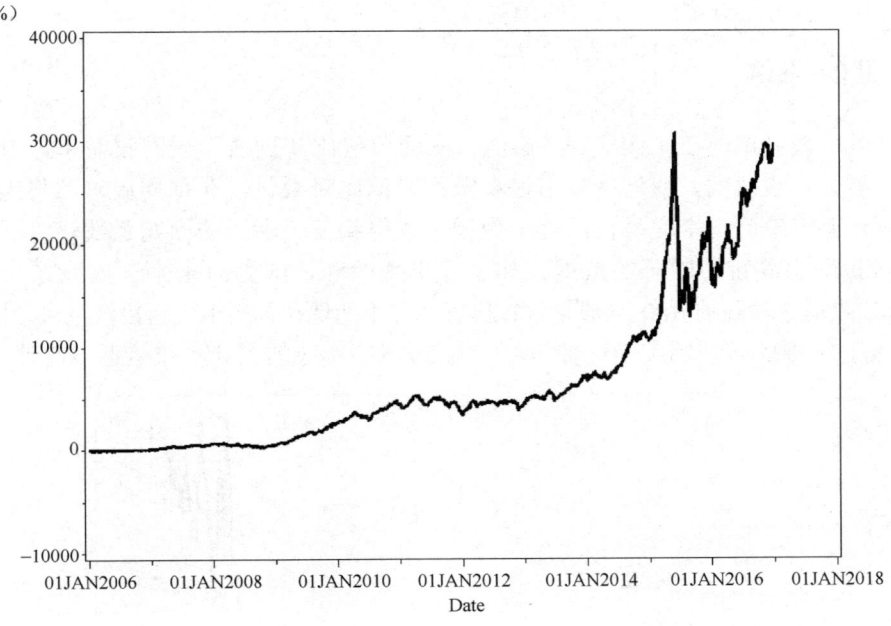

图 13-2 利用市值、过去一周收益率和账面市值比按无条件排序法
选股获得的累计收益（2005—2016 年）

排序法的优点是简单易行，即只需要通过排序分组就能够实现股票的筛选。并且，排序法能够保证所筛选出来的股票的每个因子均属于最优的那一部分，即选出来的股票能满足所有选股条件。

13.3 回归法

回归法是指利用回归的方法得到对未来股票收益率的预测。其具体操作思路是将过去一段时间的收益率回归到用于预测股票收益的因子上，利用得到的回归系数和当前因子的数值，计算未来收益率的预测值，再选取预期收益率最高的一组股票来构建投资组合。我们以周度投资组合构建方法为例，阐明回归法的具体应用步骤。

① 在第 t 期期末，将第 t 期的收益回归到因子在第 t–1 期期末的数值

$$R_{i,t} = \alpha_t + \beta_t \cdot X_{i,t-1}$$

② 运用基于上述模型估计得到的 α_t 和 β_t，以及第 t 期的因子值，去预测第 t+1 期的收益率。

$$\hat{R}_{i,t+1} = \hat{\alpha}_t + \hat{\beta}_t \cdot X_{i,t}$$

③ 买入并持有那些预期收益率 $\hat{R}_{i,t+1}$ 排名较高的股票。

④ 到了第 $t+1$ 期，再重复上述步骤对组合进行调整。

根据持股周期的不同，这里的每期，可以是一周、两周、一个月、三个月、半年、一年等。但最短不少于一周，最长不超过一年。原因是周期太短的话，股价受短期噪音的影响比较明显，波动较大，可预测性并不好。如果周期太长，那么因子所包含的与未来股票收益相关的信息的预测能力是衰减的，模型的预测能力也会明显下降。

13.3.1 回归法举例

我们可以用最简单的三个因子——市值、账面市值比和过去一周的收益率，考察回归法策略在中国市场上的绩效。我们先将市值和账面市值比对数化。在每周周末，将当周的收益率数据回归到上周最后一个交易日的因子数据上，得到三个因子的回归系数。将回归系数乘以当周能够获得的最新的因子的数据，加总算出来的和，即为对未来一周股票收益率的预测。我们选择收益率最高的 100 只股票进行投资，并不断地在每周末更新投资组合。图 13-3 显示了如果我们从 2005 年开始实施这种策略，到 2016 年年底的累计收益接近 100 倍。

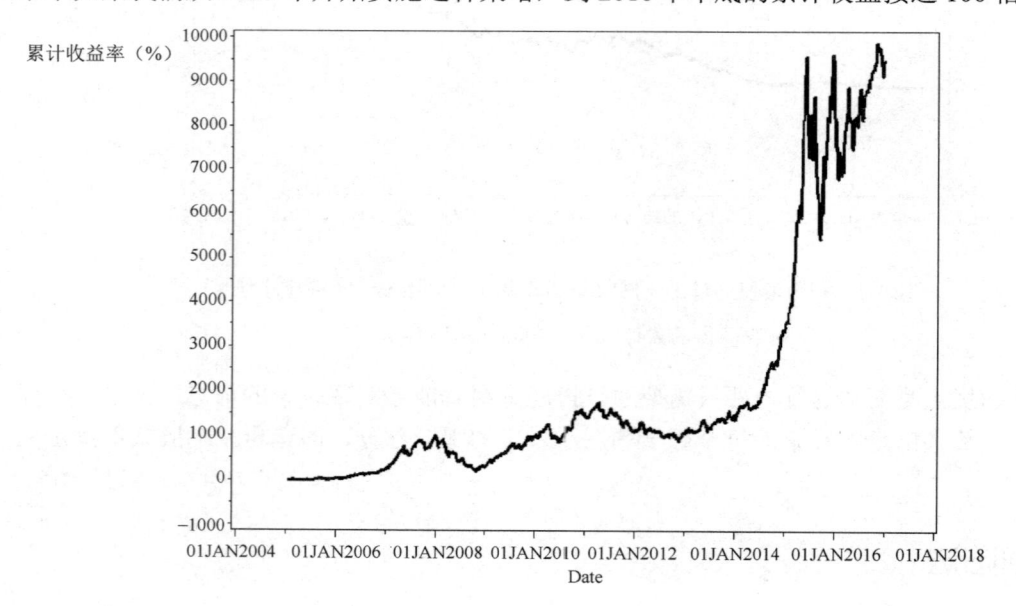

图 13-3 利用回归法选股获得的累计收益（2005—2016 年）

13.3.2 回归法的优缺点

相对于打分法和排序法，回归法的核心优势有两点。一是客观。在打分法和排序法下，因子权重是主观设定的。但在回归法下，因子的权重由模型回归得到，客观反映因子的重要程度。二是及时。打分法和排序法设定之后，因子在模型中的权重就确定了。而在回归法下，随着市场的变化，因子在模型中的回归系数也会相应改变，从而适应当期市场的偏好，选出能在当期市场状态下上涨的股票。

然而，回归法也面临一个巨大的挑战：因子间的多重共线性问题。在回归法下，因子和因子之间的相关性会导致在回归时系数发生偏误，导致模型的预测能力下降，即出现 1+1<1 的情况。换句话说，回归法下因子的增加很有可能降低，而不是提升模型的预测能力。因此，在回归法下添加因子时，需要关注多重共线性的问题，尽量选取与模型现有因子相关度较低的因子。

总结

多因素选股模型的搭建有 3 种方法，分别是打分法、排序法和回归法。前两种方法简单易行，且行之有效，但缺点在于无法实现模型自动更新的功能。回归法下，因子的系数随着市场的变化而变化，从而能够自动调整模型。但回归法下的多重共线性是一大核心难点，也是目前量化投资领域的研究最前沿。

第 14 章　基于财务报表的量化投资因子

在股票市场量化投资建模中，量化投资因子主要来自财务报表的财务因子，以及金融市场的量价因子。本章介绍财务因子。

财务因子是股票量化投资中最重要的指标。财务因子的重要性体现在两个方面。一是财务因子直接反映企业的运营情况，与股票的估值息息相关。股票是企业收益权的凭证，其价值很大程度上取决于上市公司的基本面。因此，财务因子在股票投资中具有决定性的地位和作用。二是财务报表指标非常丰富，为量化投资提供了最多的因子。财务报表有三大张，即资产负债表、利润表和现金流量表，每张报表都有数十个指标，为股票投资提供了重要的因子来源。

财务因子分为四大类：资产类、盈利类、现金流类和增长类。

14.1　资产类

资产类因子是指基于资产负债表的因子。资产类因子反映资产的结构和质量，并从短期和长期两个维度共同评估公司的资产健康程度。按照资产负债表的划分，资产类因子又分为资产、负债和所有者权益三个部分。

资产部分，主要关注企业的流动性资产和应收账款。在流动性资产中，存货是非常重要的指标。存货与未来股票收益率呈负相关。存货越高，未来股票收益率越低。应收账款也是重要的指标。应收账款的高企表明企业的回款能力变弱，有可能形成坏账。较高的应收账款也有可能说明企业在虚构收入、粉饰报表、操纵利润。

负债部分，主要关注短期负债、长期负债和应付账款。短期负债是衡量公司流动性水平的重要指标，反映了公司短期内的债务偿付能力。长期负债影响的是企业投资和长期发展的空间。应付账款一定程度上体现了供应商对上市公司未来成长潜力的信心，因此与未来股票收益成正比。

所有者权益部分，主要关注留存收益。留存收益是这部分最重要的指标，反映的是一家公司经过经营所积累的收益。留存收益高，是一个积极的信号，说明企业的经营产生了丰硕的成果，因此留存收益与未来股票收益成正比。

所有的资产类因子，单单这些因子本身，不同公司是不可比的，需要将这些因子除以总资产，标准化之后才能用作量化因子。

14.2　盈利类

盈利类因子是指基于利润表的因子。对于盈利类因子，我们关注的是两个维度：盈利水平和盈利质量。盈利水平是用资产回报率、权益回报率和销售利润率来衡量的。这三个指标，都是衡量盈利水平的，分子都是盈利，但分母不同，分别是资产总额、权益总额和销售总额。盈利部分，都是用毛利润来衡量。正如我们在第 5 章所介绍的，在利润表中的数个利润指标中，毛利润是最能反映企业盈利能力的，是与未来股票收益最相关的。因此，以上三个指标的分子都是毛利润。

盈利质量是检测上市公司操纵利润可能性的指标，由（主营业务利润-经营现金流）/总资产来衡量。该指标数值越大，说明账面上的利润超过现金流越多，盈利中的水分就越大。我们这里将主营业务利润与经营现金流的差值除以总资产，是为了将因子标准化，从而使得指标在不同公司可以进行比较。

在实际的检验中，我们需要注意使用过去 12 个月（即过去一整年）的盈利数据。利润表所报告的数据是从该财务年度 1 月 1 日开始，到该报告对应的会计截止日为止。比如，三季报中的利润表报告的是 1 月 1 日到 9 月 30 日的利润。而由于企业经营的季节效应，零星几个季度的收益是不可比的，所以必须计算过去 12 个月的盈利，来构建盈利类因子。

14.3 现金流类

现金流类因子主要包含三大现金流：经营现金流、投资现金流和融资现金流。经营现金流是公司最重要的经营成果，而且因为经营现金流通常需要走银行的账户，操纵难度大，所以能比较贴近公司的真实经营情况。经营现金流与未来股票收益应当是成正比的，即经营现金流越多，未来股票收益越高。

投资现金流反映的是公司在投资活动中资金的进出。如果投资现金流为正，说明公司因为投资变现或收到所投资企业的收益分红而获得现金的流入，超过了对外投资导致的现金流出，反之则说明公司对外投资的现金付出超过投资带来的现金流入。通常来说，投资现金流与未来股票收益是成正比的，即投资收益越多，未来股票收益越高。

融资现金流，反映的是企业从筹资活动中获得的现金流。融资现金流为正，说明企业通过筹资活动获得的现金流入超过债务偿还、回购股票、给股东分红等导致的现金流出。融资现金流越多，说明该企业通过经营活动产生现金流以支撑投资和运营的能力越弱，其未来股票收益越低。

在现金流量表中，除了三大现金流，投资支出也是一个非常重要的指标。投资支出在现金流量表上是以下三项之和：用于购买固定资产、无形资产和其他长期资产支付的现金，投资支付的现金，以及支付其他与投资活动有关的现金。投资支出是用来衡量投资的重要指标，也是量化里面一个重要的因子。尽管我们通常认为投资带来增长，但投资有可能并不是出于增长的目的，而是管理层谋求自身利益的举措。综合来看，投资与未来股票收益成反比。

现金流类第五个重要的指标是现金持有。期末现金持有也出现在资产负债表上，作为短期资产的一部分。持有现金多，一方面能够支持企业的运营和投资，但另一方面，持有过多的现金意味着公司缺乏好的投资机会，也容易被管理层或大股东侵吞占用，造成损失。

使用现金流类的指标需要注意两点：第一，现金流类指标需要除以总资产以标准化；第二，与盈利类指标类似，现金流类指标的计算需要利用过去一整年的现金流数据。

14.4 增长类

增长类指标反映的是公司在资产、盈利和现金流三个方面获得的同比增长情况，在量化投资中具有重要的作用。需要特别强调的是，在量化投资中，我们不使用环比增长。这是因为经营的季节效应，环比增长不可持续，且不同公司不可比。增长类因子有以下两种不同的划分方法。

1. 按因子来源划分

按因子来源，增长类因子可分为资产类增长因子、盈利类增长因子和现金流类增长因子。

（1）资产类增长因子

资产类增长因子是基于资产类的因子，看当期资产类因子相比去年同期的变动比例。比如，总资产增长率，等于当季的总资产除以去年同一季度末的总资产，减去1。我们关注的资产类增长因子有如下几类。

① 资产的增长：
a. 总资产增长率；
b. 存货增长率；
c. 应收账款增长率。

② 负债的增长：
a. 总负债增长率；
b. 短期负债增长率；
c. 长期负债增长率；
d. 应付账款增长率。

③ 权益的增长：
a. 所有者权益的增长率；
b. 留存收益的增长率。

在资产类增长因子中，资产的增长意味着公司规模的扩大。由于股票市场中的小股票效应，即小公司的收益更高，因此资产的增长带来的是股票收益的降低。存货和应收账款的增长并不是好的信号。此外，负债的增长也意味着公司对外部融资的依赖，且债务的增长会限制企业未来的发展。但在负债的增长中，应付账款的增长其实是一个积极的信号，有可能反映了供应商对企业的信心。权益的增长，特别是来自留存收益的增长，是一个正面的信息，反映公司的经营利润在不断累加。

（2）盈利类增长因子

盈利类增长因子主要有五个：总收入增长率、毛利润增长率，以及财务费用增长率、销售费用增长率和管理费用增长率。总收入的增长和利润的增长代表企业经营成果在向好的方向发展，是一个积极的信号。但如果市场反应过度，当期股价被高估，未来股价会出现下跌而不是上涨。费用的增长通常是负面的，反映企业经营成本的上升。

在计算盈利类增长因子时，需要注意分母为负的问题。比如，如果去年同期企业利润为负，那么在计算增长时，有两种处理方式：第一，将分母取绝对值。这样做，其实是更改了变量的原始数值，但保留了观察值。第二，将其设为空值，但这样会导致许多空值，因为企业在年中出现亏损并不是罕见的情况。出于保留观察值的缘故，比较推荐的方法还是将分母取绝对值，这也是上市公司披露财务数据时采用的计算方法。

（3）现金流类增长因子

现金流类增长因子包括以下几个：经营现金流的增长、投资现金流的增长、筹资现金流的增长、投资的增长和现金的增长。在计算现金流类增长因子时，如果分母为负，比如，去年同期经营现金流为负，那么就仿照盈利类因子的方法，将分母取绝对值。但更可能出现的情况是分母为0。比如，如果去年同期公司并没有发生融资活动，或者企业融资现金的流入恰好和融资现金的流出相抵，那么去年同期融资现金流就为0。这里有两种处理方式：第一，分母加上 1，但因为分子可能很大，这样处理可能会导致增长率出现极值的情况；第二，设为空值，但这样会导致许多的缺失值。

2. 按计算时所使用的时间跨度划分

按计算时所使用的时间跨度划分，增长类因子可以分为累计增长、单季增长和过去12 个月（TTM）增长。

① 累计增长是指用损益表中公布的累计数值与去年同期相比得到的增长率。比如，利用今年三季报公布的利润与去年同期三季报的利润相比，得到的利润增长率为累计增长，反映的是今年1 月1 日到9 月30 日的累计利润，与去年同期利润相比得到的增长。

② 我们也可以用今年三季报公布的利润减去半年报公布的利润，得到第三季度单季的利润，利用本年度第三季度单季利润，比上去年第三季度单季利润，得到的增长为单季增长。在第 5 章，我们已经说明过，累计增长包含了历史的信息，而单季增长是最新的信息，所以单季增长与未来股票收益率的相关性是最强的。

③ 我们也可以计算基于过去 12 个月的增长率。比如，在今年二季度末，6 月 30 日，我们计算过去 12 个月的利润，即从去年 7 月 1 日到今年 6 月 30 日的利润，记为 X。然后，我们计算截至去年 6 月 30 日，过去 12 个月的利润或现金流，也就是前一年的 7 月 1 日，到去年 6 月 30 日的利润，记为 Y。用 $X/Y-1$，得到的就是 TTM 增长率。

14.5　实证检验结果

表 14-1 至表 14-4 报告了部分财务报表因子的 Fama-MacBeth 检验结果。回归的频率为周度，每周窗口长度为 3 周，为了保证每周回归样本数超过 500，样本期从 2004 年 5 月开始到 2021 年 12 月，共计 907 周。所有回归中都添加了市值（取对数）、过往收益率和账面市值比作为控制变量。

表 14-1 给出了资产类因子的实证检验结果。资产类因子中，现金/资产的显著性最强，和未来股票收益率成正相关，T 值达到 4.38。此外，流动负债/流动资产的 T 值为-2.43，说明流动负债占比与未来股票收益率成显著负相关。

表 14-1 资产类因子的实证检验结果

变量	回归系数为正的周数	回归系数为负的周数	回归系数为正的比例	回归系数为负的比例	回归系数均值	T-统计量
现金/资产	545	427	0.56	0.44	0.30	4.38
应收账款/资产	465	507	0.48	0.52	0.07	0.88
存货/资产	473	499	0.49	0.51	0.04	0.79
留存收益/资产	522	450	0.54	0.46	0.05	0.27
总负债/资产	481	491	0.49	0.51	0.00	0.07
流动负债/流动资产	445	527	0.46	0.54	-0.04	-2.43

表 14-2 展示的是利润类因子的检验结果。在利润类因子中，T 值最大的是毛利润相关的因子，比如毛利润/所有者权益的 T 值高达 8.88，毛利润/资产、毛利润/收入的 T 值也超过了 7，说明用毛利润构建的盈利能力指标与未来股票收益的相关性非常显著。相比之下，营业利润相关的因子与未来股票收益率的相关性就不如毛利润相关的因子，这也从实证结果上证明了毛利润对未来股票收益率的预测能力要强于营业利润。此外，税金/资产的 T 值也高达 6.54，说明税金也具有预测未来股票收益率的作用。

表 14-2 利润类因子的实证检验结果

变量	回归系数为正的周数	回归系数为负的周数	回归系数为正的比例	回归系数为负的比例	回归系数均值	T-统计量
毛利润/所有者权益	553	354	0.61	0.39	0.36	8.88
毛利润/总收入	550	357	0.61	0.39	0.40	7.64
毛利润/资产	541	366	0.60	0.40	0.92	7.56
营业利润/所有者权益	533	374	0.59	0.41	0.47	6.63
税金/资产	529	378	0.58	0.42	5.79	6.54
营业利润/资产	518	389	0.57	0.43	1.16	6.08
营业利润/总收入	508	399	0.56	0.44	0.26	5.91
留存收益/资产	522	450	0.54	0.46	0.05	0.27

表 14-3 提供了对现金流类因子检验的结果。总现金流与未来股票收益率是成正比的，T 值为 6.92。现金流类因子中，最重要的是经营现金流。经营现金流/资产的 T 值达到 7.16，说明经营现金流与未来股票收益有显著的正相关。融资现金流的 T 值只有 0.96，说明融资现金流对未来股票收益率的预测作用不大。投资现金流与未来股票收益率成反比，T 值为-3.15。

表 14-3 现金流类因子的实证结果

变量	回归系数为正的周数	回归系数为负的周数	回归系数为正的比例	回归系数为负的比例	回归系数均值	T-统计量
经营现金流/资产	540	367	0.60	0.40	0.63	7.16
现金流/资产	533	374	0.59	0.41	1.56	6.92
权益融资/资产	462	445	0.51	0.49	0.21	2.44
融资现金流/资产	454	453	0.50	0.50	0.05	0.96
债务融资/资产	453	454	0.50	0.50	0.02	0.39
投资现金流/资产	395	512	0.44	0.56	-0.26	-3.15

表 14-4 增长类因子的实证检验结果

变量	回归系数为正的周数	回归系数为负的周数	回归系数为正的比例	回归系数为负的比例	回归系数均值	T-统计量
总收入的增长	506	351	0.59	0.41	0.10	7.27
营业现金流的增长	500	357	0.58	0.42	0.00	5.75
资产的增长	535	372	0.59	0.41	0.14	5.53
留存收益的增长	528	379	0.58	0.42	0.16	4.99
应付账款的增长	519	347	0.57	0.38	0.03	4.58
现金流的增长	480	377	0.56	0.44	0.01	4.39
营业利润的增长	469	388	0.55	0.45	0.01	3.79
现金的增长	510	397	0.56	0.44	0.01	3.73
存货的增长	477	430	0.53	0.47	0.02	3.52
应收账款的增长	478	429	0.53	0.47	0.01	2.46
税金的增长	413	444	0.48	0.52	0.00	-1.56

表 14-4 报告了对增长类因子的检验结果。资产、收入、利润、留存收益和现金流的增长都和未来股票收益率呈现出显著的正相关,这也说明企业的成长体现在资本市场中,为股东带来了显著的收益。应付账款的增长与未来股票收益率也显著正相关,T 值为 4.58。

总结

财务因子来源于财务报表,具有丰富的数据来源,包含众多因子。表 14-5 总结了常用的财务因子。

表 14-5 基本面因子

资产类	盈利类	现金流类	增 长 类
存货	资产回报率	经营现金流	总资产增长率
应收账款	权益回报率	投资现金流	存货增长率
短期负债	销售利润率	融资现金流	应收账款增长率
长期负债	盈利质量	投资支出	总负债增长率
总负债		现金	短期负债增长率
应付账款			长期负债增长率
资本			应付账款增长率
留存收益			所有者权益增长率
所有者权益			留存收益增长率
			总收入增长率*2（单季 & TTM）
			毛利润增长率*2（单季 & TTM）
			财务费用*2（单季 & TTM）
			销售费用*2（单季 & TTM）
			管理费用的增长率*2（单季 & TTM）
			经营现金流的增长率*2（单季 & TTM）
			投资现金流的增长率*2（单季 & TTM）
			融资现金流的增长率*2（单季 & TTM）
			投资的增长率*2（单季 & TTM）
			现金的增长率
9 个	4 个	5 个	28 个

共计：46 个财务因子

第 15 章　基于金融市场的量化投资因子

本章介绍基于金融市场的量化投资因子。金融市场因子是股票量化投资中非常重要的因子。股票不仅仅是公司的收益凭证，也是可交易的品种。而可交易的属性就赋予了股票价值。因此，来自金融市场的因子，也包含与未来股票收益率相关的信息，起到预测股票收益的作用。只有将来自财务报表和金融市场的因子结合起来，才能对上市公司的未来股票收益有一个完整的评估。来自金融市场的因子分为四类：估值、过去收益率、流动性和风险。

15.1　估值

估值是股票量化投资中最重要的指标。股票估值越高，未来股价下跌的可能性越大，收益率越低。因此，估值与未来股票收益是成反比的。我们常用的估值指标有三个：市盈率、市净率和 PEG。

1. 市盈率

市盈率是最常见的估值指标。市盈率等于市值除以盈利，具有清晰的投资含义。比如 10 倍的市盈率，是指购买该股票的投资者，按公司当前的盈利水平计算，用 10 年时间可以回本。在计算市盈率的时候，需要注意两个问题：第一，如果盈利为负，那么市盈率是不能计算的，也就是说，市盈率对于亏损的公司并不适用；第二，盈利需要用过去 12 个月的利润，这里的利润用毛利润或净利润都可以。

2. 市净率

市净率等于公司市值除以所有者权益。相比市盈率，市净率在国内股票市场谈的要少一些。但在学术界，市净率是比市盈率更重要、预测能力更强的股票量化投资因子。市净率的倒数，即账面市值比，与未来股票收益率具有显著的正相关性。

3. PEG

PEG 也是一个常用的估值因子。PEG 等于市盈率除以利润增长率。这里的利润增长率是 TTM 增长，建议用毛利润的增长率。

用市盈率、市净率和 PEG 时，都会面临一个问题：如果分子比较小，那么该变量容易出现极端值的情况。市盈率的分母是盈利。如果一家公司勉强盈利，或刚扭亏为盈，其利润规模很小，市盈率就可能会是一个非常大的数值。为了减少极端值，我们一般是将上述三个估值指标的分子和分母倒过来计算。比如，在计算市盈率的时候，我们将盈利除以市值；算市净率的时候，用所有者权益除以市值；算 PEG 时，用盈利的增长率乘以盈利，再除以市值。

15.2 过去收益率

过去收益率也是股票量化投资中的重要指标。股票的收益率会呈现一定程度的自相关性。大家常听到的超跌反弹、回调等，都说明短期内股票市场有反转效应存在，即过去收益率与未来收益率成反比：过去涨得多的股票，未来容易跌；过去跌了许多的股票，未来更可能涨。在量化投资中，我们通常检验的是过去一周、一个月、三个月、半年或一年的股票收益。

15.3 流动性

股票的流动性指的是股票交易的容易程度。流动性越高，那么股票买卖就越容易。有些股票买卖起来比较难，每天成交金额只有几百万元，下单后迟迟不能成交。有些股票就非常活跃，日成交金额过亿元，无论是买入还是卖出都很容易成交。流动性指标通常和未来股票收益率成反比：流动性越低，未来股票收益率越高。因为如果一个股票的流动性比较差，那么投资者持有该股票就会面临较高的流动性风险，即卖出时可能会出现折价，所以该股票必须提供额外的收益进行补偿。我们通常用三个不同的指标来衡量股票的流动性。

1. 成交金额

成交金额是最常用的衡量股票流动性的指标。成交金额越大，流动性越高。我们一般用过去一周的日度成交金额的平均值来计算用于预测未来股票收益的成交金额指标。

2. 换手率

换手率等于成交股数除以流通股数，是一个常用的衡量流动性的指标。换手率越高，说明该股票交易活跃度越高。一般用过去一周的日度换手率平均值来计算换手率水平。

3. Amihud 指标

Amihud 指标是学术界常用的一个用于衡量流动性的指标。该指标的计算公式如下：

$$\text{Amihud指标} = \frac{\text{日度收益率的绝对值}}{\text{日度成交金额}}$$

这个指标反映的是每单位成交金额所对应的价格波动。从 Amihud 指标的构造可以看出，这其实是一个非流动性的测度。如果 Amihud 指标数值较大，说明每单位成交金额带来的价格波动较大，表明流动性较低。相反，如果成交金额较大，但价格依然非常平稳，则表明流动性较高。因此，Amihud 指标实质上是一个衡量非流动性的指标。一般利用过去一周的日度 Amihud 指标的平均值来计算周度 Amihud 指标。

15.4 风险

风险也是股票市场十分重要的预测未来股票收益率的指标。尽管我们通常认为风险与未来收益成正比，即高风险带来高回报，但在实际量化投资的测试里，大家会发现有些风险类的指标和未来股票收益成反比，而原因至今也没有在学术界取得共识。风险的衡量指标主要有四个。

1. 总风险

总风险是指股票收益的整体波动性，反映了股票的总体风险水平。我们通常用标准差来计算总风险。具体而言，我们用过去 6 个月的日度股票收益率数据来计算标准差，并且要求在过去 6 个月的时间里，停牌时间不超过一半。如果停牌时间超过一半，那么该股票缺失值比例较高，说明期间发生了重大的事件，这样计算出来的波动性与其他股票不可比。

2. 系统性风险

系统性风险是指来自股票市场的风险。我们通常用贝塔系数来衡量。如第 6 章所介绍的，贝塔系数是用过去一段时间的个股收益回归到市场收益得到的回归系数来衡量的。回归公式如下：

$$R_i = \alpha + \beta * R_m + \varepsilon \tag{15-1}$$

式中，α 是个股收益；R_m 是股票市场的收益；ε 是回归产生的残差；β 是用于衡量系统性风险的指标。

这里用到的数据，和总风险的衡量指标所用到的一样，也是过去 6 个月的日度收益率数据，也要求缺失比例小于 50%。

3. 特质波动率

特质波动率是指在股票风险中，除去市场风险以外的风险。学术界用式（15-1）所示的回归方程中，残差 ε 的标准差来衡量。特质波动率越大，反映公司所持有的股票的风险越高。尽管特质波动率反映的是风险，但目前的学术研究表明，特质波动率越高，股票收益率越低。

4. 下行风险

下行风险是指股票在市场下行时与市场的相关性。下行风险与未来股票收益率成正比：对于那些下行风险较高的股票而言，其持有者需要面临较大的下行风险，因此会要求获得更高的回报才愿意持有。在学术上，我们依然用贝塔系数来衡量下行风险，所不同的是，这里用到的贝塔系数，是利用过去6个月里，市场收益为负的观察值回归得到的。即我们用过去 6 个月的日度收益数据，只保留其中市场收益为负的观察值，然后按式（15-1）进行回归，得到的回归系数就是下行风险的衡量，我们通常记为 β^-。

15.5 实证检验的结果

我们接下来看部分金融市场因子 Fama-MacBeth 检验的结果。表 15-1 提供了对流动性类因子的实证检验结果。各类因子中，流动性类因子是与未来股票收益率相关性最强的。从表中可以看出，流动性类因子的 T 值的绝对值大都超过 10，这说明流动性类因子预测未来股票收益率的能力非常显著。T 值绝对值排名第一的是 Amihud 指标（取对数），其 T 值为 20.9。Amihud 指标是一个非流动性指标，因此该结果说明非流动性越高，也即流动性越低，未来股票收益率越高，说明流动性与未来股票收益率具有非常显著的负相关。换手率的 T 值达到

−16.9，说明换手率越高，未来股票收益率越低。这也从实证上印证了热门股票虽短期吸引了很多投资者，但之后股价往往会下跌的现象。成交金额和未来股票收益率也显著负相关。对于换手率而言，是否取对数对因子的有效性影响不大。但由于不同公司的日均成交金额从几百万到上百亿都有，方差很大。通过取对数，就能使成交金额的统计形态更好，提升其对未来股票收益率的预测能力。类似的，Amihud 指标也是取对数形式下的因子测试结果更好。

表 15-1　流动性因子的实证检验结果

变量	回归系数为正的周数	回归系数为负的周数	回归系数为正的比例	回归系数为负的比例	回归系数均值	T-统计量
换手率	243	729	0.25	0.75	−0.13	−16.91
成交金额——取对数	259	713	0.27	0.73	−0.45	−15.83
换手率——取对数	272	700	0.28	0.72	−0.44	−14.67
成交金额	309	663	0.32	0.68	0.00	−8.55
Amihud 非流动性	691	281	0.71	0.29	5.71	13.99
Amihud 非流动性——取对数	793	179	0.82	0.18	0.63	20.90

表 15-2　风险类因子的检验结果

变量	回归系数为正的周数	回归系数为负的周数	回归系数为正的比例	回归系数为负的比例	回归系数均值	T-统计量
下行特质波动率	430	502	0.46	0.54	−0.04	−2.11
下行总波动率	440	492	0.47	0.53	−0.02	−1.04
特质波动率	431	501	0.46	0.54	−0.02	−0.98
下行 beta	487	445	0.52	0.48	0.02	0.55
总波动率	437	495	0.47	0.53	0.02	0.63
beta	482	450	0.52	0.48	0.13	2.15

风险类因子的实证检验结果呈现在表 15-2。这里的风险类因子都是基于过去 6 个月的日度数据构建。运用 Fama-MacBeth 回归，每周回归一次，每次用过去三周的数据，并添加市值、过去一周收益率和账面市值比作为控制变量。从实证结果来看，风险类因子的预测能力并不强，T 值绝对值最高的是 beta，但其 T 值也仅 2.15。特质波动率和总波动率与未来股票收益率的相关性都不高，但下行特质波动率与未来股票收益率的呈负相关，其 T 值为-2.11。

总结

金融市场类因子和未来股票收益率具有显著的相关性。我们将金融市场因子总结如表 15-3 所示。

表15-3　金融市场因子

估值类	过往收益类	风险类 （过去1个月，3个月 或6个月）	流动性类 （过去一周、1个月或 3个月）
市盈率 （盈利用总利润）	过去一周	标准差×3	成交金额×3
市盈率 （盈利用毛利润）	过去一个月	贝塔系数×3	换手率×3
市净率	过去三个月	特质波动率×3	Amihud 指标×3
PEG	过去半年	下行风险×3	
	过去一年		
4个	5个	12个	9个
共计：30个			

第 16 章　公司治理因子

本章讲解量化投资中的公司治理因子。在所有权与管理权分离的现代企业制度下，管理层是否尽心履行职责、做到股东利益最大化是所有企业面临的公司治理问题。公司治理问题的出现主要有两大原因。第一，信息不对称。股东并不充分知晓管理层的决定是否合乎公司的利益，也无法有效甄别管理层的行为。第二，管理层会出于自身利益最大化而做出侵害股东利益的行为。信息不对称导致股东对管理层的自利行为缺乏有效监督，造成公司和股东利益受损，从而产生公司治理的问题。正因为公司治理与股东利益息息相关，因此公司治理水平也成为股票投资当中至关重要的一个指标。

在实际投资中，我们无法直接衡量一家公司的治理水平。比如，我们无法去衡量一家公司的 CEO 是多么正直、诚实、大公无私，但我们可以通过评估企业的公司治理机制，来衡量公司治理水平。公司治理机制，就是一整套监督企业高管行为的制度集合。若企业的运营是由完善的公司治理机制作为制度保障的，其管理层的自利行为就能得到约束，公司治理问题就会显著降低。

公司治理机制可分为内部机制和外部机制。内部机制指的是设立在公司内部、用于对管理层的约束和监督机制；外部机制则是指公司外部对企业的监督作用。

16.1　内部机制

内部机制有四个方面：董事会、股权激励、管理层持股和审计。

1. 董事会

董事会是公司最高的权利机构，由公司股东和外部独立董事共同组成。董事会代表全体股东的利益，负责监督企业管理层的行为，能通过制定公司高管的薪酬、设定激励政策和任免，影响企业最高管理者的行为，也有权否决管理层出于自身利益而做出的不符合股东利益最大化的决定。此外，董事会成员也起到咨询的作用，为企业在战略发展上提供建议、引荐资源等。

在董事会的诸多特征中，董事会的大小是最直观的指标。从公司治理的角度，董事会的人数对监督是起到正面作用的。这是因为当董事会成员数较多时，企业最高管理者的决定就要通过更多人的同意、受到更多人的监督，实施侵害股东利益的行为就更困难。

此外，独立董事人数占董事会人数比例是董事会特征的另一个重要指标。独立董事制度产生于美国，设立的主要目的是维护中小股东的利益，监督管理层规范运作。我国的独立董事制度始于 2001 年中国证监会发布的《关于在上市公司建立独立董事制度的指导意见》（以下简称《指导意见》），它是我国首部关于在上市公司设立独立董事的规范性文件。《指导意见》中明确指出："上市公司独立董事是指不在上市公司担任除董事外的其他职务，并与其所受聘的上市公司及其主要股东不存在可能妨碍其进行独立客观判断关系的董事。" 2004 年中国证监会发布的《关于加强社会公众股股东权益保护的若干规定》进一步明确了《指导意见》中的有关规定，并要求上市公司进一步建立、完善独立董事制度。独立董事由于并不在公司担任其他职务，相对公司管理层更加独立，因此能更好地起到监督管理层的作用。

2. 股权激励

股权激励是一种以公司股票为标的，对其董事、高级管理人员、核心员工及其他人员进行长期激励的方式。股权激励的核心宗旨是通过激励对象与企业利润共享、风险共担，使激励对象有动力按照股东利益最大化的原则经营公司，减少或消除短期行为。而且通过股权激励，股东和管理层实现了利益绑定：管理层通过尽心尽力履行职责，提升公司绩效和股价，最大化股东利益，在达成业绩目标时，也获得相应的股票奖励。因此，股权激励能有效改善公司治理问题，减少管理层的自利行为。

股权激励的设计比较复杂，不同激励方案里，业绩设定不同，目标实现的难易程度不同，激励的力度也不同。为简单起见，可以将股权激励设为一个 0/1 变量：过去三年若有股权激励方案，则设为 1，否则设为 0。

3. 管理层持股

管理层持股是指企业管理层总体持股数量占公司总股本的比例。公司治理问题产生的核心是现代企业的所有权与管理权分离。当管理层持股较多时，管理层也就成为与公司绑定的利益相关者，能有效减少管理层的自利动机，提升公司治理的水平。

4. 审计

审计机构负责对企业的财务报表进行审查核算，并要出具审计报告。国际上四大会计师事务所，即普华永道（PwC）、德勤（DTT）、毕马威（KPMG）、安永（EY），是国际上最知名、影响力最大的会计师事务所。会计师事务所越大、知名度和声誉越高，对公司提供的监督作用就越强，因为这些审计师事务所出于声誉的考虑，更有可能工作勤勉，专业、仔细地审查公司所有的账务、报表和交易，使得企业的管理层更难弄虚作假、隐瞒对公司不利的行为。事实上，一家公司敢于聘请四大会计师事务所，本身就是向外界传递信号：只有公司治理完善的企业，才经得起四大会计师事务所严格的审查。

16.2 外部机制

外部机制包含两个方面：机构持股比例和分析师覆盖。

1. 机构持股比例

机构持股比例是指机构投资者总体持股数量占公司总股本的比例。机构投资者是指用自有资金或者从分散的公众手中筹集的资金专门进行有价证券投资活动的法人机构，包括基金、券商、保险、信托、银行等。

机构持股比例越大，对企业管理层的监督作用就越明显。这是因为机构在持股比例较大的情况下，就更有动机通过实地调查、在股东大会行使否决权、向管理层提问等方式，对企业管理层进行监督。此外，由于机构持股比例较大，若"用脚投票"，卖出股票，就会对股价造成显著负面影响，进一步有损公司形象。因此机构投资者有较高的持股比例能够给企业管理层带来威慑作用，有效约束企业管理层的自利动机与行为。

2. 分析师覆盖

分析师覆盖因子指的是在一定时间内，有多少个分析师或分析师团队对该公司进行过跟踪分析。追踪和分析一家公司的外部分析师越多，就意味着该公司的报表、数据越会被更多专业人士所关注，而管理层也就更难在报表中弄虚作假。此外，分析师发布的报告数量越多，也表明这家公司的各项投资决定都受到更多来自外界的分析和审视，管理层也就更难实施对股东不利的计划。

16.3 对公司治理因子的实证检验

为了对公司治理因子进行实证检验，我们可以从国泰安数据库获取相关的指标。本书检验的公司治理指标如表 16-1 所示。

表 16-1 公司治理因子列表

内部机制	
董事会	董事数量
	独立董事数量
	独立董事占比
股权激励	过去三年是否有股权激励
管理层持股	董事长持股比例
	董事会持股比例
	高管持股比例
	总经理持股比例
审计	审计师是否来自四大会计师事务所
外部机制	
机构持股比例	基金持股比例（%）
	合格境外投资者持股比例（%）
	券商持股比例（%）
	保险持股比例（%）
	社保基金持股比例（%）
	信托持股比例（%）
	其他机构持股比例
	机构持股比例
分析师覆盖	被分析师关注度
	被研报关注度

表 16-1 列出了公司治理相关的因子。从表中可以看出，内部机制包含 3 个董事会指标、1 个股权激励指标、4 个管理层持股指标和 1 个审计指标。在外部机制方面，因为机构持股可

以按机构的类型进行更细致地划分，因此有 8 个机构持股比例指标和 2 个分析师覆盖指标。在分析师覆盖指标中，被分析师关注度是指过去一年中有多少个分析师为该上市公司发布过分析报告；被研报关注度是指过去一年中针对该上市公司的研究报告数量。因此，共计 9 个内部机制指标、10 个外部机制指标，总计 19 个公司治理指标。（注：国泰安也提供财务公司、非金融类上市公司和银行的持股比例，但这三个指标缺失值较多，未包含在分析当中。）

表 16-2 展示了公司治理因子的实证检验结果。实证检验按 Fama-MacBeth 回归方法，每周进行一次横截面回归，每次回归选用三周的窗口期，样本期从 2006—2021 年，共计 820 周。回归中加入了市值、账面市值比和过去一周收益率作为统治变量。

表 16-2　公司治理因子的实证检验结果

变量	回归系数为正的周数	回归系数为负的周数	回归系数为零的周数	回归系数为正的比例	回归系数为零的比例	回归系数为负的比例	回归系数均值	T-统计量
过去三年是否有股权激励	491	281	98	0.56	0.11	0.32	0.20	8.01
基金持股比例（%）	496	324	0	0.60	0.00	0.40	0.01	7.12
被分析师关注度	523	298	0	0.64	0.00	0.36	0.02	6.45
审计	494	326	1	0.60	0.00	0.40	0.13	6.24
被研报关注度	536	285	0	0.65	0.00	0.35	0.01	5.97
机构持股比例	475	345	0	0.58	0.00	0.42	0.00	4.14
董事长持股比例	483	386	0	0.56	0.00	0.44	0.00	3.42
独立董事占比	449	371	0	0.55	0.00	0.45	0.18	3.22
合格境外投资者持股比例（%）	367	325	0	0.53	0.00	0.47	0.01	2.88
保险持股比例（%）	406	363	0	0.53	0.00	0.47	0.01	2.44
董事会持股比例	439	381	0	0.54	0.00	0.46	0.16	2.29
总经理持股比例	481	388	0	0.55	0.00	0.45	0.00	1.93
其他机构持股比例	449	371	0	0.55	0.00	0.45	0.00	1.80
社保基金持股比例（%）	363	340	0	0.52	0.00	0.48	0.01	1.29
独立董事数量	414	406	0	0.50	0.00	0.50	0.00	0.39
信托持股比例（%）	334	386	0	0.46	0.00	0.54	0.00	-0.29
管理层持股比例	433	387	0	0.53	0.00	0.47	-2.72	-0.80
董事数量	397	423	0	0.48	0.00	0.52	0.00	-0.87
券商持股比例（%）	376	443	0	0.46	0.00	0.54	0.00	-2.49

所有因子按 T 值由大到小进行排序。从表 16-2 中可以看出，在 19 个指标中，股权激励是最显著的指标，其 T 值达到了 8.01，说明股权激励对未来股票收益率有显著的正向预测作用。股权激励的回归系数在历史上有 98 周为 0，这是因为早期，国内上市公司没有股权激励，因此不同公司的股权激励变量都是 0，回归系数也因此为 0。排名第二、第三的分别是基金持股比例和被分析师关注度。在全体指标中，有 9 个指标的 T 值绝对值超过 2.5，此外，券商持股比例的 T 值为-2.49，绝对值接近 2.5。被分析师关注度的两个指标的 T 值都很显著。按是否聘用

四大会计师事务所来衡量的审计指标也具有显著的收益率预测能力。在董事会指标中，独立董事占比对未来股票收益率具有正向预测作用，但独立董事数量和董事数量对未来股票收益率并没有预测能力。此外，机构持股比例与未来股票收益率成正相关，说明机构持股越多，未来股票收益率越高。在不同类型的机构中，基金持股比例和合格境外投资者持股比例对未来股票收益率的预测能力最强。

总结

公司治理与股票投资息息相关，是量化投资中的重要指标。我们虽不能直接衡量企业管理层的正直与诚实，但通过对内部和外部公司治理机制的分析，依然能够对公司的治理水平进行有效评估。通过实证检验表明，公司治理指标对于未来股票收益率具有重要预测作用，特别是股权激励、基金持股比例、被分析师关注度、是否聘用四大会计师事务所进行审计和机构持股比例，在实证 Fama-MacBeth 检验中，T 统计值超过 4。

第 17 章　ESG 因子

本章讲解应用于量化投资中的 ESG（Environment, Social, Governance）因子。

ESG 代表的是企业对环境保护与社会责任做出的贡献，以及对员工作为个体的关怀。随着生态环境恶化、资源过度消耗、企业责任缺位等问题的日益增多，"可持续发展"的理念在世界范围内得到重视。联合国环境规划署——金融倡议组织在 1992 年倡议：希望环境、社会和公司治理因子能够被纳入金融机构决策过程当中。自此，国际社会中众多社会组织和第三方机构开始关注 ESG 理念的推广和信息披露规范的制定。全球报告倡议组织（GRI）推出"全球报告倡议指引"，为各国提供了 ESG 信息披露参考标准。为引导投资者、公司、监管机构共同参与、推动长期可持续发展，国际上众多研究机构围绕着 ESG 评价体系开展了相关研究和应用，不断推动 ESG 信息准确性的提升。目前国际上影响力较大的 ESG 评级产品主要来自明晟（MSCI）、富时（FTSE）、彭博（Bloomberg）和标准普尔公司等。

在国内，经济发展转型和绿色产业发展成为新的经济增长点，降低企业环境污染水平、践行社会责任和提高治理能力的可持续发展理念得以大力倡导，企业 ESG 表现受到高度关注。在信息披露上，有关绿色金融体系构建和企业社会责任报告规范的文件相继出台，推动企业 ESG 信息披露规范的完善。在评价体系搭建上，目前 MSCI 已将部分 A 股公司纳入覆盖范围，国内商道融绿、润灵环球、WIND 等机构开发了针对 A 股上市公司的 ESG 评级方法，为投资者提供企业 ESG 表现评价。据彭博财经《2021 责任与价值：中国 ESG 投资的发展与趋势》，在 2019 年，将 ESG 作为投资中评价因子的资产管理公司占比不到 1%，但在 2020 年这一比例已上升到 16%。ESG 投资是当前投资当中最受关注、发展最快的领域。

17.1　ESG 因子的概念

从内涵来看，ESG 包含环境（Environment）、社会责任（Social）和公司治理（Governance）三个方面。其中环境指公司在环境保护方面的作为，包括企业环境管理政策、能耗排放水平等；社会责任指公司平等对待利益相关者、维护公司发展的社会生态系统，如人权、劳工、健康等；公司治理指治理观景、治理结构、治理机制和治理行为综合作用的结果。ESG 内涵概括了影响公司或商业投资中可持续性和道德影响的三个核心因素，广泛覆盖了气候变化、能源、性别平等、劳工、内部腐败、信息披露与透明、董事会职责等议题。

将 ESG 因子纳入投资当中，是责任投资理念的延伸，意味着投资人在决策时关注到公司在 ESG 三方面的作为与成果，进而对公司长期风险和绩效进行评估。近年来，ESG 投资被视作追求长期价值投资的先进投资理念与策略，围绕着 ESG 表现与企业绩效的相关研究逐渐丰富起来。从理论上来讲，ESG 对企业的主要影响既有正面的，也有负面的。首先，公司参与 ESG 活动耗费企业资源，环境和社会责任方面的支出增加了企业成本，影响企业实现股东利益最大化的目标，对企业绩效存在负面作用。然而，企业参与环境保护活动能够维护公共关系，减少与当地社区的摩擦，参与社会责任活动能够提高企业声誉和人力资源水平。因此

ESG 活动从长期来看节省企业开支，降低环境诉讼的风险，对绩效存在正面效应。由此可见，ESG 作为因子，能否对投资的绩效带来改善，该如何使用，是当前 ESG 投资中最核心的问题。

17.2　ESG 指标的构建

公司 ESG 信息主要来自公司自主披露报告和其他公开信息，包括但不限于上市公司年度报告、社会责任报告、环境报告、监管部门处罚信息和媒体报道等。从以上信息来源来看，ESG 信息以定性信息为主，大多为非结构化数据，并且缺乏统一的披露口径。碎片化的 ESG 信息难以为投资者所用。总体而言，公司 ESG 数据存在数据量基础小、概念不统一、评价方法不一的问题，不同数据库或评价机构提供的 ESG 数据产品存在较大差异。国际上影响力较大的 ESG 评级指数包括 MSCI ESG 系列指数、FTSE4Good 系列指数、Bloomberg ESG 指数等。以 MSCI ESG 指数为例，MSCI 首先对受评公司按行业分类，按照环境、社会和治理三方面不同要素进行打分，通过行业内相对排序得到公司最终 ESG 评级。其中 MSCI 在开展评分时采用的要素如表 17-1 所示。

表 17-1　MSCI ESG 评级指标框架（2020 年 11 月更新）

范畴	主题	ESG 关键议题
环境	气候变化	碳排放、环境影响融资、产品碳足迹、气候变化脆弱性
	自然资本	水资源压力、原材料采购、生物多样性和土地利用
	污染物与废弃物	有害排放和废弃物、电子垃圾、包装材料与废弃物
	环境机会	清洁技术机会、再生资源机会、绿色建筑机会
社会	人力资本	劳工管理、人力资源发展、健康和安全、供应链劳工标准
	产品责任	产品安全和质量、隐私和数据安全、化学品安全性、责任投资、金融产品安全、健康与人口增长
	利益相关方反对	有争议的采购、社区关系
	社会机会	沟通途径、健康关爱的途径、融资途径、营养与健康机会
治理	公司治理	所有权及控制、薪酬、董事会、会计
	商业行为	商业道德、税务透明

资料来源：MSCI ESG

MSCI ESG 评级覆盖了全球约 7000 家企业，其中有 200 余家 A 股上市公司被纳入其中。除此以外，其他覆盖 A 股上市公司的 ESG 第三方评级如表 17-2 所示。

表 17-2　ESG 数据库汇总

ESG 数据库	相关数据库	说明
华证 ESG 评级	WIND	构建三级指标体系，并融入了更多贴合国内当前发展阶段的指标，如信息披露质量、违法违规情况、精准扶贫等，覆盖全部 A 股上市公司、1000+债券主体
富时罗素 ESG 评级	WIND	评估基于 14 个主题下 300 余个独立评估指标，覆盖 A 股约 800 家上市公司

续表

ESG 数据库	相关数据库	说明
商道融绿 ESG 评级	WIND、CSMAR	评估包含三级指标体系，区分通用指标和行业特定指标，覆盖沪深 300 和中证 500 成分股
社会价值投资联盟 ESG 评级	WIND	评估模型由"筛选子模型"和"评分子模型"两部分构成，由筛选子模型选出符合资质的上市公司后，由评分子模型对可持续发展价值贡献进行评分，评分覆盖沪深 300 成分股
WIND ESG 评级	WIND	评估包含三级指标体系，覆盖沪深 300、中证 500、中证 800 成分股
润灵环球 ESG 评级	CSMAR	评级模型从 E、S、G 三个维度进行评估，每个维度下面按行业特性，识别出投资者关注的关键议题，每个议题下设具体指标进行评估，评级覆盖中证 800 成分股

除第三方评级以外，国内部分数据库提供了 ESG 表现相关信息的数据库，提供企业在 E、S、G 三方面的具体信息。中国研究数据服务平台（Chinese Research Data Services Platform, CNRDS）提供了中国上市公司 ESG 数据库（Chinese Corporate Social Respon-sibilities Database, CCSR）。该数据库旨在为科研人员提供中国上市公司的企业社会责任数据。其设计主要以 KLD STATS 的数据作为设计的主要模板，并根据我国企业社会责任所涉及的具体内容，从"环境"、"慈善"、"产品"、"雇员关系"和"公司治理"五个方面，从"优势"和"关注"两个角度，用 52 个细分指标对企业社会责任进行衡量。"关注"对应的英文是 concern，代表的是让人担心、需要关注的方面，即负面信息。CCSR 数据库包括 2006 年至今沪深两市所有披露过企业社会责任报告的上市公司的 CSR 数据。具体采用的指标如表 17-3 至表 17-7 所示。

表 17-3　CNRDS 企业 ESG 指标——环境类

类别	变量名称	变量说明
环境优势	对环境有益的产品	公司开发或运用了对环境有益的创新产品、设备或技术。有则为 1，没有则为 0
	减少三废的措施	公司为减少废气、废水、废渣及温室气体排放采取的政策、措施或技术。有则为 1，没有则为 0
	循环经济	公司使用可再生能源或采用循环经济的政策、措施。有则为 1，没有则为 0
	节约能源	公司有节约能源的政策措施或技术。有则为 1，没有则为 0
	绿色办公	公司有绿色办公政策或者措施。有则为 1，没有则为 0
	环境认证	公司的环境管理系统通过 ISO 14001 认证。有则为 1，没有则为 0
	环境表彰	公司获得了环境表彰或者其他正面评价。有则为 1，没有则为 0
	其他优势	在上述指标中未涉及的公司环境方面的其他优势。有则为 1，没有则为 0
环境关注	环境处罚	如公司在环境方面受到处罚。有则为 1，没有则为 0
	污染物排放	如公司有污染物排放。有则为 1，没有则为 0

环境类指标包含环境关注和环境优势两大项。环境污染包含 2 个子项，环境优势方面又细分出了 8 个子项。每个子项的得分都是 0 或 1，因此环境类共计 10 个指标。

表 17-4　CNRDS 企业 ESG 指标——慈善类

类别	变量名称	变量说明
慈善优势	捐赠总额	慈善捐赠总额。单位：万元
	支持教育	公司有支持教育的行为，如创办学校，为希望工程捐款，资助贫困学生等。有则为 1，没有则为 0
	支持慈善	公司有支持慈善捐赠事业的项目。如公司建立自己的慈善基金，或者与其他组织合作推广慈善事业。有则为 1，没有则为 0
	志愿者活动	公司有杰出的志愿者活动。有则为 1，没有则为 0
	国际援助	公司有对国外的援助行为。有则为 1，没有则为 0
	带动就业	公司有带动就业的政策或者措施，并得到相应的执行。有则为 1，没有则为 0
	促进当地经济	公司运营对当地社区经济发展的促进作用，以及带动当地经济发展的政策、措施，如本地化采购政策、本地化雇佣政策等。有则为 1，没有则为 0
	其他优势	在上述指标中未涉及的企业为社会做出的贡献。有则为 1，没有则为 0
慈善关注	融资纠纷	公司在借款或者投资方面产生了纠纷和争议。有则为 1，没有则为 0

慈善类指标包含慈善优势和关注两大项，慈善优势又细分出 8 个子项，共计 9 个指标。

表 17-5　CNRDS 企业 ESG 指标——产品类

类别	变量名称	变量说明
产品优势	质量体系	企业有产品质量管理体系。有则为 1，没有则为 0
	售后服务	公司不断完善其售后服务。有则为 1，没有则为 0
	客户满意度调查	公司进行了客户满意度调查。有则为 1，没有则为 0
	质量荣誉	公司在产品质量方面获得了认证和荣誉。有则为 1，没有则为 0
	专利数目	公司当年独立以及联合获得的专利总数
	研发支出	公司的研发支出。单位：万元
	研发人员比例	公司研发人员比例
	技术人员比例	公司技术人员比例
	反腐败措施	公司是否有反商业贿赂措施或者反腐败措施。有则为 1，没有则为 0
	战略共享	公司与商业伙伴是否建立了战略共享机制与平台，包括长期的战略合作协议、共享的实验基地、共享的数据库以及稳定的沟通交流平台等。有则为 1，没有则为 0
	诚信经营理念	企业有诚信经营、公平竞争的理念与制度保障。有则为 1，没有则为 0
	其他优势	在上述指标中未涉及的公司产品方面的其他优势。有则为 1，没有则为 0
产品关注	产品纠纷	公司最近由于产品或者服务安全问题卷入了较大的纷争或者管制行动，支付了大量罚款或者民事赔偿。有则为 1，没有则为 0

产品类指标包含产品优势和产品关注两大项，产品优势又细分出 12 个子项，共计 13 个指标。

表 17-6 CNRDS 企业 ESG 指标——雇员关系类

类别	变量名称	变量说明
雇员关系优势	员工参股	该指标记录公司是否强烈鼓励员工通过股票期权的形式参与或拥有公司所有权；分享收益，拥有股票，分享财务信息，或者参与管理决策的制定；或公司设立薪酬激励机制。有则为1，没有则为0
	员工福利	公司有非常好的退休及其他福利项目。有则为1，没有则为0
	安全管理体系	公司采用了安全生产管理体系。有则为1，没有则为0
	安全生产培训	公司进行了安全生产方面的培训。有则为1，没有则为0
	职业安全认证	公司进行了职业安全方面的认证。有则为1，没有则为0
	职业培训	公司对员工进行了职业培训。有则为1，没有则为0
	员工沟通渠道	公司有较好的沟通渠道让员工意见或建议传达到高层。有则为1，没有则为0
	其他优势	在上述指标中未涉及的公司雇员关系方面的其他优势。有则为1，没有则为0
雇员安全关注	雇员安全纠纷	如公司最近由于违反雇员健康安全准则。支付了大量罚款或者民事赔偿，或者公司卷入了大的有关健康和安全纷争中。有则为1，否则为0
	裁员	如公司最近年份进行了大量的裁员。有则为1，否则为0

在雇员关系类指标中，雇员关系优势包含 8 个子项，雇员安全关注包含 2 个子项，共计 10 个指标。

表 17-7 CNRDS 企业 ESG 指标——公司治理类

类别	变量名称	变量说明
公司治理优势	CSR 报告全面性	社会责任信息覆盖范围是否全面，社会责任报告是否覆盖到了股东、债权人、职工、客户、社区与环境六个方面或明确表示采用了 G3 标准编写体系。有则为1，没有则为0
	CSR 报告页数	CSR 报告页数。单位：页
	CSR 专栏	公司主页是否设置 CSR 专栏。有则为1，没有则为0
	CSR 领导机构	公司是否建立了 CSR 领导机构或有明确 CSR 主管部门。有则为1，没有则为0
	CSR 愿景	公司是否有对经济、社会、环境负责任的理念、愿景或价值观。有则为1，没有则为0
	CSR 培训	进行了 CSR 培训。有则为1，没有则为0
	每股社会贡献值	每股社会贡献值
	可靠性保证	CSR 报告的可靠性保证。有则为1，没有则为0
	其他优势	在上述指标中未涉及的公司治理方面的其他优势。有则为1，没有则为0
公司治理关注	会计违规	是否有会计违规情况。有则为1，没有则为0

在公司治理类指标中，公司治理优势包含9个子项，共计10个指标。该数据库给出的公司治理的优势，主要是针对公司社会责任报告披露的治理结构，与通常学术界研究的公司治理并不一致。关于公司治理因子的专门讨论，请参阅本书公司治理因子一章。

17.3 实证检验

ESG 因子在投资中是否有用？ESG 与未来股票收益率的相关性是正是负？为了回答这些问题，需要通过实证检验，对每个 ESG 因子逐一进行测试。

ESG 数据库的样本是从 2007 年开始的。表 17-8 提供了披露社会责任报告的公司数量。

表 17-8 A 股上市公司披露社会责任报告的统计

年份	披露社会责任报告的公司数量/个	A 股上市公司总数/个	披露社会责任报告的公司占比
2006	19	1430	1.33%
2007	39	1524	2.56%
2008	363	1563	23.22%
2009	457	1899	24.07%
2010	528	2221	23.77%
2011	582	2427	23.98%
2012	641	2448	26.18%
2013	670	2553	26.24%
2014	703	2775	25.33%
2015	742	2932	25.31%
2016	791	3387	23.35%
2017	853	3544	24.07%
2018	936	3683	25.41%
2019	990	4045	24.47%
2020	1105	4504	24.53%

从表 17-8 中可以看到，自 2006 年开始，A 股上市公司开始披露社会责任报告。虽然披露社会责任报告的公司数量从 2006 年的 19 家上升至 2020 年的 1 105 家，但其占比自 2008 年达到 23%之后，就徘徊在 23%~26%之间，没有明显上升。这也说明，目前 A 股上市公司中有超过 75%的是没有披露社会责任报告的，ESG 对于这些企业而言都是缺失值。

实证检验是按照 Fama-MacBeth 方法，逐周估计横截面回归，每周跑回归时窗口期为三周。为确保每周回归的样本数大于 500，样本期从 2009 年 1 月至 2021 年年底，共计 668 周。

首先看环境类的因子测试结果，如表 17-9 所示。

表 17-9 环境类因子实证检验结果

变量	回归系数为正的比例	回归系数为负的比例	回归系数均值	T-统计量
环境认证	0.57	0.43	0.06	4.01
绿色办公	0.54	0.46	0.06	3.71
其他优势	0.56	0.44	0.06	3.48

续表

变量	回归系数为正的比例	回归系数为负的比例	回归系数均值	T-统计量
循环经济	0.53	0.47	0.02	1.15
对环境有益的产品	0.53	0.47	0.01	0.85
污染物排放	0.43	0.57	0.00	−0.01
节约能源	0.51	0.49	0.00	−0.08
环境表彰	0.50	0.50	−0.01	−0.38
减少三废的措施	0.51	0.49	−0.02	−1.27
环境处罚	0.40	0.53	−0.16	−3.01

在表17-9中，环境优势类的指标大都与未来股票收益成正相关，其中环境认证、绿色办公和其他优势这三个指标的T值都超过2.5。环境处罚作为负面信息，与未来股票收益呈显著负相关，T值为−3.01，说明受过环境处罚的企业，其未来股票收益会更低。

表17-10提供了慈善类因子的实证检验结果。结果表明，慈善优势类因子，如支持教育、支持慈善、带动就业等因子，与未来股票收益都显著相关，T值都超过4，说明资本市场非常看重企业在慈善方面的作为。

表17-10 慈善类因子实证检验结果

变量	回归系数为正的比例	回归系数为负的比例	回归系数均值	T-统计量
支持教育	0.57	0.43	0.07	5.81
支持慈善	0.59	0.41	0.09	5.40
其他优势	0.56	0.44	0.07	4.80
带动就业	0.55	0.45	0.04	4.22
国际援助	0.53	0.47	0.11	3.66
捐赠总额	0.53	0.47	0.00	2.60
志愿者活动	0.56	0.44	0.03	2.50
促进当地经济	0.49	0.51	0.00	−0.41
融资纠纷	0.48	0.52	−0.02	−0.72

表17-11给出的是产品类因子实证检验结果。在产品类因子中，研究人员比例和技术人员比例因为数据缺失，没有被包含在表格中。产品优势类的其他因子大都与未来股票收益呈显著正相关，特别是研发支出和客户满意度调查两个因子，T值分别达到了6.77和5.99。反腐败措施也与未来股票收益显著相关，T值达到5.76。

表17-11 产品类因子实证检验结果

变量	回归系数为正的比例	回归系数为负的比例	回归系数均值	T-统计量
研发支出	0.63	0.37	0.00	6.77
客户满意度调查	0.59	0.41	0.06	5.99
反腐败措施	0.58	0.42	0.05	5.76

续表

变量	回归系数为正的比例	回归系数为负的比例	回归系数均值	T-统计量
其他优势	0.59	0.41	0.18	4.66
专利数目	0.61	0.39	0.00	4.34
售后服务	0.58	0.42	0.05	4.17
质量体系	0.57	0.43	0.05	3.18
战略共享	0.51	0.49	0.04	3.08
质量荣誉	0.55	0.45	0.03	2.80
产品纠纷	0.51	0.49	0.15	2.53
诚信经营理念	0.49	0.51	-0.01	-0.98

表 17-12 给出的是雇员关系类因子的检验结果。员工福利、员工沟通渠道、其他优势、职业培训都与未来股票收益呈显著正相关，T 值都大于 2.5。员工参股与未来股票收益不显著相关。雇员关系需要关注的方面，比如裁员、雇员安全纠纷等，与未来股票收益也不显著相关。

表 17-12 雇员关系类因子的实证检验结果

变量	回归系数为正的比例	回归系数为负的比例	回归系数均值	T-统计量
员工福利	0.57	0.43	0.06	4.85
员工沟通渠道	0.54	0.46	0.04	4.51
其他优势	0.55	0.45	0.04	2.85
职业培训	0.55	0.45	0.05	2.61
职业安全认证	0.53	0.47	0.02	1.92
裁员	0.54	0.46	0.03	0.88
雇员安全纠纷	0.47	0.53	0.03	0.39
安全管理体系	0.52	0.48	-0.01	0.36
员工参股	0.53	0.47	0.01	0.34
安全生产培训	0.46	0.54	-0.03	-2.21

表 17-13 给出的是公司治理类因子的实证结果。在治理类因子中，与未来股票收益相关度最高的是 CSR 报告页数。T 值达到 8.29。CSR 愿景、CSR 领导机构和 CSR 专栏、可靠性保证也与未来股票收益成正比，T 值均大于 2.5。在治理类因子中，会计违规作为负面信息，与未来股票收益并不显著相关。

表 17-13 公司治理类因子的实证检验结果

变量	回归系数为正的比例	回归系数为负的比例	回归系数均值	T-统计量
CSR 报告页数	0.64	0.36	0.00	8.29
CSR 愿景	0.56	0.44	0.07	3.69
CSR 领导机构	0.57	0.43	0.05	3.29

续表

变量	回归系数为正的比例	回归系数为负的比例	回归系数均值	T-统计量
CSR 专栏	0.56	0.44	0.03	2.60
可靠性保证	0.53	0.47	0.07	2.58
其他优势	0.53	0.47	0.04	2.17
CSR 报告全面性	0.58	0.42	0.03	2.03
CSR 培训	0.53	0.47	0.02	1.66
会计违规	0.50	0.50	−0.01	−0.41

通过实证检验，可以看出 ESG 因子中，有 4 个环境类因子、7 个慈善类因子、10 个产品类因子、4 个雇员关系类因子和 5 个治理类因子，共计 30 个因子的 T 值的绝对值超过 2.5，与未来股票收益显著相关。这也印证了 ESG 类因子在投资中的重要性。

总结

ESG 是当前投资领域最受关注的热点问题。ESG 具有一套完整的披露框架和评估体系，蕴含大量指标。我国 A 股市场目前披露社会责任报告的企业占比不足 25%。随着社会对可持续发展的重视，ESG 在我国尚有广阔的成长空间。实证检验表明，ESG 有 30 个因子与未来股票收益显著相关，进一步说明 ESG 在投资领域的重要意义。

第 18 章 事件驱动策略：以大股东交易与高送转为例

本章介绍量化投资中的事件驱动策略。通过事件研究法寻找影响未来收益率的事件，并据此构建投资组合的策略，即事件驱动策略。能够应用此策略的事件有并购重组、高管离任、行政处罚或诉讼、会计造假和定向增发等。在本章中，将以"大股东交易"和"高送转"为例，具体阐述这两类事件能够带来的未来超额收益率。选择这两类事件的原因是：第一，事件发生的频率较高，投资机会多，易于进行回归分析；第二，这两类事件在中国 A 股市场上的影响较大，据其构建的投资组合易于获得显著的正回报。

18.1 大股东交易

大股东交易是指公司管理层或持股数量在5%以上的股东对公司股票进行增持或减持的行为。大股东交易涉及的投资者包括公司高管及其亲属、金融机构、政府组织和关联公司等。相对于普通投资者而言，他们对公司的运营状况更加了解，公司的发展前景也与他们的个人利益息息相关。因此，他们具有更多的渠道、较低的成本和更强烈的动机去获取关于公司未来发展的信息，并利用这些信息进行股份交易，保护自己的利益。正是由于这个原因，大股东交易能够传递出公司的内幕信息，可能会影响公司未来的股价走势。而我们希望通过分析大股东交易事件，了解其背后的传导机制，并据此预测未来的股价，从而利用这类信息进行量化策略的构建。

18.1.1 背景

在中国，大股东交易的转折点来自 2005 年 4 月开始实施的股权分置改革。在此之前，中国 A 股市场上的上市公司股票分为三个部分，分别是国有股、法人股和社会公众股。其中，国有股为地方或中央政府所有，法人股是由关联公司、战略投资者、金融机构和高管等持有。这两类股票又被称作非流通股，不能在交易所市场流通。而社会公众股则是流通股，能够自由流通与交易。在 2005 年之前，市场上的非流通股占比高达60%。由于那些占比高、流动性差的国有股或法人股大部分被政府机构、公司高管、关联公司和金融机构等大股东所持有，因此在 2005 年之前大股东交易一直很少。

股权分置带来了严重的股价扭曲现象和股东利益冲突，而股权分置改革的目的在于消除非流通股和流通股的流通制度差异，把原本不能交易的非流通股逐步转化成流通股。改革从 2005 年 4 月开始，持续至 2006 年年底，总共转换了约 4 800 亿股非流通股股票。

股权分置改革后，原本持有非流通股的大股东能够交易转让其股份，并且其交易信息需要充分披露。数据表明，从 2005 年至 2012 年，随着股权分置改革的不断推进，大股东交易次数从 106 次迅速增加至 6 854 次，交易规模与交易频率均屡创新高。仅 2012 年一年，2 453 家上市公司中就有 1 173 家公司被披露存在大股东交易，占比近 50%。

相对于发达国家的金融市场，在中国研究大股东交易事件还有两大优势。

其一，与发达金融市场中机构投资者占主导地位不同，国内 A 股市场中"散户"居多。相对于机构投资者，中小散户投资经验不足，对信息的搜集和处理能力较弱。因此，如果大股东交易与内幕信息相关，那么在中国市场上其信息优势应当更加明显，所以大股东交易带来的异常收益率可能更加显著。

其二，中国股票市场的信息披露制度比发达国家的更不完善，甚至弱于其他发展中国家，如印度和巴西。在信息不对称情况更加严重的中国市场，大股东交易传递的信息可能会带来更深远的影响。

由于大股东交易对于金融市场的影响较大，中国证监会要求公司管理层或持股数量在5%以上的股东披露其交易信息，包括交易者的身份、与管理层的关系、交易期间、平均交易价格、增持或减持、成交量和交易后的持股量等重要信息。此外，证监会根据交易者的身份，将其分成公司管理层、企业和个人三类，并且规定管理层的直系亲属属于公司管理层分类。上述大股东交易的数据库为我们研究大股东交易提供了事件样本，成为事件驱动策略研究的数据来源。

18.1.2 理论预测

公司管理层或持股数量在5%以上的股东与公司的关系往往比普通投资者更加密切，他们能够参与公司的重大决策，获得与公司未来发展相关的重要内幕信息，并利用这些信息形成对公司发展前景的预测和判断，进而选择继续持有、增持或减持公司的股票。

一般来说，当大股东知道了某个尚未公开的利好信息，如研发项目的成功、政府的扶持、超过预期的盈利等，他会选择增持该公司股票；反之，如果是业绩亏损、重组失败、诉讼罚款等利空消息，则会选择减持该股票。此外，大股东出于自身的分散化投资和流动性需求，也会减持。因此，大股东的股权交易能够在一定程度上反映公司尚未公开的信息，而这些信息可能直接或间接地与公司的未来盈利水平相关，进而逐渐反映在未来股价中。

关于大股东交易与未来股价的变化，理论上有两个预测：第一，由于股价的变化有公司未来发展相关信息支撑，因而这样的变化能够维持较长一段期间，即收益率在较长持有期间内将会保持增长或至少是不变的。这也意味着大股东交易带来的股价变动不是短暂的交易冲击，而是长久的价值变化。第二，在大股东增持的情况下，股价的变化幅度比减持情况下要大，这是因为大股东增持往往是出于看好公司未来发展等原因，而减持则可能仅仅是因为自身流动性或资产配置的需要，所以增持中包含的公司利好信息比减持中包含的公司利空信息多。

18.1.3 大股东交易市场统计

本书有关大股东交易的研究引自 Qiu et al. (2016)，实证研究的样本是 2005—2012 年的大股东交易事件。在进行研究之前，我们首先观察样本期间内大股东交易的总体情况。根据证监会的披露要求，我们能够得到所有大股东交易的相关信息，数据来自国泰安数据库。图 18-1 和图 18-2 分别刻画了 2005—2012 年大股东增持和减持的次数、成交量变化。

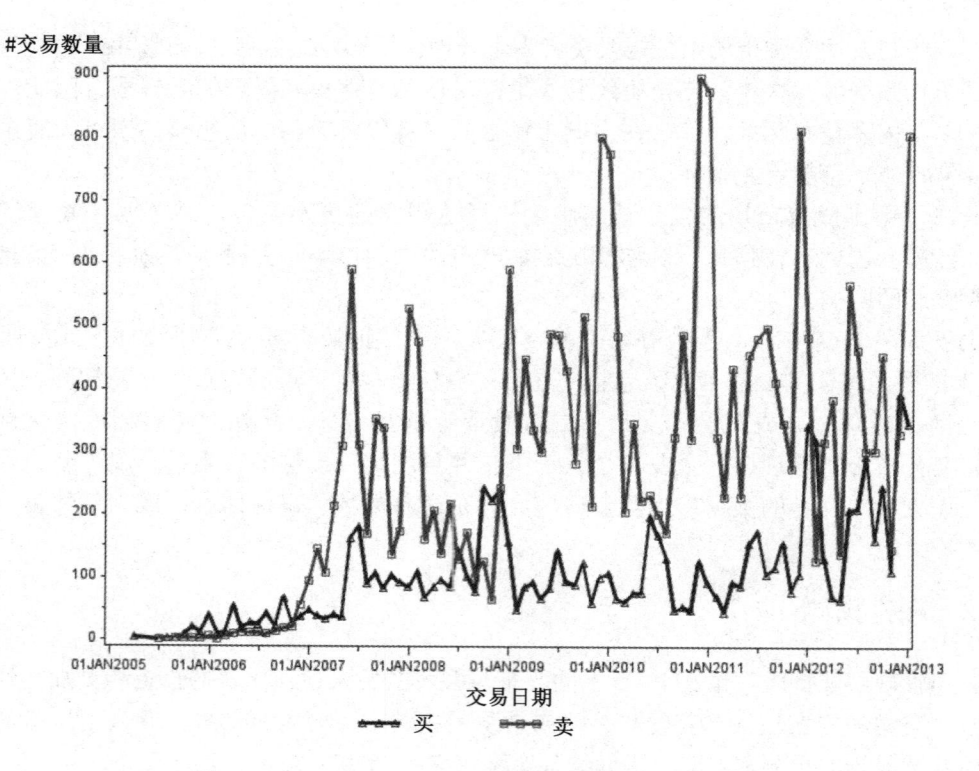

图 18-1　2005—2012 年大股东增持和减持次数的变化

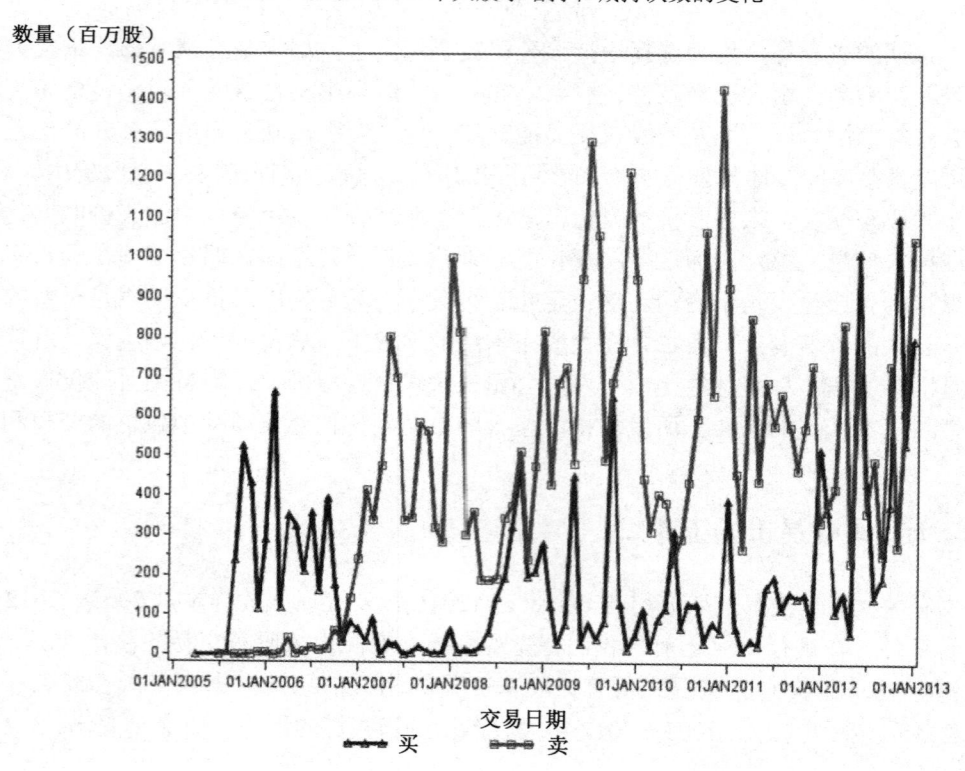

图 18-2　2005—2012 年大股东增持和减持成交量的变化

从图中可以看到样本期内大股东增持和减持的交易次数和成交量的变化。第一，大股东交易次数和成交量在 2006 年年底前都处于较低的水平，之后才出现了大幅跳跃式增长。这种情况出现的主要原因是非流通股解禁具有 12 个月的锁定期。为了防止非流通股的大量减持造成股价的大幅波动，股权分置改革限制了非流通股份解禁的份额和速度，原非流通股解禁后需要 12 个月才能进行上市交易和转让。而 2006 年年底则是最早能够进行交易的时间，因此当时大股东交易大幅上升。第二，2007—2011 年，大股东减持的次数和成交量都大于增持。这是因为在股权分置改革后，原本持有非流通股的大股东希望把之前低成本持有的股票变现获利，而进行了大规模减持。第三，到了 2012 年，这样的情况有所改观，虽然大股东的减持频率依然比增持频率高，但两者的成交量已经趋于一致。这主要是因为，当时的国有企业买入了原本被中央政府持有的 9 190 万股四大行股票，贡献了当年 17% 的大股东增持成交量。

表 18-1 展示的是 2005—2012 年每年进行大股东交易的上市公司数目。从绝对数目上看，存在大股东交易的公司不断上升，但是上升趋势减缓。具体来说，存在大股东交易的公司从 2005 年的 39 家迅速增加到了 2012 年的 1 173 家，而且这 8 年间进行大股东交易的公司总共达到了 2075 家。从相对比例上看，存在大股东交易的公司占上市公司比呈现先升后降的趋势。在 2005 年进行大股东交易的公司在当年所有上市公司中只占 3%，随后上升速度非常快，至 2009 年达到峰值 58.29%，随后逐渐下降，但仍维持在 45%~50%。

表 18-1　2005—2012 每年进行大股东交易的上市公司数目

年份	存在大股东交易的公司数	上市公司总数	占比	增持次数	减持次数
2005	39	1315	2.97%	90	16
2006	202	1381	14.63%	391	260
2007	822	1495	54.98%	1046	3363
2008	861	1559	55.23%	1617	2612
2009	970	1664	58.29%	1080	5369
2010	986	2010	49.05%	1134	4747
2011	1046	2295	45.58%	1517	4964
2012	1173	2453	47.82%	2538	4316
合计	2075			9413	25647

接下来，我们进一步检验不同类型的大股东交易情况。在表 18-2 中，我们把大股东分成了六类，分别是关联公司、管理层（其及亲属）、个人投资者、外国投资者、政府控制机构和机构投资者。就发生交易的大股东数目来看，属于管理层的大股东最多，有 8 053 个，并且在这 8 年间发生的交易次数也最多，总共发生了 7 527 次增持和 16 704 次减持；就交易量来看，由于关联公司的资金规模和财力优势，它的贡献反而是最多的，总共增持了 105 亿股和减持了 179 亿股。从整体上说，在样本期内，增持事件的数量远远低于减持事件的数量，每个大股东发生的增持行为不到 1 次，而减持行为约为 3.5 次。

表 18-2 2005—2012 年间不同类型的大股东交易情况

分类	交易大股东数量	增持次数	减持次数	平均增持次数	平均减持次数	总增持股数（十亿）	总减持股数（十亿）
关联公司	1295	1074	3798	0.829	2.933	10.543	17.855
个人投资者	351	230	797	0.655	2.271	0.364	2.435
管理层（及其亲属）	8053	7527	16704	0.935	2.074	0.998	4.122
机构投资者	866	479	3803	0.553	4.391	3.525	15.323
外国投资者	69	44	392	0.638	5681	0.140	1.360
政府控制机构	50	59	153	1.180	3.060	1.587	0.500
合计	10684	9413	25647	0.798	3.402	17.2	41.6

此外，根据机构投资者的结构，将其分成七类，分别是私募基金（PE）、银行、公募基金、保险公司、证券公司、信托和养老基金。表 18-3 展现了这 866 个机构投资者的分布以及它们的大股东交易情况。从表中能够看出，从公司数量来说，私募基金（PE）为 764 家，占比最高，达到 88%，而且所贡献的交易次数和成交量也是最大的，分别达到了 88.8% 和 76.0%。其次则是信托，但是不管是从大股东数量、交易次数还是交易量，均远远不及私募基金（PE）。至于平均持股规模，尽管保险公司和信托的交易不及私募基金（PE）活跃，但是它们的持股价值分别达到了 24 亿元人民币和 10.39 亿元人民币，远高于私募基金的 5.58 亿元人民币。同样的，基本上每一类机构投资者内部均呈现出增持次数和规模高于减持的情况，与大股东交易的整体情况是类似的。

表 18-3 2005—2012 年间不同机构投资者的大股东交易情况

机构投资者	大股东数量	增持次数	减持次数	平均增持次数	平均减持次数	总增持股数（十亿）	总减持股数（十亿）	平均持股规模（十亿元）
私募基金（PE）	764	401	3400	0.525	4.450	2594.0	11725.8	0.558
银行	15	7	79	0.467	5.267	11.7	716.6	0.438
公募基金	26	18	28	0.692	1.077	105.7	80.3	0.270
保险公司	16	26	28	1.625	1.750	100.0	485.5	2.400
证券公司	15	11	65	0.733	4.333	54.3	561.8	0.885
信托	26	16	191	0.615	7.346	658.8	1672.1	1.039
养老基金	4	0	12	0.000	3.000	0	80.6	0.525
合计	866	479	3803	0.665	3.889	3524.5	15322.7	0.9

18.1.4 实证研究方法

1. 累计异常收益率的计算

研究大股东交易对股价的影响，关键变量是此事件发生后的累计异常收益率（CAR）。累计异常收益率的计算采用周度数据。事件发生日是大股东交易的信息披露日；估计窗口是事件发生日前 60 周到前 8 周;事件窗口是事件发生日后 10 个交易日、30 个交易日、60 个交易日、90 个交易日或 180 个交易日。收益率模型采用 CAPM 模型。

2. 回归模型

明确了累计异常收益率的计算方法后,我们需要检验大股东交易是否为产生累计异常收益率的原因。根据前述理论,大股东增持会引起股价上涨,而减持能够引起股价下跌,因此我们的回归模型设定如下:

$$\text{Ret}_{i,t,t+j} = \alpha + \beta_{\text{buy}} \cdot \text{Blockholder}_{\text{buy}_{i,t}} + \text{Controls}_{i,t} + \text{Indus}_{*i} + \varepsilon_{i,t}$$

其中,t 为事件发生日,$j \in \{10, 30, 60, 90, 180\}$;因变量 $\text{Ret}_{i,t,t+j}$ 代表事件发生日后 j 个交易日内股票 i 的累计异常收益率;自变量 $\text{Blockholder}_{\text{buy}_{i,t}}$ 是一个虚拟变量,如果股票 i 在 t 时刻发生增持的成交量大于减持的则为 1,反之则为 0。

$\text{Controls}_{i,t}$ 代表三个控制变量,分别是股票 i 的市值、账面市值比和过去收益率。其中,市值根据事件发生前一周最后一个交易日的市值估计;账面市值比根据事件发生前一年年报中的账面价值与事件发生前一周最后一个交易日的市值估计;过去收益率衡量的是事件发生日前 50 周(代表过去一年)和前 4 周(代表过去一个月)的股票收益率。Indus_{*i} 代表了股票 i 所属行业的固定效应。不同于之前的 Fama-MacBeth 回归,该回归采用的是面板回归法。

β_{buy} 衡量的是大股东增持情况下股票的累计异常收益率高于减持情况下的部分。根据我们的理论预期,大股东的交易行为揭示了公司未来发展的信息,因而大股东的增持行为可能会导致未来股价的上涨,而减持行为则正好相反,所以我们预测 β_{buy} 应该是显著为正的。并且,由于这样的变化具有基本面的支撑,异常收益率较为持久,因此随着持有期逐渐增大,β_{buy} 应该能够保持增长,或者至少是固定不变的。

3. 组合分析

我们能够根据大股东交易的信息,构建事件驱动策略并对其进行组合分析。结合回归模型中 $\text{Blockholder}_{\text{buy}_{i,t}}$ 的定义,分别构建买入组合和同等规模的卖出组合。其中,买入组合是指每周买入前一周大股东增持成交量大于减持成交量的股票;卖出组合则相反,是指每周买入前一周大股东减持成交量大于增持成交量的股票。然后,分别测量这两个组合在 10、30、60、90、180 个交易日的持有期间内的收益率,以获得大股东交易事件驱动策略的绩效。

除了原始收益率,还能够比较风险调整后的收益率。此处我们采用 CAPM α、Fama-French 三因子 α 和 DGTW 超额收益率这三种方法来衡量风险调整后的收益率。

18.1.5 研究结果

1. 各变量的描述性统计结果

表 18-4 统计的是 2005—2012 年,去除金融公司和公共事业单位后的 25 153 个大股东交易样本的描述性统计。其中,面板 A 显示的是事件发生日后 10、30、60、90 和 180 个交易日的累计异常收益率。面板 B 显示的是事件发生日前一年的收益率、事件发生日前一个月的收益率、账面市值比的对数和市值的对数。从收益率的统计中我们可以发现,股票收益率的波

动非常剧烈，在 10 天的平均累计异常收益率为 0.9% 的情况下，标准差居然高达 9.4%，而其他持有期的收益率标准差同样也都约为均值的 10 倍。

表 18-4 回归模型中各变量的描述性统计

变量	观测数	均值	中位数	标准差
面板 A：收益率				
Ret (t, t+10)	24 612	0.931	0.490	9.494
Ret (t, t+30)	24 691	1.577	0.675	15.331
Ret (t, t+60)	24 837	2.812	1.272	19.845
Ret (t, t+90)	24 958	3.962	1.598	23.392
Ret (t, t+180)	25 153	7.745	3.912	29.202
面板 B：回归控制变量				
Return_past year	25 153	0.603	0.436	1.334
Return_past month	25 153	1.046	0.938	3.853
Ln(BE/ME)	25 153	−1.350	−1.335	0.596
Ln(Size)	25 153	1.416	1.290	0.955

2. 回归结果

模型的回归结果如表 18-5 所示，展示的是 10、30、60、90 和 180 个交易日的累计异常收益率分别对虚拟变量 $Blockholder_{buy_{i,t}}$ 进行回归的结果，没有括号的数字为回归系数，括号中的数字为标准差。所有回归都控制了动量效应、反转效应、账面市值比、市值和行业的固定效应。

表 18-5 面板回归结果

	(1) (t, t+10)	(2) (t, t+30)	(3) (t, t+60)	(4) (t, t+90)	(5) (t, t+180)
$Blockholder._{buy}$	0.305	0.934***	1.709***	1.767***	3.137***
	(0.193)	(0.353)	(0.475)	(0.561)	(0.764)
Ret.past year	0.227**	0.990***	0.938***	1.391***	0.453
	(0.115)	(0.236)	(0.338)	(0.441)	(0.563)
Ret.past month	0.023	−0.115**	−0.418***	−0.392***	−0.918***
	(0.029)	(0.052)	(0.068)	(0.080)	(0.087)
ln(BE/ME)	1.117***	3.075***	4.412***	5.726***	4.069***
	(0.199)	(0.423)	(0.685)	(0.854)	(1.142)
ln(Size)	−0.325***	−0.702***	−1.088***	−1.565***	−2.878***
	(0.100)	(0.197)	(0.299)	(0.361)	(0.472)
Constant	4.700***	9.989***	11.808***	15.883***	18.940***
	(0.396)	(0.812)	(1.571)	(1.934)	(2.011)
Observations	24,607	24,686	24,832	24,953	25,153
R-squared	0.018	0.036	0.061	0.074	0.149

结果表明，大股东的交易行为对未来股票收益率具有很强的预测性。对于 30 个交易日及以上的累计异常收益率而言，虚拟变量前的回归系数均显著为正。具体来说，在大股东增持

的情况下，30 个交易日的累计异常收益率比减持情况下约高 1%，180 个交易日的累计异常收益率比减持情况下的要高 3%。这与我们的预测一致，即大股东的交易行为能够揭示某些与公司价值相关的信息，因而增持行为能够带来显著的正收益，且异常收益率随着持有期的扩大而增大。

从表 18-5 中的回归结果中，我们也能看到，四个控制变量对未来股票收益率同样具有显著的预测能力。其中，过去一年收益率的回归系数基本上是显著为正的，表明中国市场上存在一年期的动量效应；由于过去一个月收益率的回归系数基本上是显著为负的，说明中国市场上也存在短期的反转效应。对于 B/M 和 size 而言，它们的回归系数均为显著，且一正一负，这与美国市场的结论是一致的。

3. 组合分析结果

通过上一部分的回归分析，我们能够看到大股东的交易行为对股票未来收益率具有显著的预测能力，那么我们可以据此构建相应的投资组合进行分析。表 18-6 展示的就是按照上述介绍的策略构建的买入组合和卖出组合，在 10、30、60、180 个交易日的持有期间内获得的三种风险调整后收益。

表 18-6 组合分析结果——全样本

	Buy	Sale	Diff.	Buy	Sale	Diff.
	10-day			30-day		
	(1)	(2)	(3)	(4)	(5)	(6)
CAPM α	1.252*** (8.977)	0.342*** (3.965)	0.911*** (5.553)	3.121*** (14.320)	0.750*** (5.342)	2.372*** (9.149)
FFα	0.846*** (6.422)	−0.251** (3.224)	1.097*** (7.170)	1.351*** (6.744)	−0.607*** (4.960)	1.958*** (8.341)
DGTW Adj.	0.732*** (6.464)	−0.314*** (4.578)	1.046*** (7.900)	1.212*** (6.833)	−0.497*** (4.504)	1.709*** (8.181)
	60-day			180-day		
	(7)	(8)	(9)	(10)	(11)	(12)
CAPMα	5.343*** (18.294)	1.969*** (10.918)	3.375*** (9.830)	10.832*** (25.792)	7.479*** (28.194)	3.353*** (6.750)
FFα	1.671*** (6.393)	−1.291*** (8.059)	2.962*** (9.662)	1.657*** (4.206)	−2.219*** (8.914)	3.875*** (8.318)
DGTW Adj.	1.785*** (7.658)	−0.68*** (4.584)	2.465*** (8.922)	3.205*** (8.320)	−0.570* (2.423)	3.775*** (8.229)

从表 18-6 能够看到，对于所有持有期间和风险调整方式，买入组合的表现都比卖出组合的表现要好。买入组合都能带来正的异常收益率，而卖出组合的收益率在 Fama-French 和 DGTW 的调整下的超额收益率均是负值。买入组合的收益率和卖出组合的收益率的差即是事件驱动策略的收益率，它随持有期间的扩大而逐渐增大。10 个交易日的 DGTW 调整收益率是 1%，年化收益率能达到 25%；30 个交易日的超额收益率是 2%，而 180 个交易日的超额收

益率则增长到了 3.7%。这表明该投资组合在 9 个月后依然能够获得正的超额收益率,没有反转的迹象,这进一步验证了我们的第二个理论预期。

此外,买入组合的超额收益率均比卖出组合的大,即大股东增持带来的正异常收益率比减持带来的负异常收益率更大。例如,买入大股东增持的股票并持有 30 个交易日的 Fama-French α 为 1.351%,而卖空大股东减持的股票 30 个交易日的 Fama-French α 为 -0.607%,绝对值不到买入组合的一半。这样的不对称性和我们的第三个假设一致,即大股东增持带来的基本面信息比减持的更多。

无论是表 18-5 的结果,还是已有的大量实证文章,都表明市值对于未来收益率能够产生负向影响,即市值越大的公司未来收益率越低。为此,我们对市值较大的部分股票重新进行了上述的组合分析,探究在大市值公司中是否同样有上述效应,表 18-7 是其组合分析的结果。我们发现,不论是买入组合、卖出组合还是两者之差,以及不论是采用何种风险调整收益率,其规模和显著性都变小了。但是,买入组合和卖出组合仍旧能够获得显著的正收益,说明此策略在大市值公司股票中同样适用。

表 18-7 组合分析结果——市值较大股票

	Buy	Sale	Diff.	Buy	Sale	Diff.
	10-day			30-day		
	(1)	(2)	(3)	(4)	(5)	(6)
CAPM α	0.861 ***	0.082	0.942 ***	2.745***	0.360 *	2.385 ***
	(6.222)	(0.886)	(5.570)	(10.014)	(1.853)	(7.100)
FFα	0.549 ***	−0.343 ***	0.892 ***	1.261 ***	−0.619 **	1.880 ***
	(4.198)	(4.119)	(5.688)	(4.911)	(3.503)	(6.032)
DGTW Adj.	0.601 ***	−0.319 ***	0.92 ***	1.430 ***	−0.109	1.538 ***
	(5.302)	(4.276)	(6.664)	(6.229)	(0.688)	(5.517)
	60-day			180-day		
	(7)	(8)	(9)	(10)	(11)	(12)
CAPM α	4.582 ***	0.916 ** (3.671)	3.666 ***	8.755 *** (16.366)	4.596 ***	4.159 ***
	(12.252)		(8.156)		(12.532)	(6.413)
FFα	1.598 ***	−1.549 ***	3.145 ***	1.3418 * (2.548)	−3.275 ***	4.616 ***
	(4.630)	(6.751)	(7.593)		(9.152)	(7.253)
DGTW Adj.	2.105 ***	−0.008 (0.039)	2.113 ***	3.799 *** (7.635)	0.409 (1.228)	3.389 ***
	(6.973)		(5.744)			(5.555)

如果我们在所有发生大股东交易的股票中采用这样一种投资策略,即从 2007 年年初开始,每周周一开盘买入上周发生大股东净增持的股票(买入组合),卖空同等规模的上周发生大股东净减持的股票(卖出组合),并在周五收盘前清仓,以此循环,每周更新投资组合。那么,到 2012 年年底买入组合的累计收益率约为 300%,卖出组合的收益率约为 75%,总投资收益率可达 375%,年化收益率为 68%,这是相当可观的收益数据,具体收益情况如图 18-3 所示。

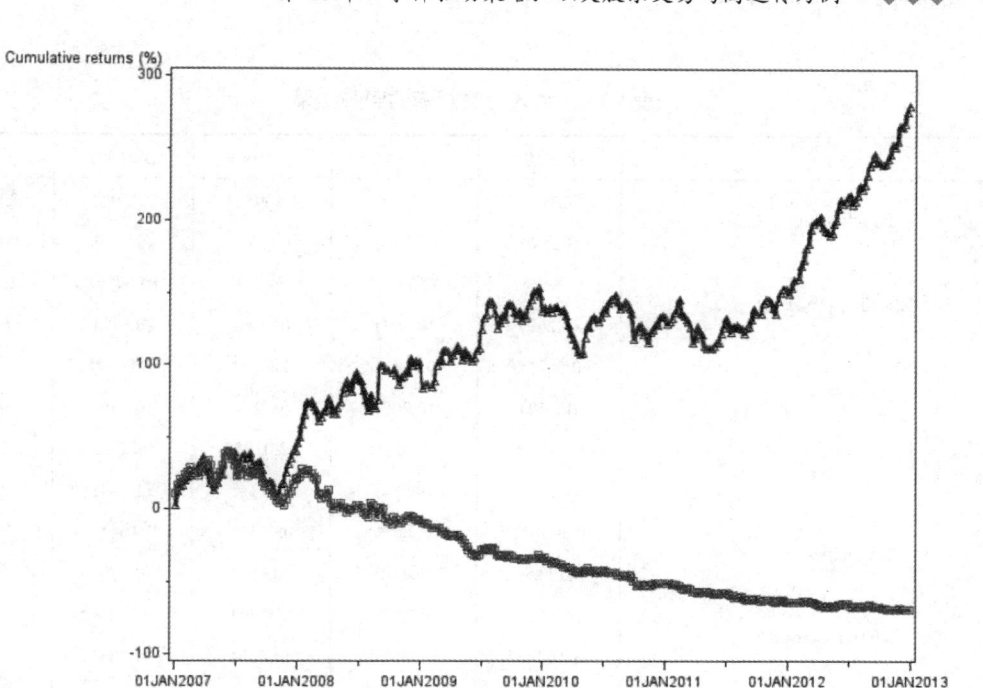

图 18-3 大股东交易事件策略累计收益率

4. 加入交易规模的回归结果

大股东的增持规模越大，他对公司未来的发展可能越有信心，传递出的信息就更有说服力。因此，如果大股东增持规模与公司增值信息的价值成正比，那么股票未来的异常收益率也会与其成正比。为了检验这一假设，可通过在回归模型中加入交易规模与增持行为的交叉项，那么回归模型就变成了以下形式：

$$\text{Ret}_{i,t,t+j} = \alpha + \beta_{\text{buy}} \cdot \text{Blockholder}_{\text{buy}_{i,t}} + \beta_{\text{size}} \cdot \text{Trade\_size}_{i,t} + \beta_{\text{inter}} \cdot \text{Blockholder}_{\text{buy}_{i,t}}$$

$$\times \text{Trade\_size}_{i,t} + \text{Controls}_{i,t} + \text{Indus}_{*i} + \varepsilon_{i,t}$$

其中，$\text{Trade\_size}_{i,t}$ 为大股东对股票 i 的净增持量与该股票的总股数之比；

$\text{Blockholder}_{\text{buy}_{i,t}} \times \text{Trade\_size}_{i,t}$ 为交叉项，当大股东对股票 i 的净增持量大于 0 时，该项为 $\text{Trade\_size}_{i,t}$，否则即为 0。

如果假设是正确的，那么该交叉项前的回归系数应该是显著为正的，我们能够从增持规模中获得更多的关于公司未来股价的信息。表 18-8 展示的是加入交叉项后的回归结果。我们发现，对于每一种持有期，交叉项前的系数确实均显著为正。这也就验证了我们的假设，即发生大股东增持事件时，其增持规模越大，意味着越能够确定利好信息，股价未来的正收益也将更显著。

表 18-8 加入交易规模的回归结果

	(t, t+10)	(t, t+30)	(t, t+60)	(t, t+90)	(t, t+180)
Blockholder$_{buy}$	0.101	0.702*	1.369***	1.559**	2.976***
	(0.200)	(0.374)	(0.507)	(0.615)	(0.847)
Blockholder$_{buy}$ *Trade_size	1.186***	1.535***	1.645***	1.869***	2.199**
	(0.269)	(0.404)	(0.599)	(0.677)	(0.975)
Trade_size	−0.547***	−0.564***	−0.843***	−0.802**	−1.659***
	(0.112)	(0.202)	(0.286)	(0.346)	(0.457)
Beta	−0.498*	−1.286**	−2.010**	−1.352	−3.604**
	(0.275)	(0.582)	(0.914)	(1.144)	(1.513)
Return .past year	0.305***	1.112***	0.915**	1.164**	−0.341
	(0.115)	(0.240)	(0.363)	(0.479)	(0.656)
Return.past month	0.002	−0.127**	−0.373***	−0.342***	−0.914***
	(0.028)	(0.052)	(0.069)	(0.083)	(0.089)
ln(BE/ME)	0.992***	2.927***	4.223***	5.259***	3.269***
	(0.194)	(0.415)	(0.670)	(0.857)	(1.236)
ln(Size)	−0.328***	−0.732***	−1.206***	−1.797***	−3.540***
	(0.099)	(0.200)	(0.309)	(0.388)	(0.527)
Constant	5.684***	12.631***	18.104***	22.856***	30.718***
	(0.500)	(1.028)	(1.493)	(1.915)	(2.593)
Observations	24,566	24,566	24,566	24,566	24,566
R-squared	0.024	0.047	0.073	0.089	0.194

5. 预测原因探究

上述分析均表明大股东交易对股票的未来收益率具有显著的预测能力，而我们需要探究其内在的传导机制，即探究大股东交易对于股价的影响是否是通过基本面进行传导的。如果大股东的交易行为是根据公司的未来发展所做出的，那么我们应该能够看到的现象是被大股东增持的股票，其未来的基本面会更好。

同样用回归的方法研究大股东增持与公司未来基本面的关系。其中，因变量是公司的利润同比增长额（earnings surprise），它代表公司未来的基本面，用 $\Delta E / AT$ 表示，ΔE 指本季度的净利润与上年同季度的净利润之差，AT 指上一年年报中披露的总资产。自变量是过去一个季度、两个季度、三个季度和四个季度大股东的净增持量占总股数比例，没有进行大股东交易的股票净增持量均为 0。为了使结果更加稳健，回归分析中同样加入了 B/M、size、过去一年和过去一个月的收益率等控制变量。回归结果如表 18-9 所示。

表 18-9　公司未来利润增长与大股东增持行为之间的回归结果

	(1)	(2)	(3)	(4)
Buy amt. 1q.	0.035** (0.015)			
Buy amt. 2q.		0.035*** (0.012)		
Buy amt. 3q.			0.028*** (0.009)	
Buy amt. 4q.				0.028*** (0.008)
ln(BE/ME)	−0.000 (0.000)	−0.000 (0.000)	−0.000 (0.000)	−0.000 (0.000)
ln(Size)	0.002*** (0.000)	0.002*** (0.000)	0.002*** (0.000)	0.002*** (0.000)
Ret-past year	0.003*** (0.000)	0.003*** (0.000)	0.003*** (0.000)	0.003*** (0.000)
Ret_past month	0.000*** (0.000)	0.000*** (0.000)	0.000*** (0.000)	0.000*** (0.000)
State share	−0.002*** (0.001)	−0.002*** (0.001)	−0.002*** (0.001)	−0.002*** (0.001)

我们发现，四个回归模型中代表股东增持行为的自变量前的系数均显著为正，这表明过去一个季度甚至过去一年内，大股东净增持量占比均与公司未来利润增长成正比。平均来看，当大股东净增持量占比增加 1% 时，公司的利润增长与总资产之比增加约 0.04%。由于平均每季度的利润占总资产的 1%，因此，相对于总资产 0.04% 的利润同比增长代表了实际利润同比增速为 4%。

接下来，我们把公司的利润分成经营性利润和非经营性利润两部分，分别检验大股东增持行为对它们的影响，结果分别展示在表 18-10 和表 18-11 中。从这两张表中的回归系数及其显著性能够看到，经营性利润的回归结果与总利润的相似，而非经营性利润的增长与大股东增持行为并不相关。这表明大股东增持行为所隐含的信息是关于经营性利润而不是非经营性利润的，大股东增持行为主要源于公司未来经营业务的改善。

表 18-10　公司未来经营性利润增长与大股东增持行为之间的回归结果

	(1)	(2)	(3)	(4)
Buy amt. 1q.	0.038** (0.015)			
Buy amt. 2q.		0.034*** (0.011)		
Buy amt. 3q.			0.028*** (0.008)	
Buy amt. 4q.				0.030*** (0.007)

续表

	(1)	(2)	(3)	(4)
ln(BE/ME)	−0.000	−0.001*	−0.001*	−0.001**
	(0.000)	(0.000)	(0.000)	(0.000)
ln(Size)	0.001***	0.001***	0.001***	0.001***
	(0.000)	(0.000)	(0.000)	(0.000)
Ret.past year	0.003***	0.003***	0.003***	0.003***
	(0.000)	(0.000)	(0.000)	(0.000)
Ret_past month	0.000***	0.000***	0.000***	0.000***
	(0.000)	(0.000)	(0.000)	(0.000)
State share	−0.002***	−0.002***	−0.002***	−0.002***
	(0.001)	(0.001)	(0.001)	(0.001)

表 18-11　公司未来非经营性利润增长与大股东增持行为之间的回归结果

	(1)	(2)	(3)	(4)
Buy amt. 1q.	−0.003			
	(0.003)			
Buy amt. 2q.		0.002		
		(0.003)		
Buy amt. 3q.			0.001	
			(0.002)	
Buy amt. 4q.				−0.000
				(0.001)
ln(BE/ME)	0.000***	0.000**	0.000**	0.000***
	(0.000)	(0.000)	(0.000)	(0.000)
ln(Size)	0.000***	0.000***	0.000***	0.000***
	(0.000)	(0.000)	(0.000)	(0.000)
Ret.past year	0.000***	0.000***	0.000***	0.000***
	(0.000)	(0.000)	(0.000)	(0.000)
Ret_past month	0.000	0.000	0.000	0.000
	(0.000)	(0.000)	(0.000)	(0.000)
State share	0.000	0.000	0.000	0.000
	(0.000)	(0.000)	(0.000)	(0.000)

同时，回归结果表明，在控制了过去收益率、市值、账面市值比之后，大股东增持行为仍旧能够预测公司未来的盈利增长，即其中蕴含了未包含在目前股价中的基本面信息。所以，这也更进一步证明了大股东增持行为是有基本面信息支撑的。

根据回归结果、组合分析结果及预测原因分析，我们发现：第一，大股东交易对未来的股票收益率有显著影响，增持行为能够带来显著的异常正回报，且异常收益率能够长期维持；第二，大股东的增持行为比减持行为蕴含更多信息，对股票未来收益率的影响更大，且这一影响在大市值股票中也能够体现；第三，大股东交易对股价的影响通过基本面进行传导，大股东的增持行为意味着未来基本面向好发展。

18.2 高送转

上市公司送股、转股指公司将未分配利润或资本公积转为股本，其实质是股东权益的内部调整，对公司的盈利能力、现金流并没有实质性影响，反而会因为股本的扩大而摊薄每股收益。但是长期以来，中国市场上的送转股却一直很火爆，许多公司常常会给出10送10这样的"高送转"方案，受到投资者的热烈追捧。

过去，"高送转"股票指的是每10股送转5股及以上的股票。不过，由于创业板的推出，高送转股票数量急剧增加，目前对于高送转的要求也有所提高，变更为每10股送转10股及以上。这些股票往往会在董事会公布其分红预案前就出现较大的涨幅，如2012年年底，联创节能凭借"高送转"预期连收19根阳线，股价从26.74元一路上涨至73.15元，累计涨幅达173.56%。但是历年也均存在公司在公布分配方案后出现股价持续回落的情形，而追高的投资者大多被套，落入"高送转"陷阱。这意味着通过提前买入可能会进行高送转的股票，可能会为我们带来较高的收益率，但也需要警惕"高送转"陷阱。

看到这里，我们可能会提出疑问，既然高送转对公司的盈利没有实质影响，那么公司为什么要进行高送转？何种类型的股票容易出现高送转？高送转对股票收益率又有什么影响？接下来，我们就从以上这几个问题入手来介绍高送转股票及其投资机会。

18.2.1 背景

按照A股上市公司分红的流程，在年报公告前或年报公布当天，上市公司董事会将提出分红预案并对外公布。由于分红预案一般一年才公布一次，且不像公司业绩一样具备直观的可预测性，所以对市场的影响较为显著，分红预案日前后的股价波动往往最为剧烈。

多年来，高送转一直是A股上市公司热衷的分配方式，这在其他国家是极为少见的。上市公司期望以此传递出对公司未来业绩的积极态度。可以说，这些上市公司是资金追捧的对象，也是A股市场上的"票房灵药"，历年年末最热门的投资主题均离不开"高送转"。每年均有个股因为"高送转"而获得超越市场的表现，所以容易获得投资者的关注。

自2011年年底起，监管层就鼓励现金分红，要求上市公司提高现金分红比例，上市公司年度送转的参与热情也有所降温。但是，随着2014年云意电气、奋达科技等股票的走强，市场对高送转股票的热情又重新升温。

一般来说，高送转股票可以分为三个阶段，分别是高送转方案公布前阶段、公布后阶段和方案实施阶段。在第一个阶段中，市场属于猜测阶段，会罗列出一些可能进行高送转的股票进行投资。从历史收益看，第一阶段的走势最为强劲。如果我们能在高送转方案公布前发现此类个股而及时买入，很有可能获得较大的利润空间。

18.2.2 理论解释

现在我们回到之前提出的第一个问题,即公司为什么要进行高送转?

国外的文献中对送股和转股的行为有三种主要假设,分别是信号传递假说、股利迎合假说、最适价格假说。

"信号传递假说"最早是由 Bhattacharya(1979)提出的,他认为投资者和公司管理层之间存在信息不对称,为了防止股价被低估,管理层会向投资者进行信息传递。并且,传递信息的成本越高,投资者越相信管理层所传递的信息。"高送转"正是管理层向投资者所传递的信息。因为送股和转股是把原本用于扩大再生产的资本转换成股本,这样的信息具有较大成本,因而管理层通过高送转这样的方式向外界传递出了"公司未来发展前景较好,不怕业绩被摊薄"的信息。

"股利迎合假说"是由 Baker 和 Wurgler(2004)提出的,他们认为上市公司的股利政策很大程度上是为了迎合投资者的偏好。如果投资者偏好低股价的股票、高账面市值比的股票,甚至可能直接偏好高送转股票,那么管理层也就更偏好进行高送转。

"最适价格假说"认为送股和转股行为是为了将股价维持在一个合理的区间,从而吸引更多的投资参与其中,改善股票的流动性。由于市场有最低的成交量要求,当股票价格过高时,可能会阻止一部分投资者参与;当股票价格较低时,投资者可能会误认为该股票的经营业绩不好。而当股票价格过高时,送股和转股能够通过增加股本达到降低股价的目的。

此外,何涛和陈小悦(2003)根据中国股市的数据,提出了"价格幻觉假说",认为投资者对低股价有一定的偏好,因为低股价意味着较大的上涨空间。薛祖云和刘万丽(2009)提出了"股本扩张假说",认为中国的上市公司有扩张股本的强烈动机。

18.2.3 预测方法

接下来,继续回答第二个问题,即如何预测高送转?

熊义明等(2012)对高送转预期进行回归检验。他们将沪深 2006—2010 年间所有上市公司作为样本,在剔除数据不全的股票后,样本总数为 7 952 个,数据的统计结果如表 18-12 所示。我们发现除了 2007 年的牛市导致当年高送转比例大幅上升,其他年份的高送转比率均呈现逐年缓慢提升的现象。这说明,在样本期内,越来越多的上市公司偏好"高送转"这样的利润分配和权益调整方式。

表 18-12 历年高送转股票的数目

	当年股票数	当年高送转股票数	当年股票高送转的概率(%)
2010	2 039	364	18
2009	1 690	196	12
2008	1 591	111	7
2007	1 514	224	15
2006	1 388	68	5
平均	1 644	186	11.3

根据前述有关"高送转"成因的假设,熊义明等的研究结果认为,股价、每股收益、净利润增速和市值账面比与高送转概率成正比,分别对应"最适价格假说"、"信号传递假说"和"股利迎合假说",而股本规模与高送转概率成反比,对应于"股本扩张假说"。为了检验这些假设,该论文的作者首先将回归模型中的因变量设为是否高送转(gsz),将每10股转送5股以上的行为界定为高送转,并以是否高速转为因变量进行回归分析;自变量分别设为股价(price)、股本(gb)、每股积累(reverse)、每股收益(eps)、净利润增速(zs)、市值账面比(mb)、是否次新股(new)、上年是否高送转(sngsz)和低价股(low)。各变量的具体定义见表18-13。

表 18-13　各变量定义

变量类型	变量名称	变量代码	变量定义
因变量	是否高送转	gsz	年报每10股送转5股及以上
自变量	股价	price	年末收盘价/元
	股本	gb	年末总股本/亿元
	每股积累	reserve	前三季度每股未分配利润与资本公积之和/元
	每股收益	eps	前三季度每股收益/元
	净利润增速	zs	前三季度净利润增速/%
	市值账面比	mb	三季度市值账面比
	是否次新股	new	虚拟变量,当年上市的股票是次新股的设为1,否则为0
	上年是否高送转	sngsz	虚拟变量,当年中报、上年中报与上年年报是高送转的股票设为1,否则为0
	低价股	low	10元以下的股票是低价股的设为1,否则为0

作者采用的模型是 Logit 模型:

$$P_t = \frac{1}{1+e^{-z_t}}$$

其中,

$$z_t = c + \beta_1 \text{price} + \beta_2 \text{gb} + \beta_3 \text{eps} + \beta_4 \text{zs} + \beta_5 \text{mb} + \beta_6 \text{new} + \beta_7 \text{sngsz} + \beta_8 \text{reserve} + \beta_9 \text{low}$$

作者通过逐个加入变量的方法,用5个模型对上述五个关键自变量进行了回归,同时加入其他变量作为控制变量,其主要回归结果显示在表18-14中。

表 18-14　上市公司年高送转 logit 模型回归结果

变量	系数(模型1)	系数(模型2)	系数(模型3)	系数(模型4)	系数(模型5)
常数项	-3.65***	-3.4***	-3.48***	-3.50***	-3.00***
price	0.03***	0.03***	0.03***	0.03***	0.03***
gb		-0.03***	-0.03***	-0.03***	-0.02***
mb			4.5E-05	4.5E-05	1.4E-05
eps				-0.122	-0.27
zs				1.3E-06	-4E-07
low					-1.28***
reserve	0.25***	0.26***	0.26***	0.27***	0.25***

续表

变量	系数(模型1)	系数(模型2)	系数(模型3)	系数(模型4)	系数(模型5)
new	0.83***	0.72***	0.72 ***	0.70***	0.63***
sngsz	0.79***	0.79 ***	0.79***	0.79***	0.71***
six	0.26	0.16*	0.16*	−0.29*	0.11
seven	0.40***	0.39	0.39***	0.40***	0.33***
eight	−0.07	−0.09	−0.09	−0.06	−0.38***
nine	0.12	0.13	0.13	0.14	0.09
McFaddenR^2	0.21518	0.22204	0.22204	0.22219	0.24004

从表 18-14 中我们发现：①无论在哪个模型中，price 变量的回归系数均显著为正，表明股价越高，发生高送转的比例越大，也证明了"最适价格假说"的成立；②gb 变量的回归系数在加入不同的控制变量之后均显著为负，表明股本越高，发生高送转的比例越小，也证明了"股本扩张假说"的成立；③mb 变量的回归系数均不显著，表明"股利迎合理论"并不成立；④eps 变量和 zs 变量的回归系数均不显著，表明公司业绩并不能预测高送转，即"信号传递假说"并不能解释管理层的高送转行为；⑤low 变量的回归系数显著为负，说明上市公司在股价较低时并不愿意进行高送转，因此"价格幻觉假说"也不成立。

此外，reserve 变量的回归系数显著为正，表明高累积容易产生高送转；new 变量的回归系数显著为正，表明次新股的高送转概率较高；sngsz 变量的回归系数显著为正，表明上一年高送转的股票在今年有较大概率仍然会进行高送转。

综上所述，如果一只股票的股价越高、股本越大、每股未分配利润与资本公积之和越大、是次新股或去年发生过高送转，则越容易发生高送转。

接下来，我们看一下回归结果的样本内拟合和样本外预测情况，结果如表 18-15 所示。对于拟合情况而言，作者利用回归所估计的系数，计算相应的理论高送转概率，然后与实际情况对比。我们发现前 50 只股票的拟合概率最高为 82%，而且前 100 只股票的拟合概率也达到了 75%。这说明样本内的拟合结果非常好，通过这些显著的指标能够有效预测高送转股票。对于样本外的预测能力，作者利用前一年的数据获得回归系数，并结合当年的自变量数据，计算当年的高送转概率，然后与实际情况进行对比。结果显示，前 20 只股票的预测性非常高，历年的成功拟合度都在半数以上。前 30 只股票的样本外预测能力也很高，保持在了 53%～87%。这表明该预测方法能够有效推广至样本外市场。

表 18-15 样本内拟合和样本外预测情况

概率最高股票	拟合情况/%	样本外预测（%）			
		2007 年	2008 年	2009 年	2010 年
前 20	80	65	50	65	90
前 30	77	70	53	57	87
前 50	82	64	44	50	84
前 100	75	56	36	44	76

因此，我们能够根据这一结果构建一个简单的高送转事件驱动策略，即在 10 月底三季报公布之后，根据最新数据买入预测最有可能进行高送转的 30 只股票并持有一年。投资组合的收益如表 18-16 所示，其中超越大盘的收益率是指超越上证综指的收益。我们发现，样本期内超越大盘的收益率均非常可观，在 8%～48%之间，且超越大盘的概率也稳定在 73%～87%的较高水平。由此可见，股价、股本、每股积累、是否为次新股与上一年是否高送转是预测高送转的有效指标，以它们构造投资策略能够获得十分可观的超额收益。

表 18-16　预测高送转投资组合的收益表现

前 30 只股票	2007 年	2008 年	2009 年	2010 年
高送转概率	70%	53%	57%	87%
超越大盘的概率	87%	73%	80%	73%
超越大盘的收益率	30%	48%	22%	8%

18.2.4　高送转对股票收益率的影响

我们在实现高送转股票的预测之后，该如何进行投资呢？这里需要解决的一个问题就是高送转能够对股票收益率产生什么影响，在高送转消息公布前后是否存在明显的股价变动模式。根据前述研究，我们已经发现通过预测高送转股票能够在很大的概率上跑赢市场，接下来我们将研究高送转股票在预案公布前后的股价走势。

此处参考的主要是邓雄博和刘锡标 2004 年在《中国证券期货》上发表的"高送转对股票收益率的影响"一文。这篇文章采用的方法是事件研究法，其中事件发生日是董事会高送转预案公布日，事件窗口期是事件发生日前 15 个交易日至后 15 个交易日。样本选取 2011—2012 年沪深交易所所有的高送转股票，剔除高送转预案公告日期间停牌时间过长而导致数据不完整的股票，总样本为 366 个。此外，此处的高送转定义为每 10 股送转 10 股及以上，采用的异常收益率计算模型是 CAPM。

图 18-4 和图 18-5 分别刻画的是事件窗内每天的异常收益率（AAR）和累计异常收益率

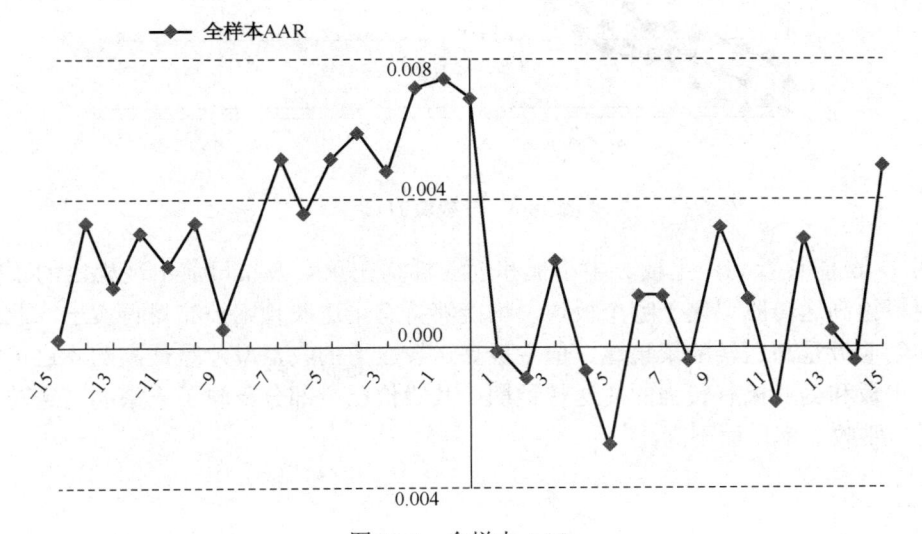

图 18-4　全样本 AAR

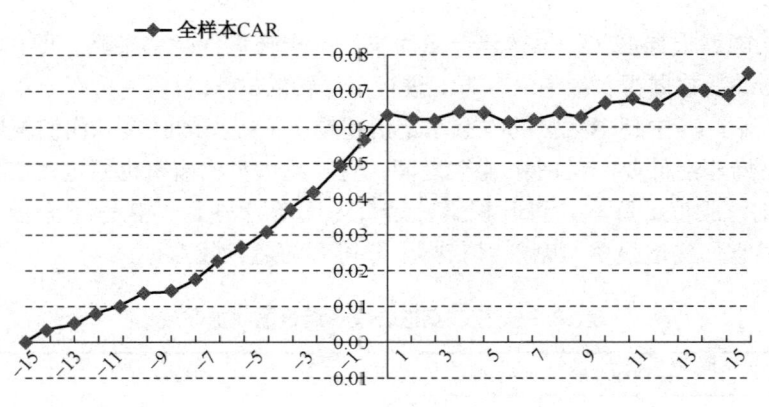

图 18-5 全样本 CAR

（CAR）。我们发现从事件发生日前 15 天开始，一直到预案公布日当天，均存在正的异常收益率，并且从前 7 个交易日起异常收益率均为显著。然而，在事件发生日之后，正的异常收益率不再显著，有时还伴随着负收益率的出现。这表明高送转股票在预案公布日前就已经被市场预测到，并完全反映在了股价上。

为了更好地了解在不同板块与不同预案公布时间下的收益情况，这篇文章又根据上市板块将样本分成沪深主板、中小板和创业板，根据公布时间将样本分成了 1 月份、2 月份、3 月份和 4 月份，分别对其进行事件研究分析，结果如图 18-6 与图 18-7 所示。

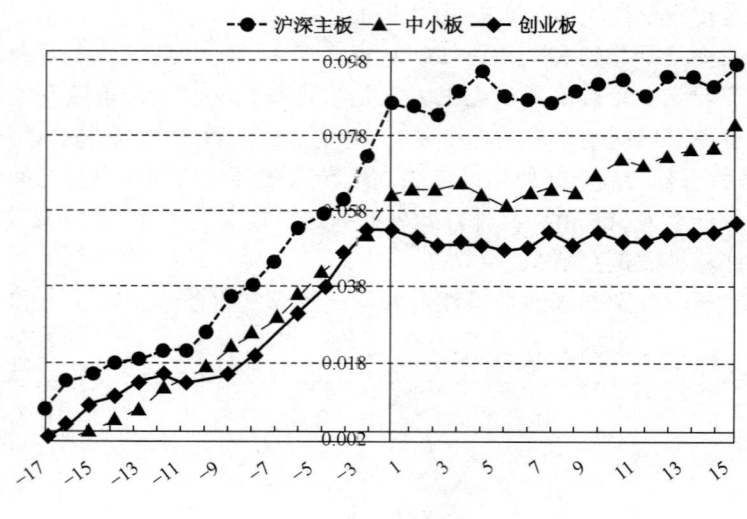

图 18-6 分板块的 CAR

从图 18-6 能够看到，主板、中小板和创业板均在预案公布日前出现稳定的正异常收益率，表明不论高送转股票属于哪个板块，均能够持有至送股预案公布日再卖出。此外，虽然中小板和创业板是高送转的聚集地，但主板高送转股票的收益率才是最高的。这可能是因为市场对中小板和创业板有较强的高送转预期，其股价已经部分反映了未来的高送转信息，因此实际的异常收益率反而不高。

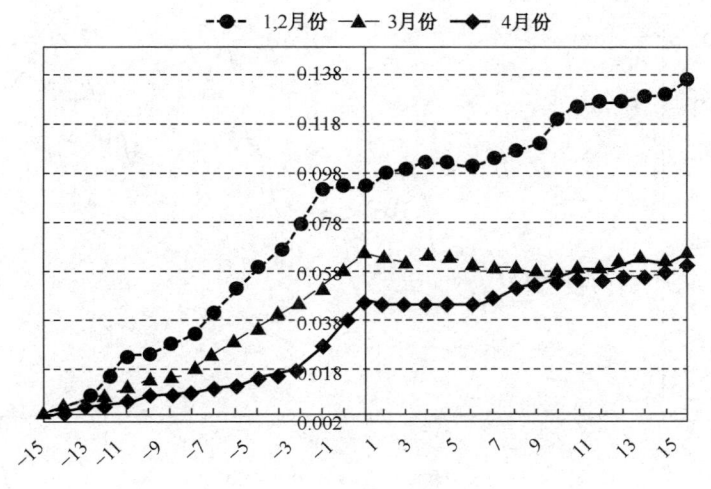

图 18-7　分预案公布日所在月份的 CAR

从预案公布的月份来看，1月份、2月份的累计异常收益率最高，其次是3月份，最差的是4月份。1月份、2月份公布预案的高送转股票在事件发生日后15个交易日内都有正的异常收益率，与全样本的结果相异。这可能是因为，每年2月份中旬到3月份中旬是市场炒作高送转题材的火爆时期，所以公布日在1月份、2月份的股票，在预案公布之后依然能够受到市场的关注；而随着公布高送转预案的公司的增加，其稀缺性减弱，导致3月份和4月份公布高送转预案的股票的收益率出现下降。

综上所述，高送转股票的异常正收益率主要集中在预案公布之前，这意味着我们在构建投资策略时，可以在预案公布日前通过上一部分的预测方法，根据前三季度的基本面数据预测最有可能进行高送转的股票并买入，然后一直持有至分配方案公布之后，以此获得最大的累计异常收益率。

18.2.5　高送转案例：中联重科

最后，本章以中联重科（000157.SZ）在 2010 年的中期分配方案为例，深入探究高送转时间对个股产生的影响。

在 2010 年 7 月 7 日，中联重科董事会公布了每 10 股送 15 股派 1.7 元的高送转方案，刷新了高送转的新纪录。公告日当天就以涨停收盘，最终报收 18.84 元。

在随后几个月中，中联重科的增长势头依然猛烈。到了 8 月 26 日股权登记日之时，股价已经攀升至 24.99 元。8 月 27 日的除权价调整为 9.8 元，但是到了 12 月初，中联重科的股价又涨到了 14.51 元。

中联重科自高送转预案公布日起至 12 月初的收益情况如图 18-8 所示。可以看到，中联重科的收益率自预案公布日后就一直远超大盘，并且在短短 4 个月内，收益率就达到了近 150%。

在 2010 年 12 月，中联重科以每股 14.98 元的价格发行了 H 股，募集到 128 亿元人民币。如果没有之前的高送转带来的一轮股价疯狂的上涨，以中联重科原先的平均股价计算，发行相同的 H 股也只能募集 68.5 亿元人民币，融资规模几乎翻番。

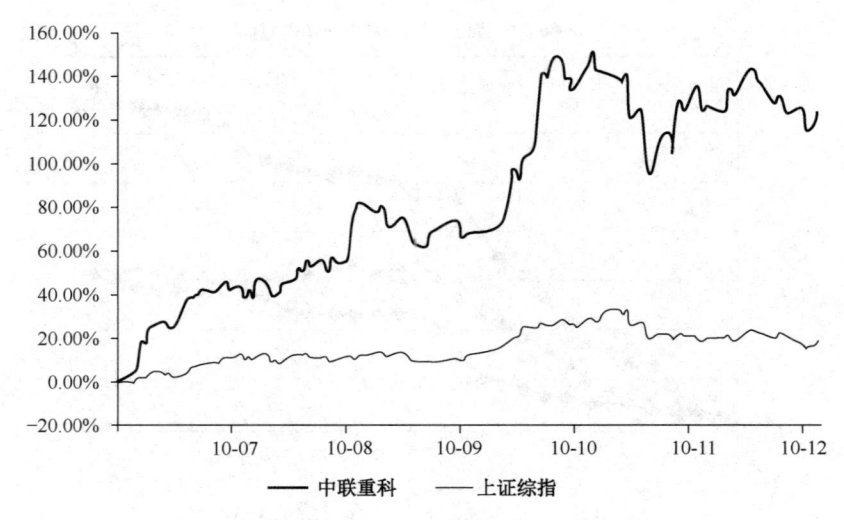

图 18-8　中联重科在高送转预案公布后的收益情况

总结

　　事件驱动策略是一种依据事件构建组合的投资策略。事件本身也可以被看做是一类因子。但事件驱动策略的使用方式又和一般因子的不同。事件驱动策略，有的情形是事件发生了，如大股东交易、再构建投资组合，也有像高送转这样，投资者需要提前预测事件本身发生的概率，再提前构建投资组合的，因为等高送转公布之前，有高送转预期的股票已经出现价格明显的上涨。事件驱动策略可以作为量化多因子选股策略的补充，扩充策略的整体规模。

参考资料

　　[1] 邓雄博, 刘锡标. 高送转公告对股票收益率影响的实证研究[J]. 中国证券期货, 2013(2X):2.
　　[2] 何涛, 陈小悦. 中国上市公司送股、转增行为动机初探[J]. 金融研究. 2003.
　　[3] 熊义明, 陈欣, 陈普, 等. 中国上市公司送转行为动因研究——基于高送转样本的检验. 经济与管理研究, 2012, 000(005):81-88.
　　[4] 薛祖云, 刘万丽. 中国上市公司送转股行为动因的实证研究[J]. 厦门大学学报(哲学社会科学版). 2009
　　[5] Bhattacharya, Sudipto. Imperfect Information, Dividend Policy, and "The Bird in the Hand" Fallacy. The Bell Journal of Economics. 1979, 10; 259-270.
　　[6] Ying Qiu, H, He, and G. Xiao. "The information content of insider trading: Evidence from China." Finance Research Letters 26(2018): 126-131.
　　[7] Wurgler, J A , Baker, M P. A Catering Theory of Dividends，The Journal of Finance, 2004, 59(3), 1125-1165.

第 19 章 Smart Beta 策略

时至今日，伴随着主要市场指数构建的不断完善以及更多不同指数的提出，指数型基金逐渐成为我国资本市场当中不可或缺的一类产品。对于指数型基金的管理者，其产品运行的核心要务就在于准确地对指数走势进行追踪。然而，通常按照等权重或市值加权构建的股票市场指数，尽管充分反映了市场或某类资产的走势，但从投资组合角度来看却并不一定是最优的选择。一般来说，投资组合的目标可以简单描述为"风险一定的情况下追求收益最大化"或"收益一定的情况下追求风险最小化"。在一般的追踪指数的基础上，通过对组合构成以及权重的适当调整，可以产生比原始指数表现更好的组合效益，从而实现"指数增强"的效果。本章所介绍的 Smart Beta 策略，就是通过对指数各成分权重的再设计，寻求超越指数表现的一类经典投资策略。

19.1 策略简介

19.1.1 Smart Beta 策略的起源

在 1976 年，美国宾夕法尼亚州的领航投资（Vanguard）创立了世界上首支"指数型"共同基金。指数投资的理论基础是市场有效性。根据市场有效性理论，市场价格包含了全部信息，投资者不可能再利用现有信息获得超额收益，因此也无法打败市场。正是在市场有效性理论的指导下，指数型基金成为发达资本市场最重要的投资工具，为投资者获得股票收益。指数型基金的优势在于管理成本很低：目标是复制指数，所以不用选股，也不用择时，而且因为有些股票指数通常包含数千只股票，因此指数型基金能容纳大量资金，这就进一步摊薄了管理费率。在美国市场，指数型基金的管理费率通常不到 0.2%。

指数型基金在美国经历飞速发展还有另外两方面重要原因：一方面，美国股票指数整体的上行趋势使得指数型基金能够为缺乏专业知识的投资者提供优质的投资标的；另一方面，追踪指数表现的技术不断发展以及自动化程度的提升使得成立"指数型基金"的难度降低。

尽管指数型基金在美国基金市场已经成为主流，但指数策略的问题也很明显。Arnott et al. 在 2005 年发表于 *Financial Analysts Journal* 的论文 Fundamental Indexation 中指出，指数的构造通常是按市值加权的。这样的加权方式对于投资建仓而言是有利的，因为资金更多地被配置到了流动性更高的大市值股票上，提升了整个策略的容量。但按市值加权带来的问题是：大市值的公司也可能是因为估值水平过高导致的，因此，对于价格与市值较高的股票会赋予更高的权重，从而也包括被高估的股票。相应地，价值被低估的股票更可能存在较低的权重。因此，指数投资实际上高配了高估值的股票，低配了低估值的股票，其操作方式与价值投资的理念完全相悖。从本质上来说，指数投资本身没有问题，指数加权的方式需要改进。

为此，Arnott et al. (2005) 设计了一套不同的加权方式，让每个成分股的权重不是按市值，而是与公司财务基本面挂钩。这些财务基本面具体包括毛利润（gross revenue）、权益账面价值（equity book value）、销售额（gross sales）、股利（gross dividends）、现金流（cash flow）以及雇员总人数（total employment）。在选择这些指标时，作者主要考虑三点：第一，财务指标不受市场估值的影响；第二，这些财务指标与企业规模相关，依然能够保留指数投资容纳大资金的优点；第三，财务指标本身与股票收益息息相关。作者用美国市场在 1962—2004 年的表现做了实证检验，结果如表 19-1 所示。

表 19-1　1962—2004 指数策略收益特征

组合/指数	1 终值/美元	年化收益/%	波动率/%	夏普比率	超额收益	跟踪误差/%	信息比率	T 值
S&P 500	73.98	10.53	15.1	0.315	0.18	1.52	0.12	0.76
Reference	68.95	10.35	15.2	0.301	—	—	—	—
Book	136.22	12.11	14.9	0.426	1.76	3.54	0.50	3.22
Income	165.21	12.61	14.9	0.459	2.26	3.94	0.57	3.72
Revenue	182.05	12.87	15.9	0.448	2.52	5.03	0.50	3.25
Sales	184.95	12.91	15.8	0.452	2.56	4.93	0.52	3.36
Dividends	131.37	12.01	13.6	0.458	1.66	5.33	0.31	2.02
Employment	156.83	12.48	15.9	0.423	2.13	4.64	0.46	2.98
Composite	156.54	12.47	14.7	0.455	2.12	4.21	0.50	3.26
平均	159.44	12.50	15.2	0.444	2.15	4.57	0.47	3.09

从表 19-1 可以看出，新的加权方法相较于指数本身以及按照指数成分和市值加权计算的收益都拥有更好的表现。平均而言，年化收益有大约 200 个基点的超额收益，且超额收益在 42 年的回测窗口当中都非常显著。

在此之后，Hsu et al. 在 2012 年基于"基本面指数化"给出了对 Smart Beta 策略的具体定义，即基于明确的量化方法的非市值加权指数策略。很大程度上，正是由于不按照市值加权能够利用两个主要的异象，即"小市值"和"高价值"，才使得 Smart Beta 策略能够拥有超出指数本身的表现。并且，从技术实现的角度看，这类策略拥有明确的交易方式和标准，在现实交易中具有较强的可操场作性。

19.1.2　Smart Beta 策略的发展与应用

自 Smart Beta 策略提出以来，在美国市场迅速得到了广泛应用。相应的股票 ETF 产品层出不穷，更是逐渐衍生出了债券与商品类的 Smart Beta 产品。截至 2020 年 11 月，美国 Smart Beta ETF 资产规模达到了 1.04 万亿美元，接近占据 ETF 市场的 20%。两类主流的加权方式就是价值类加权与成长类加权，管理规模占据了市场总规模的 50% 以上。

欧洲市场中 Smart Beta 策略的发展同样迅速，其中最为主要的就是红利类产品，占比接近 75%。截至 2020 年 11 月，共计 104 只 Smart Beta ETF 的规模超过了 1 万亿美元，大多数为单因子产品。日本作为亚洲地区 ETF 发展最早、态势最猛的国家，目前的 Smart Beta ETF 处于稳定阶段，但规模、业绩的整体表现不甚理想，截至 2020 年 11 月仅有 19 只产品，规模最大的仅约 500 亿日元。

我国的 Smart Beta ETF 基金规模较小，发展仍相对有限。现存的产品中，大多以价值类和红利类为主，分别有 5 只和 9 只，且发行人较为分散，规模最大的仅有 50 亿元人民币左右。我国主要的多因子 Smart Beta 产品中，大多是组合应用红利因子以及低波动因子，其业绩表现并不突出，但在风险控制上拥有一定优势。

19.2 Smart Beta 策略在 A 股市场的表现

19.2.1 中国市场的 Smart Beta 策略设计

随着 A 股市场参与主体在专业性方面的不断提升，中国市场的 Smart Beta 策略同样得到了更多关注。段嘉尚等（2014）就比较了沪深 300 和中证 500 按照等权重、基本面加权（营业收入、现金流、分红总额和净资产）、低波动以及高低 Beta 等不同方式在 2005 年 7 月至 2012 年 7 月的策略表现。研究发现，除了高 Beta 策略，其他策略的表现均显著优于市值加权本身，从而论证了 Smart Beta 策略在中国市场具有一定程度上的有效性。2019 年，中国证金公司的聂庆平在《清华金融评论》中撰文强调了应积极发展基于价值投资的指数型基金。

标普全球（S&P Global）曾发布两份研究报告，分别基于 2006 年 7 月至 2018 年 11 月的 A 股数据以及 2006 年 6 月至 2017 年 6 月的港股数据，比较了 Smart Beta 策略之于"标普中国 A 股 BMI 指数"和"标普直通香港指数"的表现，策略包含规模、价值、低波、动量、质量、红利。结果发现，在 A 股市场中，除动量策略外，其他策略均能带来显著的超额收益，其中低波动与高红利策略的效果最好。不同因子表现出一定周期性，如动量指数往往在升市时表现较佳，低波动、低价值、低质量及低红利指数则在跌市时回报较高。在港股市场中，则是高价值与高红利策略表现更佳，低波动和质量策略的表现不如指数本身。

本节后半部分内容所呈现的是基于中证 500 的 Smart Beta 策略表现。策略的构建方法如表 19-2 所示。

表 19-2 指数、策略设计与样本区间

参照指数		中证 500 指数(000905)
样本区间		2010 年 1 月至 2020 年 12 月
策略种类	等权重策略	500 只成分股收益计算简单平均
	账面权益策略	按照资产负债表的账面权益加权
	波动率策略	按照过去一年（滚动窗口）收益波动率加权
	销售额策略	按照销售收入加权
	现金流策略	按照经营活动产生的现金流加权
	净利润策略	按照净利润加权

*注：财务数据中全部使用最近一期财报进行计算 TTM.

19.2.2 Smart Beta 策略在 A 股市场的表现分析

对于本章所构建的六种 Smart Beta 策略，图 19-1 对比了 2010 年 1 月至 2020 年 12 月的 11 年间各种策略的累计收益情况，并与中证 500 指数的表现进行对比。结果显示，六种策略最终的累计收益均高于指数本身，且大多数情况下累计收益曲线均位于指数上方。

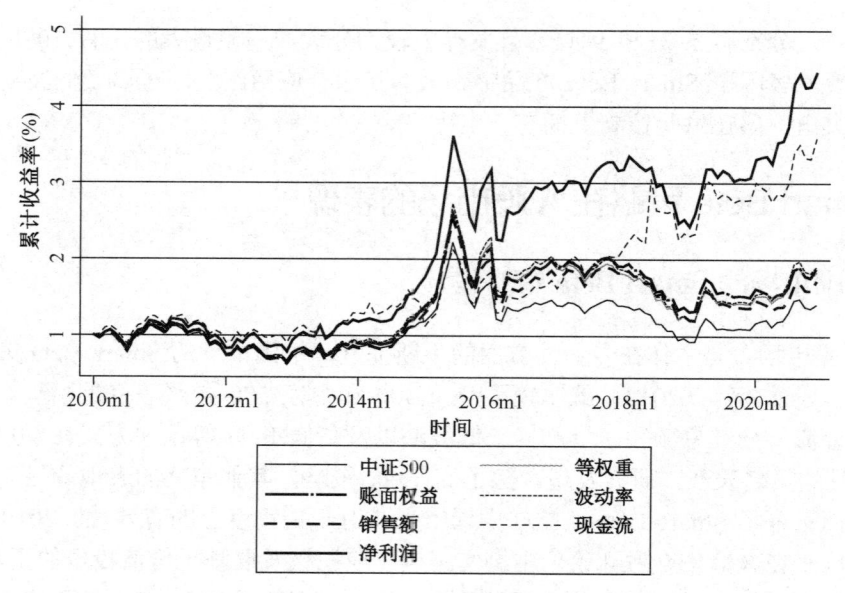

图 19-1　六种 Smart Beta 策略的表现与指数的累计收益

表 19-3 呈现了六种 Smart Beta 策略每月收益的平均情况。可以看出，六种策略相较于指数本身，除了销售额策略，都拥有显著的正向超额收益，其中净利润策略和现金流策略的表现最为突出。从波动率的角度来看，六种策略的波动均略高于指数本身，但整体差异不大。这一结果证实了基于财务因子的 Smart Beta 策略在最近 10 年当中仍然可以获得显著的超额收益，值得在投资实践中进一步探索。

表 19-3　Smart Beta 策略月平均收益情况

策略	月平均收益%	收益波动率	平均超额收益%	T 值
中证 500	0.555	0.076	—	—
等权重策略	0.775	0.081	0.220**	2.426
账面权益策略	0.762	0.078	0.206*	1.663
波动率策略	0.827	0.084	0.272***	2.744
销售额策略	0.679	0.078	0.124	0.848
现金流策略	1.320	0.086	0.764*	1.739
净利润策略	1.417	0.077	0.861***	5.002

19.3　Smart Beta 策略在中国应用前景的展望

在中国 A 股市场，指数策略的成功与否，取决于指数的成功，而这又受市场结构的影响。A 股市场目前依然以散户为主，且机构也会出现"抱团"的行为，因此无论是个股还是市场指数的波动都比较大。这也使得即使是 Smart Beta 策略，在中国运行过程中，也不可避免地会遭遇波动大的问题。此外，中国股票市场以散户为主的特点，也意味着市场上有大量的可获利机会并没有被有效地挖掘。Smart Beta 策略仅仅是调整了指数的权重，并没有充分利用市场上的盈利机会去获得更有效的选股。因此，Smart Beta 策略并不是在中国 A 股市场最有效的投资方式。

总结

　　Smart Beta 策略解决的是指数策略中按市值加权带来的赋权问题：高估值的股票权重过高，低估值的股票权重过低，与价值投资的思想相悖。为了解决这一赋权的问题，Smart Beta 策略运用财务报表的指标进行加权。实证结果表明，这样的替代在美国市场和中国市场都能带来超越指数的表现。然而，因为国内指数策略本身受市场结构的影响，波动较大，且不能充分挖掘个股的盈利机会。因此，基于指数策略的 Smart Beta 策略并不是国内股票市场上最有效的投资方式。